Carsten Storm

# Erzgebirge

## Wandern für die Seele

20 Wohlfühltouren

Droste Verlag

# ALLE WANDERUNGEN AUF EINEN BLICK


**TOUR 1: WASSERPFADE** 7
**Von Blauenthal nach Sosa**
11,4 km | 250 Hm | 4 Std. | Rundweg

**TOUR 2: DREI SEEN** 15
**Kottenheide und Muldenberg**
13,5 km | 145 Hm | 3,5 Std. | Rundweg

**TOUR 3: WANDELN & TRÄUMEN** 25
**Durch den Bornwald**
11,3 km | 310 Hm | 3,5 Std. | Rundweg

**TOUR 4: WALDESSEELEN** 35
**Tharandt und das Arboretum**
13,8/10,6 km | 320/200 Hm | 4,5/3,5 Std. | Strecke

**TOUR 5: BLICKFÄNGE** 45
**Um Wolkenstein**
13,7 km | 530 Hm | 4,5 Std. | Rundweg

**TOUR 6: NAH- UND WEITSICHT** 55
**Talsperre Sosa und der Auersberg**
14,9 km | 465 Hm | 5 Std. | Rundweg

**TOUR 7: GIPFELSTÜRMER** 65
**Klínovec und die Fichtelberge**
13,8 km | 560 Hm | 5 Std. | Rundweg

**TOUR 8: WIESENWÄRTS** 75
**Lauenstein und Geisingberg**
11,3 km | 470 Hm | 4 Std. | Rundweg

**TOUR 9: LIEBLICHKEITEN** 85
**Frauenstein und Nassau**
14,6 km | 250 Hm | 4 Std. | Rundweg

**TOUR 10: MIT ZEIT GEREIFT** 93
**Durch Dorfhain und Klingenberg**
14,4 km | 410 Hm | 4,5 Std. | Strecke

**TOUR 11: VEREDELTE NATUR** 103
**Scheibenberg und der Liebenstein**
10,2/6,3 km | 400/250 Hm | 3,5/2 Std. | Rundweg

**TOUR 12: FLUSS UND FISCH** 111
**Durch Steinbach und Schmalzgrube**
10,8 km | 347 Hm | 3,5 Std. | Rundweg

**TOUR 13: GEWERKE IN STEIN** 119
**Um die Greifensteine**
10,3 km | 200 Hm | 3 Std. | Rundweg

**TOUR 14: EINSTMALEN …** 129
**Durch den Rabenauer Grund**
11,6 km | 145 Hm | 3,5 Std. | Strecke

**TOUR 15: WALDBUMMELN** 139
**Auf den Kuhberg**
8,3 km | 230 Hm | 2,5 Std. | Rundweg

**TOUR 16: ZU DEN SEEWIESEN** 147
**Carlsfeld und der Brückenberg**
11 km | 270 Hm | 3,5 Std. | Rundweg

**TOUR 17: WILDWASSERWEG** 157
**Schwarzwassertal und Katzenstein**
12,7 km | 270 Hm | 4 Std. | Rundweg

**TOUR 18: DURCH DIE ZEITEN** 167
**Um Morgenröthe-Rautenkranz**
13,8 km | 200 Hm | 4 Std. | Rundweg

**TOUR 19: LANGSCHLENDERN** 177
**Rund um die Talsperre Saidenbach**
13,7 km | 100 Hm | 4 Std. | Rundweg

**TOUR 20: FAST ARKADIEN** 185
**Durch den Trebnitzgrund**
13,1 km | 330 Hm | 4 Std. | Strecke

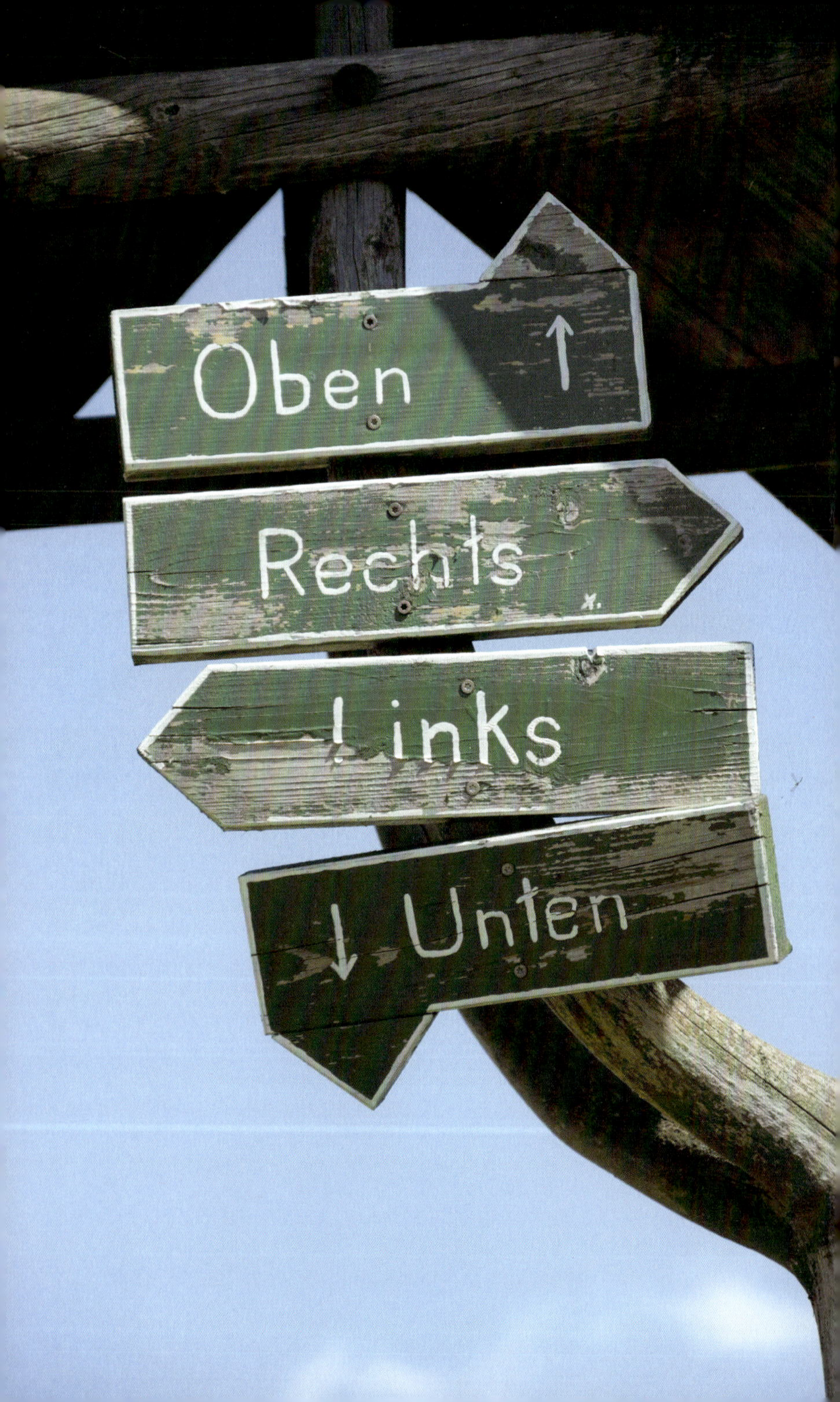
Oben
Rechts
Links
Unten

# Liebe Wanderfreunde,

das Erzgebirge hat wahrlich einiges auf dem Buckel. Seit dem Mittelalter wurde hier nach Edelmetallen gesucht, gegraben, gehauen, geschürft; es wurden Gräben gezogen, Pochwerke gebaut, Reichtümer gewonnen; das Handwerk schuf praktische Dinge des täglichen Lebens, aber auch Kunst – und Schmackhaftes. Man hat aufgeforstet, den Wald gehegt und gepflegt, die Forstwissenschaft hat entscheidende Anstöße erfahren.

In neuerer Zeit ist es vor allem das Wasser, das die Landschaft formt. Eine Unzahl an glitzernden Stauseen ist in die Täler gebettet, erfrischt die Sinne, neckt das Auge mit Spiegelungen und verführt zum Verweilen und Träumen.

Heute treffen wir überall auf vielfältige Zeugnisse menschlicher Tätigkeit, die mal kaum mehr erkennbar, mal gut erhalten sind, und tauchen ein in die Geschichte, in die Natur, in die Kunst. Wir folgen Bächen und Flüssen in ihren tief eingeschnittenen Schluchten, erklimmen Gipfel und Türme, wandern durch dichten Wald, treffen auf verwunschene Ecken, Heimstätten alter Sagengestalten, ebenso wie auf forstbotanische Neuerungen. Wir wandeln zwischen Mythen und Wissen, durch eine Landschaft zwischen Sehnsucht und Nutzung.

Ein Wanderspaß, der alle Sinne berührt, nicht zuletzt den Gaumen beim Picknick auf Stein oder Bank oder bei der Einkehr.

Viel Freude beim Unterwegssein wünscht

Ihr Carsten Storm

NATUR-INFO

KULTUR-INFO

TOUREN-/EVENT-INFO

GENUSS-INFO

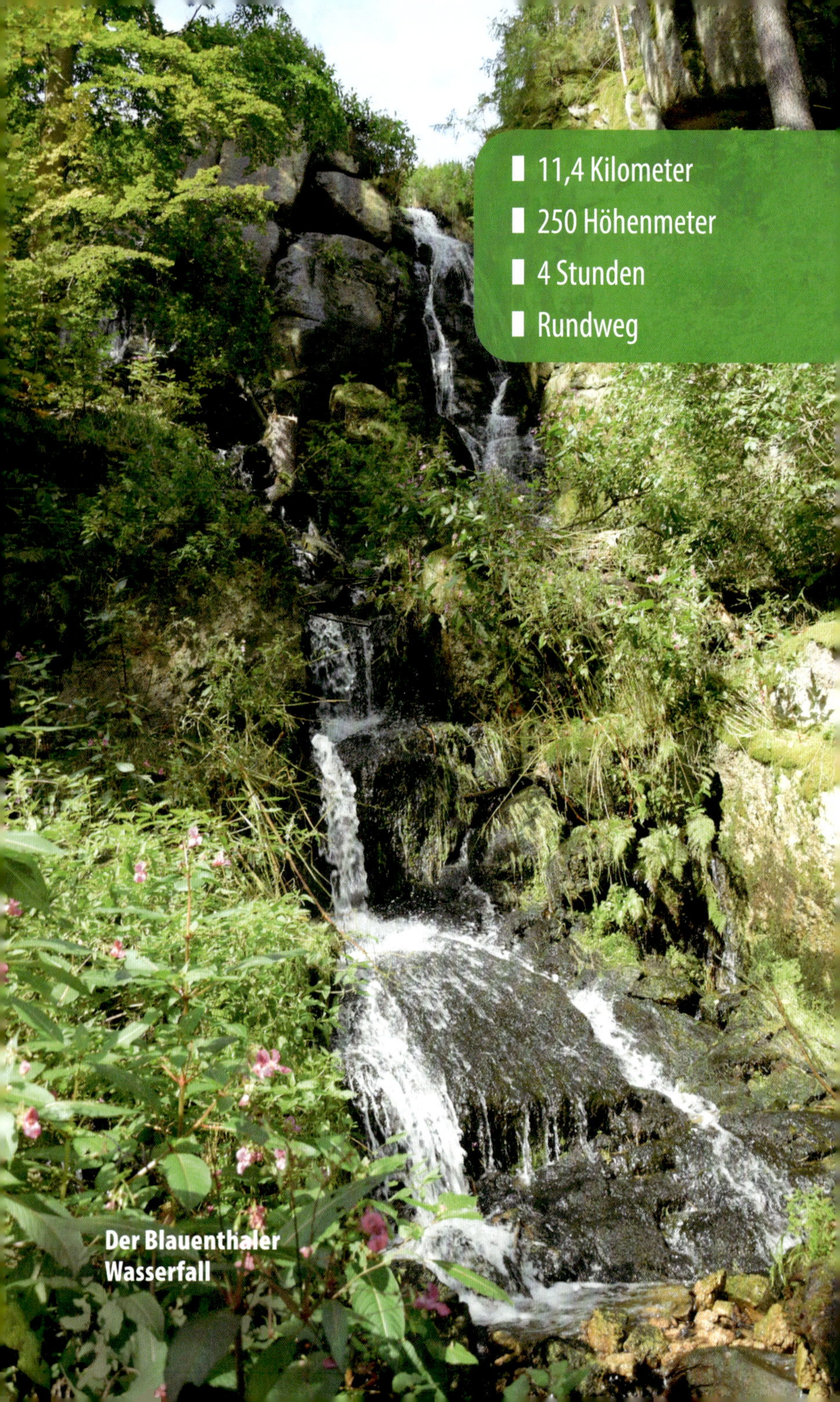


Der Blauenthaler Wasserfall

# Wasserpfade

## Von Blauenthal nach Sosa

Die Tour beginnt gleich mit dem ersten Highlight. Am oberen Ende des Parkplatzes vor den Picknickbänken zweigt der Stichweg zum **Blauenthaler Wasserfall ❶** ab, dessen Rauschen wir im Ohr haben, seit wir aus dem Auto gestiegen sind. Nach wenigen Schritten stößt der Stichweg auf einen Querweg, von dem aus sich der Blick auf den Wasserfall öffnet. Rechts kann man neben dem Wasserfall ein Stück hochsteigen.

Den Wasserfall vor Augen, gehen wir den Querweg nach links. An den nächsten Abzweigungen halten wir uns jeweils rechts und steigen zügig weiter hoch. Oben erreichen wir einen geschotterten Pfad, auf dem wir über eine Art Brückenzuführung einen Abstecher an das obere Ende des Wasserfalls machen können. Unser Weg aber führt uns nach links am künstlich angelegten **Toelleschen Graben ❷** entlang, der den Wasserfall speist. Eine Weile lang folgen wir dem Weg **Wildes Erzgebirge** mit dem **Wurzelrudi**-Zeichen, dem wir heute mehrfach begegnen werden. Wir wandern entspannt neben dem Graben, die hohen Fichten spenden Schatten, Moose und Farne begrünen den Boden, das Wasser fließt uns gemächlich entgegen: Ohne moderne Messtechnik war der Bau eines solchen Grabens ein Meisterwerk.

Am nächsten Querweg stoßen wir auf den heutigen Anfang des Grabens, an dem das Wasser aus dem Steinbach abgezweigt wird. Rechts verbirgt sich eine Hütte, wir aber wenden uns nach links Richtung **Teufelsschloss,** überqueren den Steinbach und treffen nach rund 100 Metern auf eine Gabelung. Links steht der **Gedenkstein ❸** für Anna Marie Nötzoldt.

*Der **höchste Wasserfall Sachsens** ist etwa 100 Jahre alt. Er ist das „Abfallprodukt" der Wasserzuleitung für die Turbinen einer ehemaligen Holzschleiferei der Familie Toelle. Das Wasser diente nebenher zur Unterhaltung der Gäste in der eigenen Restauration.*

***Anna Marie Nötzoldt** fiel am 4. Juni 1888 auf ihrem Weg von Eibenstock zum Bahnhof in Blauenthal vermutlich einem Raubmord zum Opfer. Früher lauerten im Wald tatsächlich die Räuber – heute sind Städte für dieses Gewerbe deutlich ertragreicher.*

An der Gabelung nehmen wir den oberen, unmarkierten Weg, der – weniger gut ausgebaut und manchmal etwas überwachsen – ungefähr die Höhe hält. Früher ging hier der Toellesche Graben weiter, um zusätzliches Wasser aus der Großen Bockau zuzuführen.

Wir folgen dem Talverlauf, erst oberhalb des Steinbachs, dann oberhalb der Großen Bockau. Nach einiger Zeit erreichen wir einen Asphaltweg, auf dem es nach links hinunter ins Tal geht. 200 Meter weiter kommen wir an den Talweg, wenden uns erst links, queren nach wenigen Schritten die **Brücke über die Große Bockau** und folgen dahinter für den nächsten Streckenabschnitt der **weiß-gelb-weißen Markierung** nach rechts, zunächst Richtung **Hänelwehr** und **Auersberg.** Rund 130 Höhenmeter liegen vor uns. Nachdem wir uns bislang auf dem gemütlichen Weg gut unterhalten konnten, wird nun der eine oder die andere ins Schnaufen kommen.

An einer Kreuzung nehmen wir den linken Weg, ignorieren abgehende Pfade und erreichen bald den

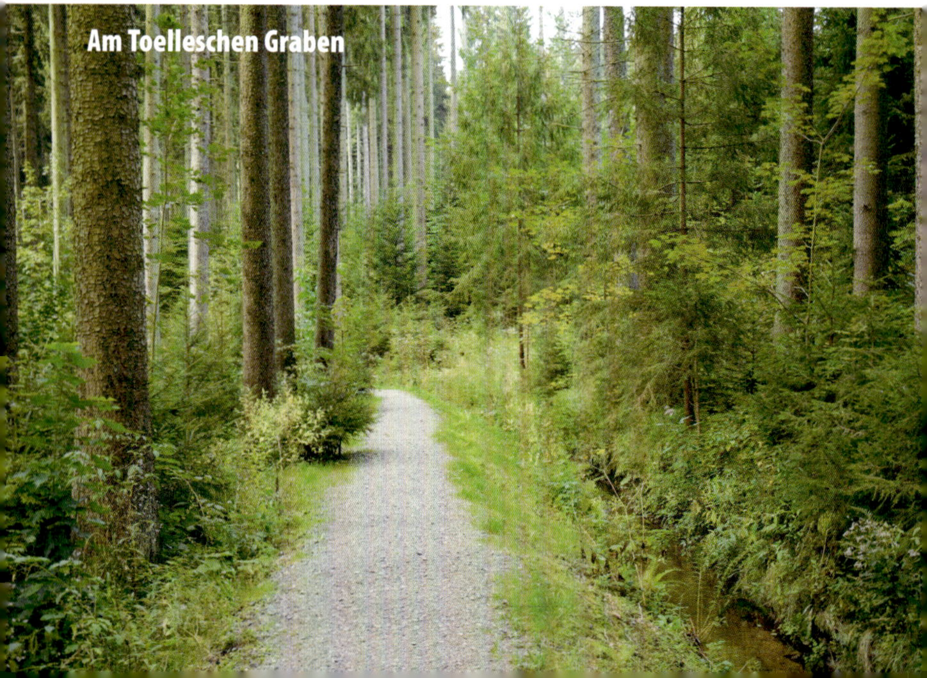

Am Toelleschen Graben

## Für die Seele

Wege am Wasser: mal fallend oder fließend, mal gurgelnd oder glatt, mal stürzend oder stehend. Und dann wieder weite Wiesen und Weiden …

Abzweig zum Parkplatz über die Staumauer. Weiß-gelb-weiß zeigt hier wenig hilfreich in alle Richtungen. Wir wenden uns nach links. Unten blitzt schon das Wasser des Stausees durch die Bäume. Schnell ist die **Staumauer** ④ erreicht. Rechts bieten sich Blicke über den See, links unten gurgelt das moorige Wasser im Tosbecken. Vorbei an vielen Tafeln zur Wasserwirtschaft folgen wir der Zufahrtsstraße, die uns nach einer Linkskurve zügig zum Parkplatz an der Staumauer bringt. Vor dem Parkplatz führt eine Straße nach links. Über sie wird unser weiterer Weg verlaufen. Da wir aber gut die Hälfte der Wanderung hinter uns gebracht haben, wollen wir uns erst einmal eine Pause gönnen, ob im **Imbiss der Erlebniskählerei Sosa** ⑤, der etwa 200 Meter nach rechts über den **Hirschknochenweg** zu erreichen ist und wo wir nebenbei Wissenswertes über das Köhlerhandwerk vermittelt bekommen, oder auf den Bänken am Hang hinter dem Parkplatz.

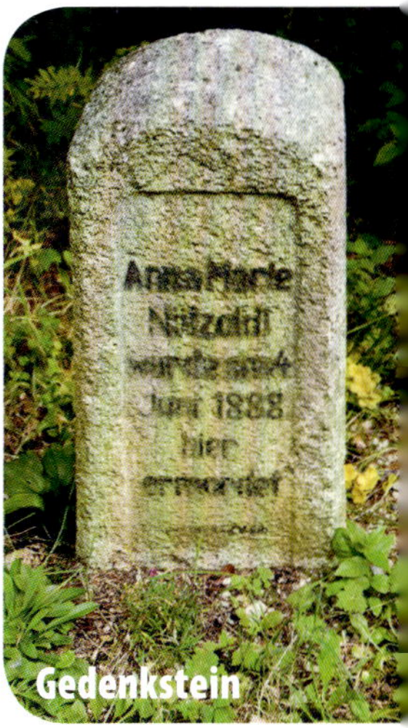

Gedenkstein

Erfrischt und gestärkt nehmen wir, den Parkplatz nun im Rücken, die Straße, die rechts leicht gewunden aufwärts führt. Nach 100 Metern passieren wir einen rechts abzweigenden Feldweg, auf dem wir gleich weitergehen werden. Zuvor steht aber noch ein **Abstecher** zum **Seydewitzblick** ⑥ auf dem Programm. Wir gelangen zunächst zu einer Freilichtbühne, an deren Eingang Gatter den Weg zu versperren scheinen – aber als Fußgänger können wir durch. Über den Bühnenplatz gelangen wir zum Aussichtspunkt. Der Blick über den Stausee ist den Abstecher allemal wert.

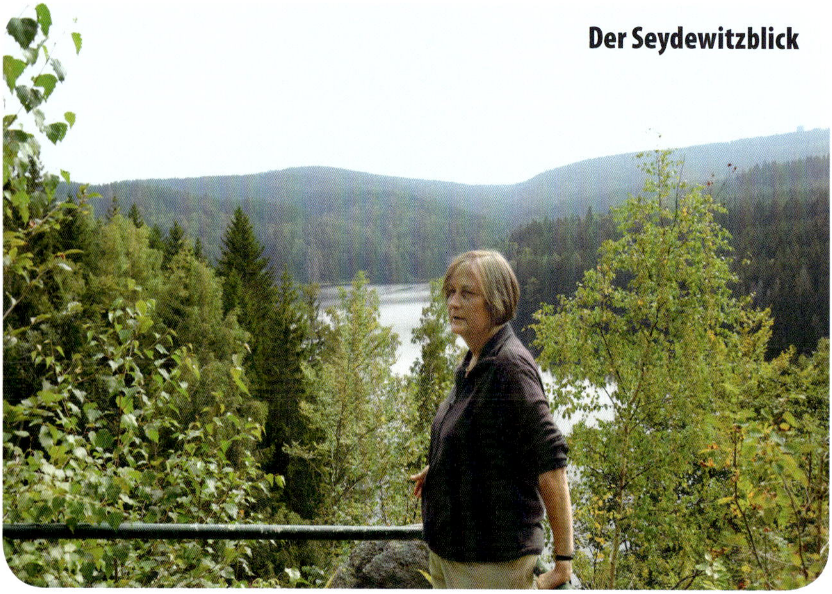

Der Seydewitzblick

Zurück am Feldweg, folgen wir diesem nordwärts und finden bald die erste Tafel des **Köhlerwegs,** den wir auf diesem Abschnitt nutzen. Rechts genießen wir eine Zeit lang **Ausblicke auf den Ortskern von Sosa** ⑦ mit der Kirche, eingebettet in die grüne Talsohle – ein Augenschmeichler. Der Köhlerweg führt immer geradeaus über Weiden und Wiesen, vorbei an Bänken, einem Kreuz und über zwei Querwege hinweg. Das letzte Stück des Feldwegs gehen wir an einer halbseitigen Allee vorbei; rechts kommen allmählich wieder Häuser von Sosa in den Blick. Dann treffen wir erneut auf **Wurzelrudis** Tour **Wildes Erzgebirge,** der wir Richtung **Blauenthal, Wasserfall** und **Barfußpfad** folgen, rechts vorbei an Tafel 22 mit Erläuterungen zur Köhlerei. Zunächst kommen wir nach einem Linksknick zum **Frölich-Stolln** ⑧**,** einem der vielen Zeugnisse der langen Bergbaugeschichte im Erzgebirge.

*Der **Frölich-Stolln** ist einer der jüngsten Stollen im Gebiet Sosa. Nach dem Erwerb durch Hermann Frölich 1870 begannen 1872 die Bohrungen, ab 1877 wurden rund 64 Zentner Wismut- und Kobalterze gefördert. 1883 wurde der Stollen geschlossen.*

Am hinteren Ende des Stolln-Geländes geht die Tour weiter, zunächst links, dann rechts Richtung

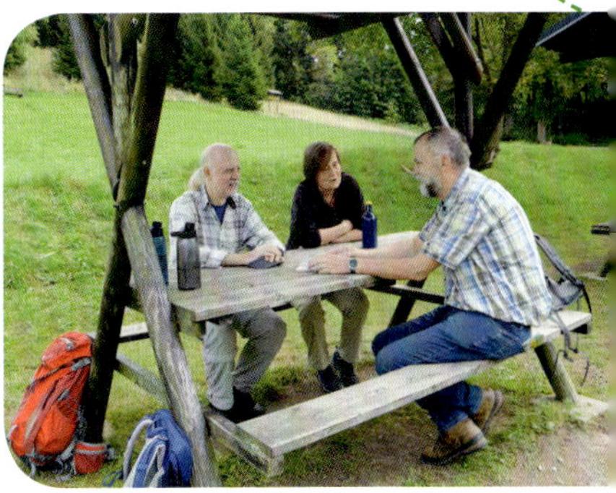

**Barfußpfad.** An der nächsten Gabelung nehmen wir einen kleineren Pfad nach rechts, der durch lichten, säulenhaften Fichtenwald leicht abwärts führt, und erreichen bald den **Barfußpfad** **9**, der zehn verschiedene Untergründe bereithält, von Sand über Rindenmulch bis hin zu Zapfen. Danach folgen wir weiter den Auszeichnungen **Wildes Erzgebirge,** die uns bis nach Blauenthal bringen werden. Hinter dem Barfußpfad halten wir uns zunächst links, ehe wir einen gut ausgeschilderten, scharfen Knick nach rechts machen und dann eine Forstpiste queren. Dahinter öffnet sich der Blick nach rechts über sanft geschwungene Wiesen. Bald passieren wir linker Hand ein paar recht ausgebaute Lauben, bevor rechter Hand ein **Damwildgehege** in den Blick kommt. Hinter den **Hofeteichen** schlendern wir nochmals durch weites Wiesenland

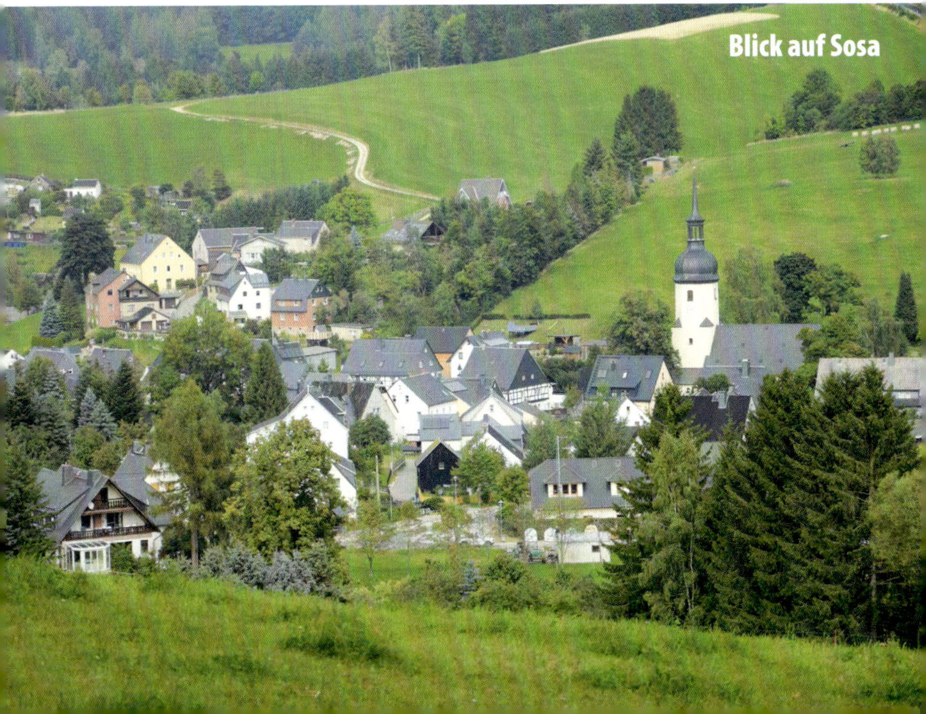

Blick auf Sosa

# Auszeittour 1

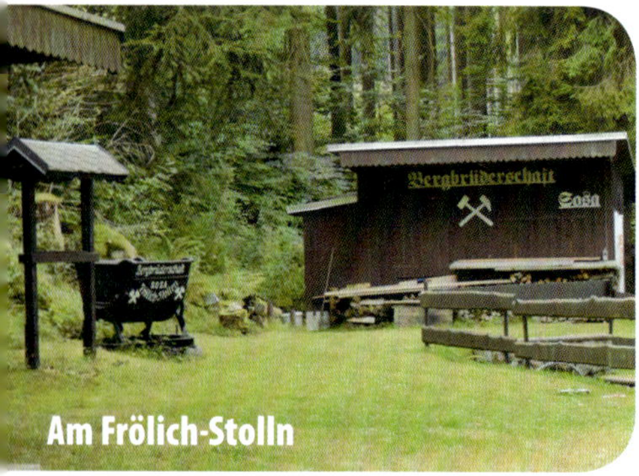

Am Frölich-Stolln

und lassen uns von Blütenlandschaften und dem Geschwirre der Insekten bezaubern.

Bei der **Hinweistafel 14 zur Toelleschen Gruft** biegt unser Weg nach links ab und führt relativ gerade abwärts Richtung Blauenthal, dessen ersten Ausläufer in Gestalt der **evangelisch-lutherischen Kirche** mit ihrem separaten hölzernen Glockenturm wir bald erreichen. Kurz danach führt der Weg über die **Große Bockau.** Wir wenden uns links und erreichen nach guten 100 Metern Straße den Parkplatz.

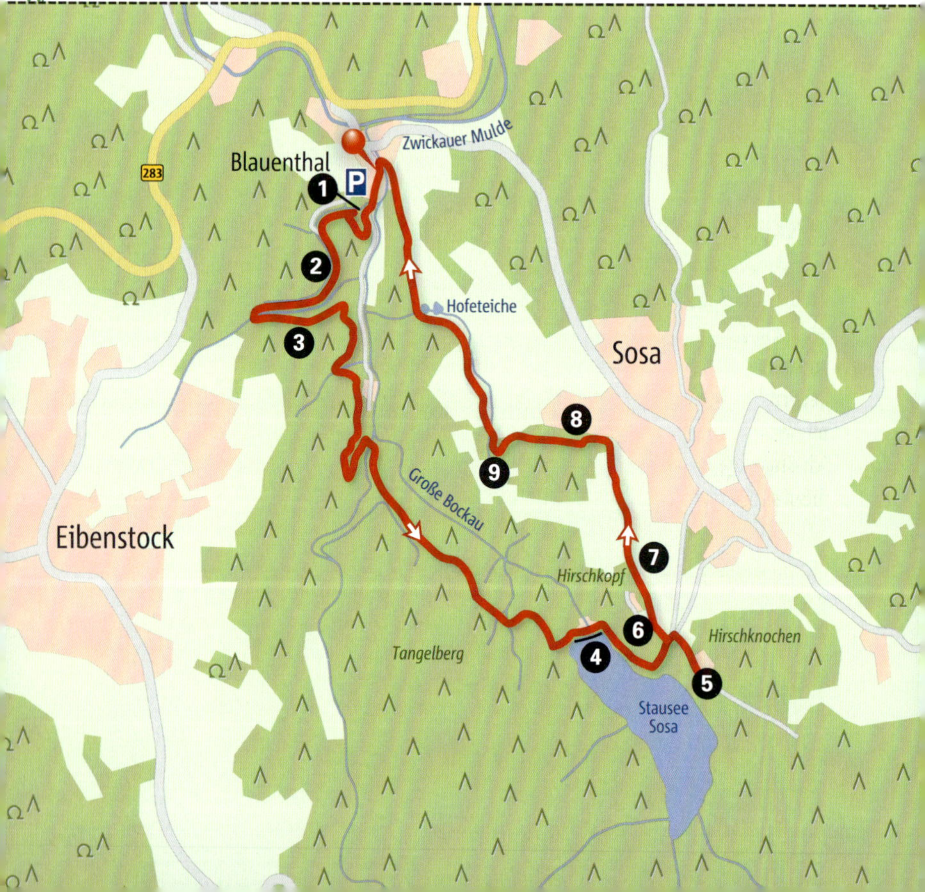

Entspannung ★★★★★
Genuss ★★★☆☆
Romantik ★★★★☆

**WIE & WANN:**
**Meist Wald- und Wiesenwege, teils Forstpisten, dazwischen kurze Stücke Asphalt; ganzjährig möglich, im Winter ggf. eingeschränkt wegen Loipennutzung**

**HIN & WEG:**
**Auto:** Parkplatz am Wasserfall, Zimmersacherstraße, 08309 Eibenstock (GPS 50.511702, 12.626317)
**ÖPNV:** Keine direkte Anbindung an die Strecke

**ESSEN & ENTSPANNEN:**
**Imbiss der Erlebnisköhlerei Sosa** ❺ An der Talsperre 4, 08309 Eibenstock-Sosa, Tel. (01 51) 16 57 49 81, www.erlebniskoehlerei-sosa.de

**ENTDECKEN & ERLEBEN:**
**Blauenthaler Wasserfall** ❶
**Toellescher Graben** ❷
**Gedenkstein** ❸
**Staumauer** ❹
**Seydewitzblick** ❻
**Ausblicke auf Sosa** ❼
**Frölich-Stolln** ❽
**Barfußpfad** ❾

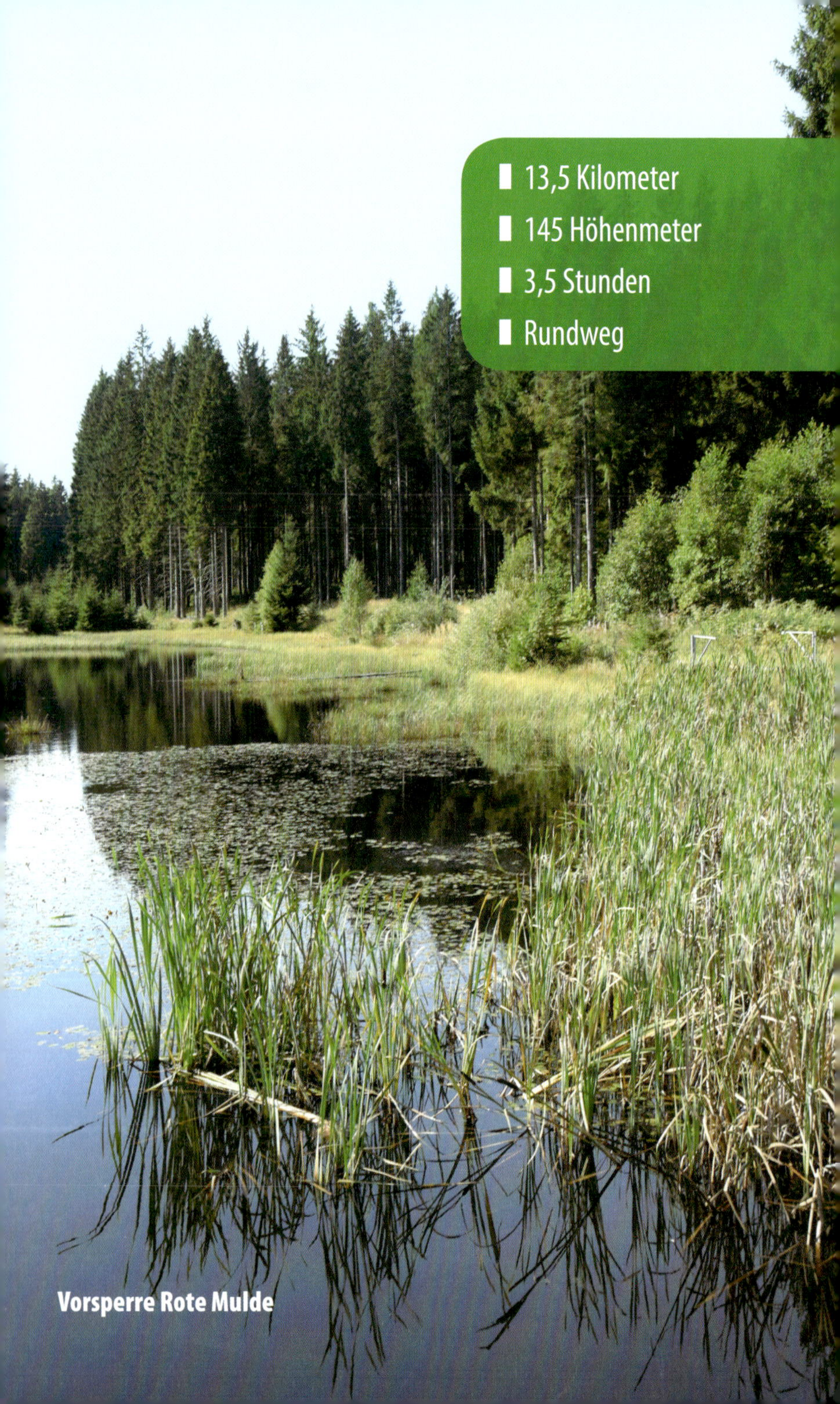

Vorsperre Rote Mulde

# Drei Seen

## Kottenheide und Muldenberg

Bei der Anfahrt haben wir bereits hinter dem Haus am Ahorn linker Hand ein Schild zur **Kammloipe** passiert. Dorthin gehen wir vom Parkplatz zurück, biegen rechts in die Loipe ein und nehmen nach etwa 80 Metern in einer leichten Rechtskurve einen nach links abwärts führenden Waldweg. Von rechts werden wir am Ende der Wanderung an diese Gabelung zurückkommen.

Der schmaler werdende Pfad bringt uns zügig zum **Oberen Weißen Muldenteich ①**, dem ersten der Seen, an denen die Wanderung vorbeiführt. Ein kleines Idyll, an dem ein paar Bänke zum Verweilen einlüden, wären wir nicht eben erst losgegangen. Doch auch so lässt uns das kontrastreiche Spiel aus Sonnenglitzern und Waldschatten eine Weile innehalten.

Kurz dahinter treffen wir auf einen breiten, geschotterten, schnurgeraden Forstweg, in den wir nach rechts einbiegen. Wir verlassen ihn wieder, sobald er leicht nach rechts abknickt, und wandern geradeaus weiter in eine unmarkierte Schneise, die wir schon von Weitem sehen konnten. Durch kniehohes Gras und Unterholz erfordert der Einstieg in die **lange Schneise ②** etwas Geschick.

*Seit dem 16. Jahrhundert wird der Wald im Erzgebirge **intensiv bewirtschaftet**. Heutzutage haben daher viele Wege Harvesterbreite. Dennoch unterscheiden sie sich stark: Einige ziehen sich bestens gepflegt dahin, andere sind gewundene Schneisen, die langsam zuwachsen.*

Dahinter erweist sich die langsam zuwachsende Schneise als angenehm zu gehender, wenngleich recht nasser, waldweicher Weg. Wir wandern durch halbhohes Gras, steigen manchmal über Altholz und beobachten, wie der Wald zurückdrängt in die Schrunde, die die Forstwirtschaft gerissen hat. Freilich wird hier keine Natürlichkeit zurückerobert: Der ganze Wald ist geplant angelegt. Wir queren einen Forstweg, hinter dem unsere Schneise geradeaus weiterführt. Die vielen Farne bezeugen die Feuchtigkeit des Bodens. Im Herbst nährt die Nässe auch Pilze, die den Waldboden bevölkern. Riesenexemplare sind darunter, zwanzig, dreißig Zentimeter große Maronen, häufig ohne Fraßspuren, die uns appetitlich locken. Abendessen? Einer würde reichen! Aber im Rucksack ließe er sich schlecht transportieren; ihn stundenlang in der Hand zu tragen ist auch wenig überzeugend. Bleiben sie also alle stehen. Stattdessen folgen wir weiter der Schneise, manchmal durch brennnesselumwucherte Engstellen hindurch, passieren einen Hochstand und nehmen an einer Gabelung im Wald den rechten von zwei grasbewachsenen Wegen. Falsch wählen können wir aber nicht: Beide stoßen bald darauf auf einen erdigen Forstweg, dem wir nach links folgen. Dann treffen wir auf einen geschotterten Forstweg, auf den wir nach rechts einbiegen. Wir folgen der **Loipe 12** weg von der Meilerhütte.

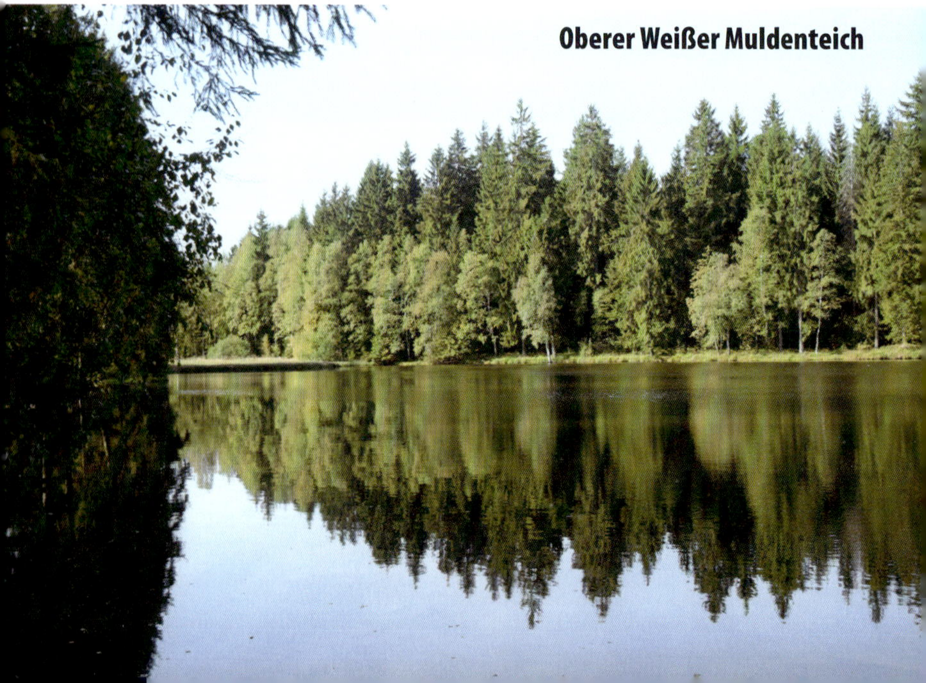
Oberer Weißer Muldenteich

## Für die Seele

**Liebliche Waldseen lenken unseren Blick in die Nähe, ausladende Wasserflächen in die Ferne. In Schneisen geht es mitten durch den Wald.**

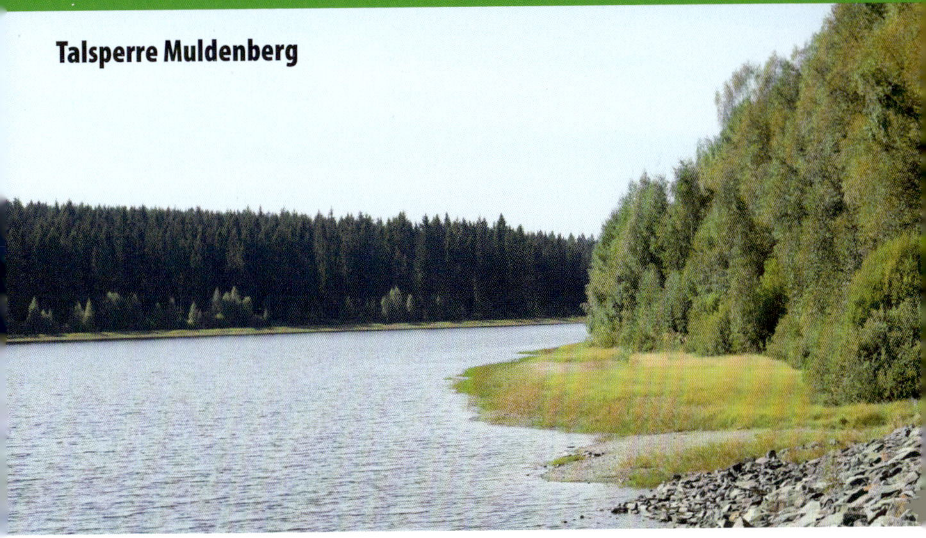

**Talsperre Muldenberg**

An der nächsten Gabelung geht es mit **Weiß-Gelb-Weiß** links Richtung **Talsperre** – der zweite See für heute. Zunächst kommt zwischen den Bäumen die **Vorsperre Rote Mulde** ③ in den Blick. Durch einen Steindamm von der eigentlichen Talsperre Muldenberg getrennt, wirkt sie beschaulich: grasbewachsene Ufer, Schilfinseln, in denen sich Enten tummeln, auf der gegenüberliegenden Seite weit zurückgesetzt eine Hütte vor Fichten. Der Weg führt über die Vorsperre hinweg, an der Hütte vorbei, ehe wir auf die – wenig befahrene – Bahnlinie von Plauen nach Kraslice stoßen. An ihr wandern wir mit **Weiß-Blau-Weiß** nach rechts. Der Weg verläuft zunächst am Waldsaum, dann direkt am Ufer der **Talsperre Muldenberg** ④. Hier

## Auf der Staumauer

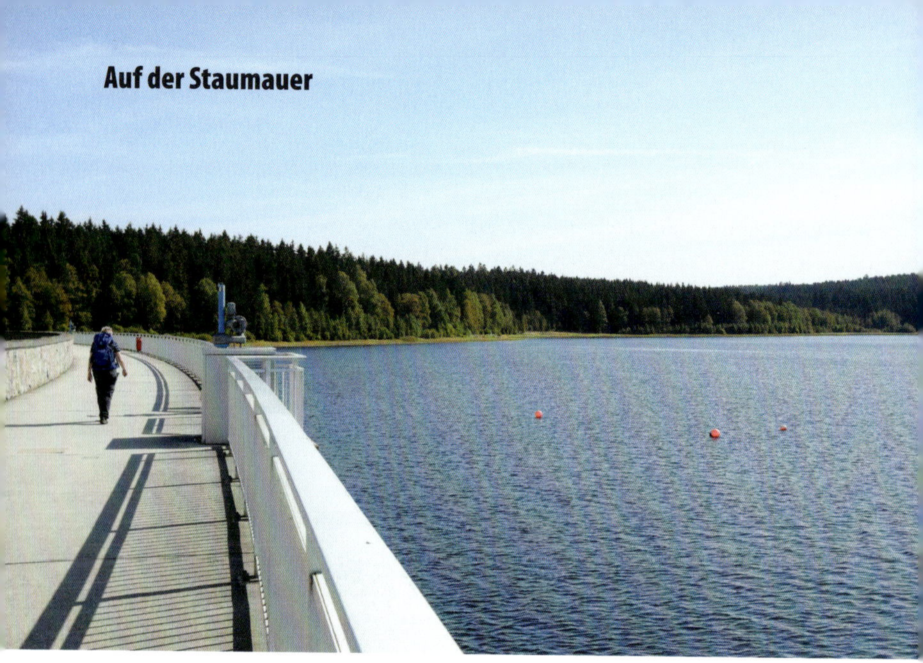

öffnet sich der Blick über die ausgedehnte Wasserfläche, die je nach Sonnenstand, Wind und Wolken tiefblau daliegt, silbern glitzert oder mattgrau dräut.

Die **Staumauer** markiert etwa die Hälfte unserer heutigen Tour – es ist Zeit für eine Pause. Vom vorderen Ende der Staumauer gelangt man bequem über ein Brückchen über die Eisenbahn zur **Gaststätte Bergschlösschen Muldenberg ⑤**. Ein Weg hinab vor die Staumauer bringt uns in den Ort zur **Flößerstube ⑥**. Nach der Einkehr müssen wir so oder so zurück zur Staumauer, über die wir die andere Seite des Sees erreichen. Wer seine Verpflegung im Rucksack mitträgt, findet vor und hinter der Staumauer eine Reihe von Bänken, die zu einer Pause einladen und meist mit gutem Ausblick glänzen. Für Kurzweil sorgt eine Reihe von Schautafeln zur Geschichte des Stausees und der Mauer.

Am hinteren Ende der Staumauer lenkt uns **Weiß-Blau-Weiß** nach rechts, um den Stausee herum. Immer wieder locken Abstecher ans Ufer, an dem Bänke zum Verweilen einladen. Linker Hand verläuft eine Straße, auf die wir einmal fast treffen, dann aber gerade noch

*Die **Talsperre Muldenberg** erlitt 1945 eine ebenso tragische wie kuriose Beschädigung. Auf Befehl der US-Armee wurde Wehrmachtsmunition auf der Wasserseite vor der Staumauer entsorgt. Bei einer Explosion riss diese auf 12 Meter Länge auf.*

rechtzeitig nach rechts auf einen geschotterten Forstweg abschwenken. So erreichen wir bald den **Saubach** mit seiner **Pegelstation.** Wir wenden uns links und gehen wieder auf weicherem Grund. Nach einer Tafel zur Geschichte der Scheitholzflößerei (Flößerei? – Auf dem flachen Bach?) heißt es aufpassen, um den mit **Weiß-Blau-Weiß** markierten Abzweig nach rechts abwärts auf einen schmalen Pfad nicht zu übersehen. Auf zwei Brücken überqueren wir die vom Moorwasser rotbraunen Läufe des Saubachs. Wenige Meter dahinter erreichen wir mit dem **Sauteich** **7** den dritten See der

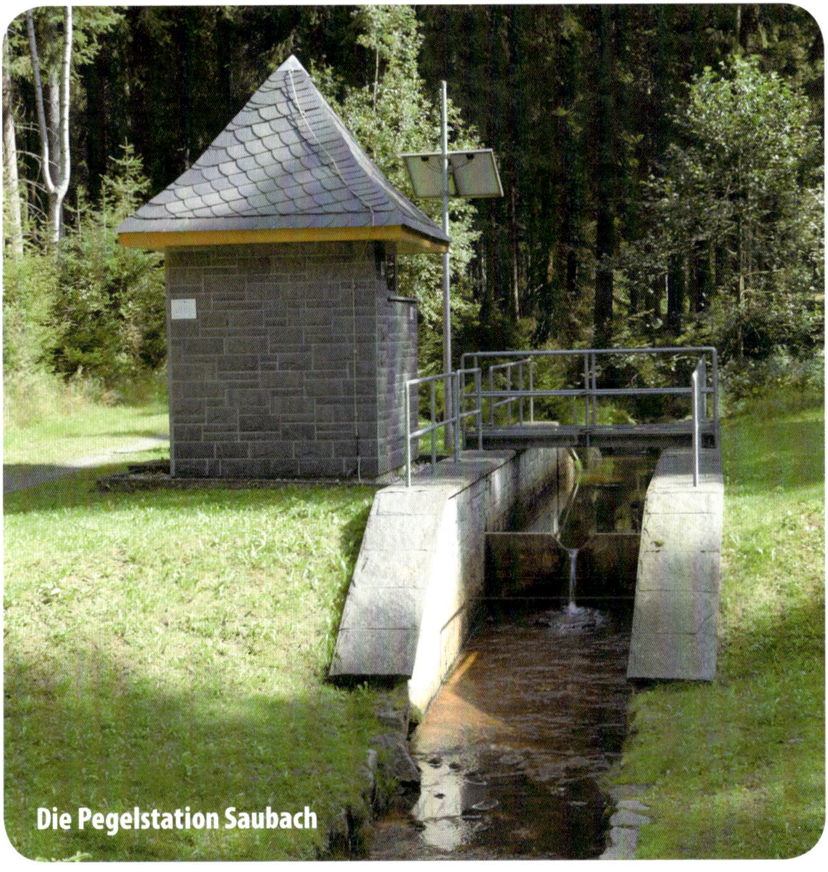

Die Pegelstation Saubach

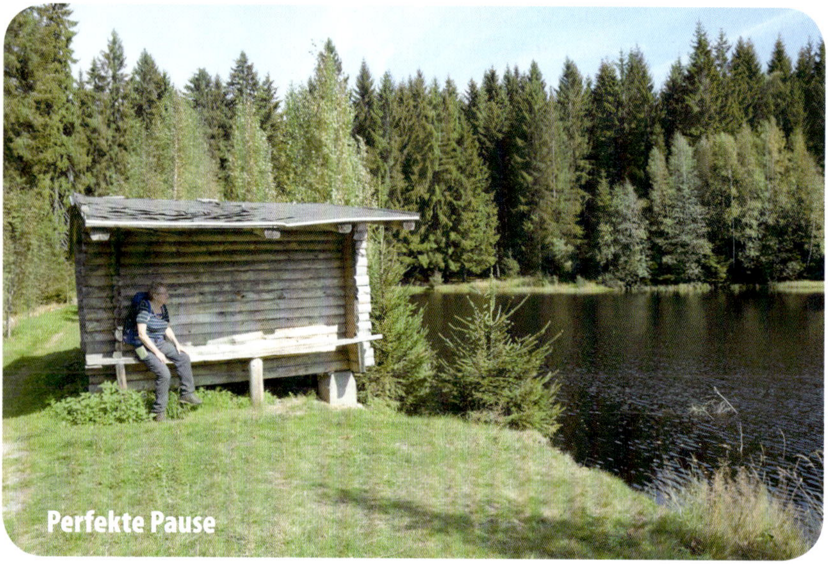


Tour. Die Bank an einem Hüttchen verführt erneut, die Ruhe auf uns wirken zu lassen.

Wir verlassen nun Weiß-Blau-Weiß, wenden uns an der Hütte rechts und erreichen kurz hinter dem Teich einen unmarkierten Forstweg, dem wir nach links folgen. Eine Abzweigung nach rechts ignorieren wir und stoßen nach weiteren etwa 700 Metern auf eine quer verlaufende Forststraße, den **Schwerdtweg.** Ihm folgen wir nach rechts. Es ist fast ein **Waldboulevard 8,** denn rechter Hand verläuft ein gut 10 Meter breiter Wiesenstreifen, der aus dem Forstweg eine Art Langlichtung macht.

In der nächsten Senke heißt es: Obacht geben. Wir biegen noch einmal nach links in einen nicht markierten Weg, einen etwas breiteren Graspfad. Es ist die zweite Abzweigung nach links, ziemlich genau in der Mitte der Senke. Etwa 200 Meter weiter vorne kann man schon die nächste große Kreuzung sehen. Wer sich unsicher oder schon müde ist, bleibt einfach bis zu dieser Kreuzung auf dem Schwerdtweg und biegt dort nach links auf den nächsten geschotterten Forstweg. Schöner ist es auf dem Graspfad, der zunächst knapp 30 Meter im 90-Grad-Winkel nach links wegführt, dann leicht nach rechts schwenkt und einige Zeit ungefähr die Höhe hält. Nach rund 300 Metern senkt er sich ein wenig. Der weiche Boden ist ein Labsal für die Füße. Das Grün der Bäume und Büsche scheint näher dran an uns als auf den Forstpisten und dadurch fühlbarer, nahbarer, echter. Erstaunlicherweise stellt sich diese Wirkung ein, obwohl man weiß, dass man sich gerade etwas vormacht. Trotzdem belebt die Vielfalt an Grün noch mal die Sinne.

Der Pfad stößt auf einen Forstweg, der schmaler ist als der Boulevard zuvor. Hier biegen wir nach rechts und gewinnen zügig wieder die vorherige Höhe. Am nächsten breiten Forstweg, an dem wir Schilder von Fahrradrouten finden, orientieren wir uns links. Bereits nach etwa 400 Metern verlassen wir ihn wieder nach rechts und folgen der Ausschilderung der **Loipe** nach **Kottenheide,** respektive **Anschluss Schlosserberg**

**Am Sauteich**

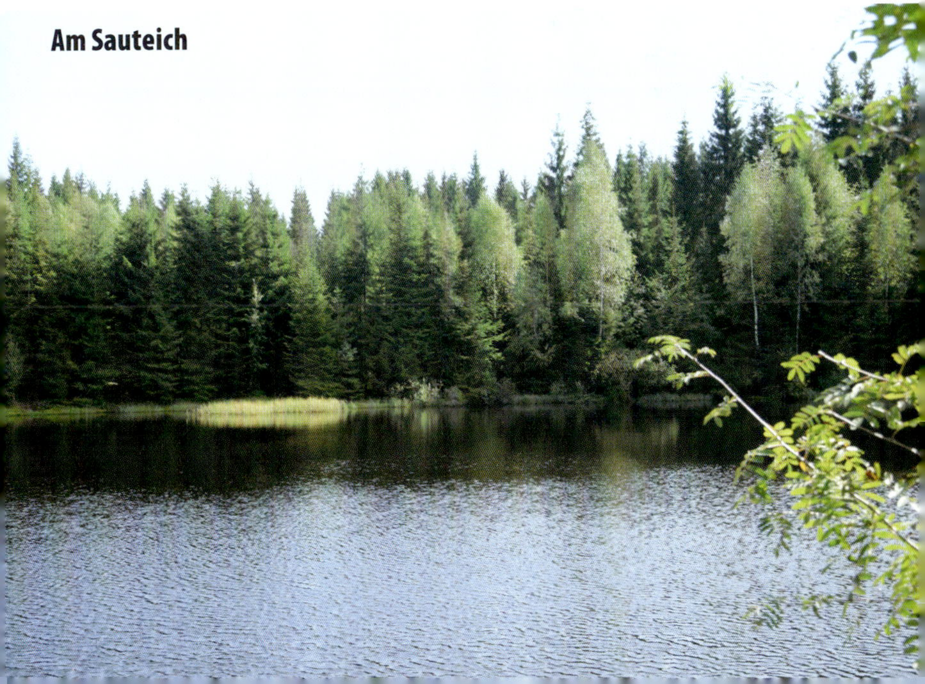

# Auszeittour 2

In **Kottenheide**, im 15. Jahrhundert als Bergbausiedung gegründet, wurden etwa 200 Jahre lang Zinn, Kupfer und Eisenstein abgebaut. Danach verlor der Ort an Bedeutung, erhielt aber 1905 die kleinste Dorfschule im Königreich Sachsen.

**Oberzwota,** nun wieder auf weicherem, erdigem Grund. Bald erreichen wir eine Gabelung, an der wir das Schild des **Notrufnummernpunkts V47** an einem Baum finden. Das Loipenschild weist uns hier nach links. Weiter geht es auf feucht-grasigem Boden, vorbei an bemoosten Baumstämmen. Nach kurzer Zeit treffen wir auf die Abzweigung zum Oberen Weißen Muldenteich, die wir am Anfang der Tour genommen haben, und gehen die restlichen Meter zurück bis zur Straße und nach links zum Parkplatz in Kottenheide.

Entspannung bietet bei gutem Wetter die Terrasse des **Hotels Haus am Ahorn ⑨,** wo wir uns bei frischem Kuchen oder etwas Herzhaftem erholen und den Weg Revue passieren lassen können.

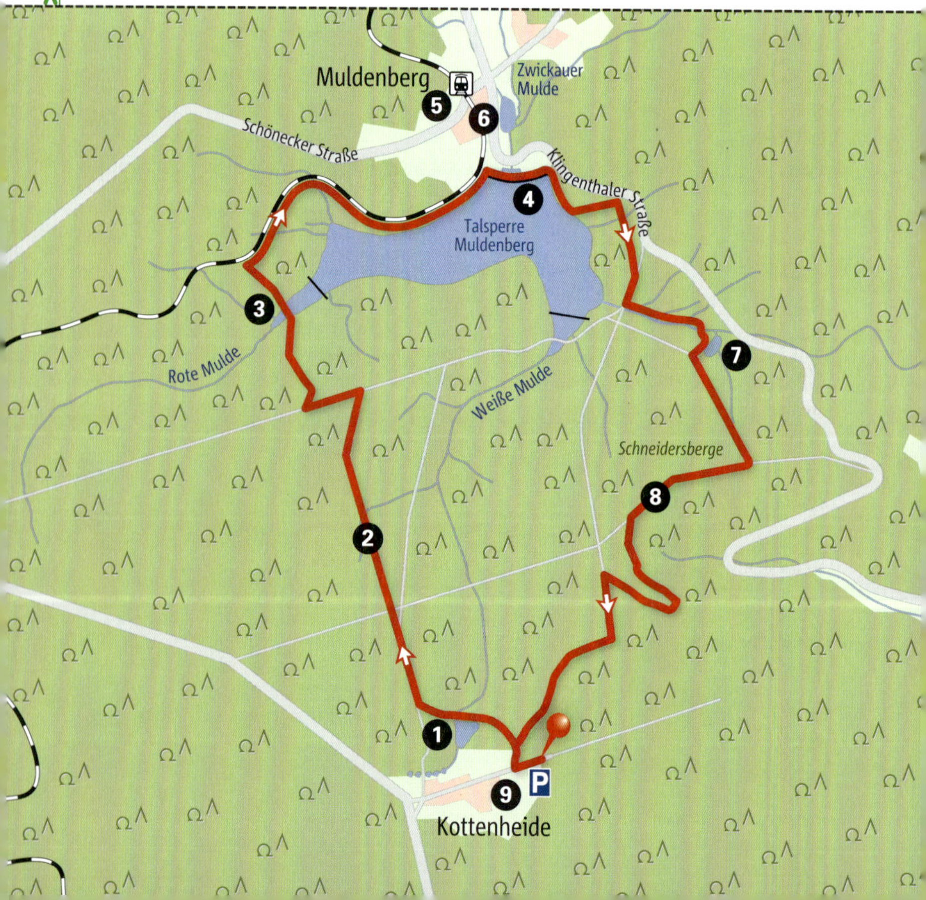

Entspannung ★★★★☆
Genuss ★★★☆☆
Romantik ★★★☆☆

**WIE & WANN:**
**Waldwege und z. T. halb überwucherte Schneisen mit Unterholz, befestigte Forstwege; außer im Hochsommer sehr feucht; hohes Schuhwerk gegen die Nässe und lange Hosen gegen gelegentliche Brennnesseln und Zecken dringend empfohlen. Die Wanderung nutzt viele unmarkierte Wege, Orientierungssinn und Karte nötig. Nur außerhalb der Skisaison, April bis Oktober**

**HIN & WEG:**
**Auto:** Wanderparkplatz Kottenheide, ca. 300 Meter hinter dem Hotel Haus am Ahorn, Hämmerling, 08261 Schöneck, Ortsteil Kottenheide (GPS 50.380209, 12.405437), die letzten Meter über Schotterpiste
**ÖPNV:** RB 1 von Zwickau oder RB 5 von Plauen bis Muldenberg-Floßplatz; von dort Schönecker Straße nach rechts, dann links Talstraße bis zur Talsperre (ca. 500 m); Einstieg in die Tour in Muldenberg

**ESSEN & ENTSPANNEN:**
**Gaststätte Bergschlösschen Muldenberg** ❺ Schönecker Straße 22, 08223 Muldenberg, Tel. (03 74 65) 68 27, www.bergschloesschen-muldenberg.de
**Hotel und Gasthof Flößerstube** ❻ Klingenthaler Straße 3, 08223 Muldenberg, Tel. (03 74 65) 67 64, www.floesserstube.de
**Hotel Haus am Ahorn** ❾ Hämmerling 12, 08261 Schöneck-Kottenheide, Tel. (03 74 64) 33 30, www.am-ahorn.de

**ENTDECKEN & ERLEBEN:**
**Oberer Weißer Muldenteich** ❶
**Lange Schneise** ❷
**Vorsperre Rote Mulde** ❸
**Staumauer – Talsperre Muldenberg** ❹
**Sauteich** ❼
**„Waldboulevard" Schwerdtweg** ❽

## Der Rundturm

- 11,3 Kilometer
- 310 Höhenmeter
- 3,5 Stunden
- Rundweg

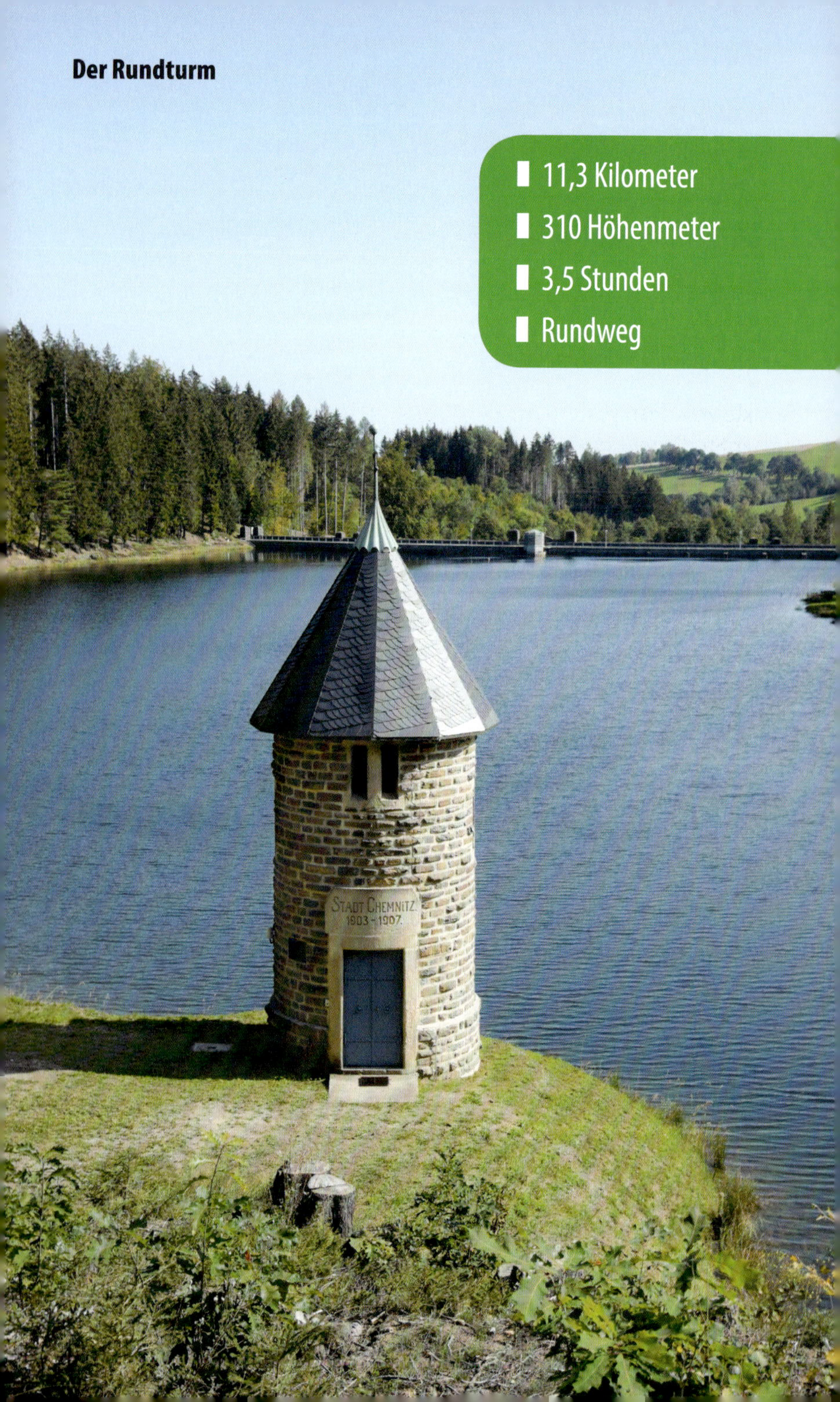

# Wandeln & träumen

## Durch den Bornwald

Am kleinen Parkplatz wenden wir uns zur Börnichener Straße und beginnen die Wanderung, indem wir eine Waldzunge nach links zum offenen Feld hin umrunden; dabei gehen wir zwischen Wald- und Feldrand entlang. Eine Bank bezeugt, dass dies tatsächlich ein Pfad ist. Schnell zieht er sich in den Wald hinein und trifft nach einer Rechtskurve auf einen breiten Forstweg, den wir vorher rechter Hand im offenen Feld bereits gesehen haben. Hier biegen wir nach links ein und folgen stets **Weiß-Gelb-Weiß** – die Markierung wird uns bis zur ersten Talsperre, der Großen Talsperre oder Neunzehnhain II, leiten.

Auf dem bequemen Forstweg geht es leicht abwärts. Bald stoßen wir auf eine Gabelung mit **Schutzhütte,** in der etwas versteckt eine Übersichtstafel zu heimischen Pilzen zu finden ist. Wir biegen nach rechts und an der nächsten Gabelung auf den etwas schmaleren, abwärts führenden Weg, der zu einer **Steinbrücke über den Schwarzbach** führt. Gemäß den Erfordernissen einer ausgefeilten Straßenverkehrsbürokratie werden wir mit Schildern darauf hingewiesen, dass der Gegenverkehr Vorfahrt habe und das zulässige Höchstgewicht 16 Tonnen betrage. Die 2006 renovierte Steinbrücke und der verträumte Schwarzbach verführen zum kurzen Verweilen.

Danach geht es langsam aufwärts, immer unserem Zeichen nach, dabei biegen wir einmal links, dann rechts ab. Auf dem nun steileren Weg erreichen wir zügig ein Plateau. Nach einem Rechtsknick zieht sich der Weg für rund 500 Meter als schnurgerade, ebene

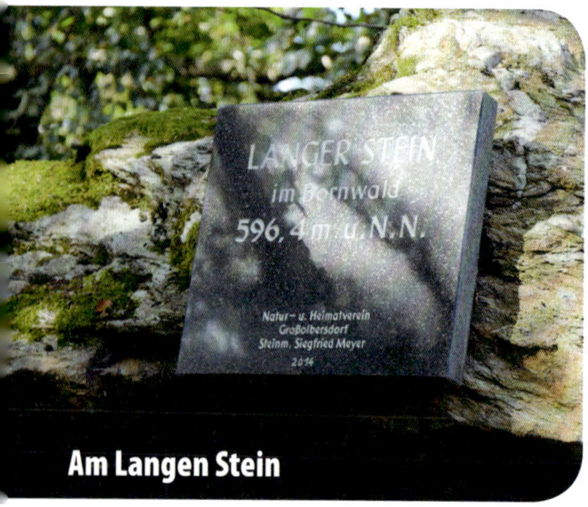

Am Langen Stein

Schneise dahin. Auf gut der Hälfte der Schneise, gute 50 Meter nachdem wir eine Bank passiert haben, gilt es aufzupassen: Linker Hand erhebt sich ein Stück im Fichtenwald eine prägnante Felsformation, der **Lange Stein ❶**, auf den einige Richtungsschilder schon zuvor hingewiesen hatten. Hier aber fehlt ein Schild. Um den Langen Stein zu besteigen, müssen wir quer in den Wald. Auch für den Auf- und Abstieg ist Pfadfindergeist gefragt. Oben allerdings finden wir eine Steintafel, die als Höhe 596,4 Meter über NN ausweist – der höchste Punkt dieser Wanderung.

Zurück auf dem Forstweg, steigen wir bald zügig Richtung Große Talsperre ab, die wir an ihrem westlichen Zipfel erreichen. Hier bietet sich uns ein von Bäumen gerahmter Blick auf das schillernde Wasser der **Talsperre Neunzehnhain II ❷**. Er versöhnt auch mit dem Asphaltweg, dem wir nun nach links Richtung Staumauer folgen. Ab Frühsommer ist er gesäumt von Blüten, an denen sich Bienen, Wespen oder Schmetterlinge laben. An der **Staumauer** befinden sich einige interessante Hinweistafeln, die ebenso wie die Sicht auf den Stausee zum Bummeln verführen.

Am anderen Ende der Staumauer wenden wir uns nach links Richtung Hammermühle. Nach etwa 300 Metern auf einem Schotterweg zweigt rechts ein etwas mit Gras überwachsener Weg ab. Er führt uns nach weiteren 300 Metern auf den nächsten, etwas höher gelegenen Weg, der teils aus Schotter, teils aus Beton besteht und an dem wir **weiß-blau-weiße** Markierungen finden. Wir folgen ihm nach links und erreichen erneut nach 300 Metern eine spitze Gabelung, an der die markierten Wege nach links unten ab-

*Staumauern haben einen komplexen Aufbau von aufeinander abgestimmten Mauerschichten. Ein Modell der **Staumauer Neunzehnhain II** verdeutlicht das Zusammenspiel von Beton, Bitumen, Ziegelmauerwerk und Fugenband in unterschiedlichen Stärken.*

## Für die Seele

Verwunschene Bäche, umwaldete Seen, verwitterte Felsenrücken, Ruinen und ein Turm, in dem Rapunzel darben könnte: Traumorte wie Perlen auf einer Schnur.

zweigen. Wir aber bleiben auf dem nun unmarkierten Weg, dem **Viererweg,** der schnurgerade auf angenehmerem Boden weiterführt und zunächst leicht abfällt, dann wieder leicht ansteigt. Nach einiger Zeit passieren wir linker Hand eine verschlossene Holzhütte. Knapp 100 Meter dahinter biegt rechts aufwärts ein Waldweg ein, der aussieht, als sei er vor einiger Zeit von Harvestern angelegt worden. Dem Weg folgen wir keine 50 Meter bis auf eine kleine Kuppe. Dort zweigt erneut rechts ein schmaler Pfad ab, der 50 Meter weit in einen freien Hang führt. Von dort können wir den

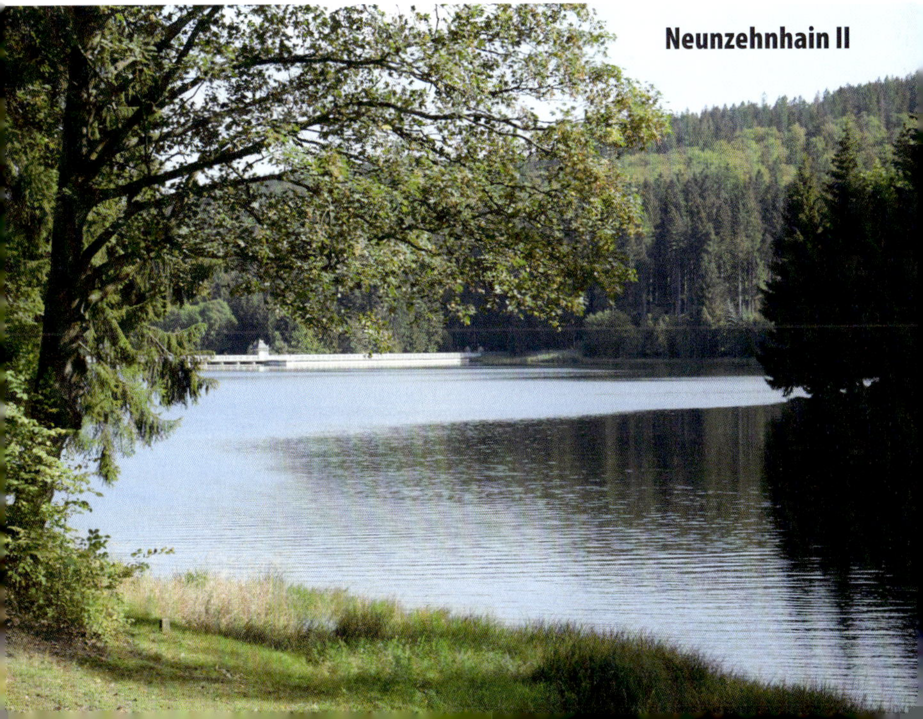

**Neunzehnhain II**

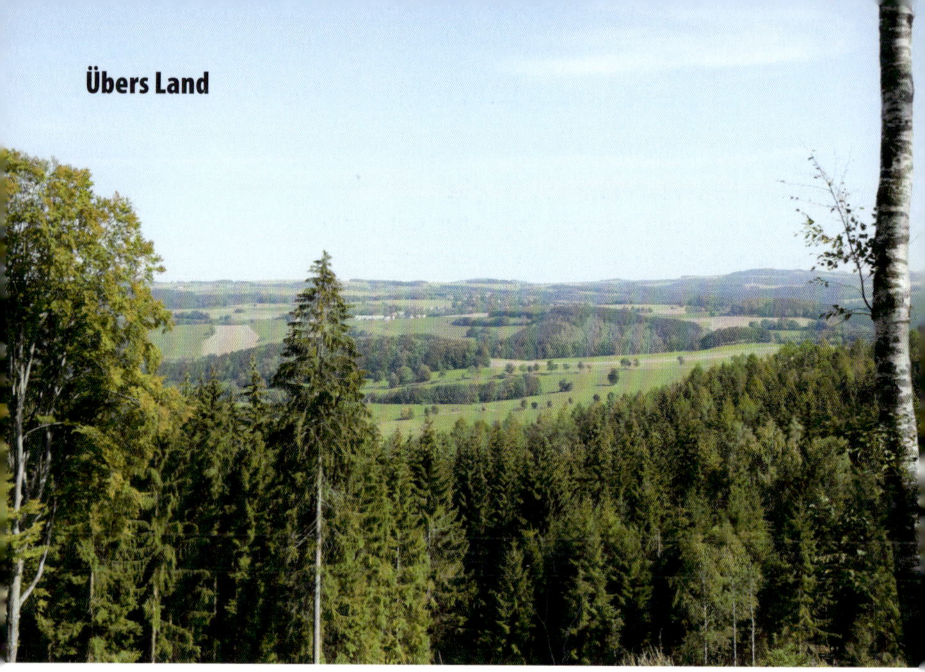

offenen Blick über die Hügellandschaft und hinüber nach Lengefeld genießen.

Von diesem **Aussichtspunkt ❸** gehen wir zurück zum Viererweg und setzen, zunehmend auf Asphaltuntergrund, unseren Weg fort. Er führt nun merklich abwärts. In einer scharfen Rechtskurve verlassen wir den Asphalt und biegen nach links in einen Waldweg ein, der sich noch steiler abwärts senkt und uns nach etwa 100 Metern an das südliche Ende der **Talsperre Neunzehnhain I** führt. Jenseits einer kleinen Brücke über den Lautenbach, der die beiden Sperren verbindet, öffnet sich halb nach links ein größerer **Rastplatz ❹** mit einer Bank, die sich gut für eine Pause eignet. Wir haben jetzt mehr als die Hälfte der Wanderung hinter uns. Während der Rast können wir die Zuflussanlagen bestaunen und – etwas versteckt – den geziegelten Eingang eines aufgegebenen Kalkbergwerks. Das war nichts für Leute mit Platzangst.

Nun geht es um **Neunzehnhain I ❺** herum, gegen den Uhrzeigersinn, weil man so die angenehmeren Pfade zum Schluss hat. Die grandiosen, teils etwas verträumten Ausblicke über das Wasser lassen vergessen, dass es ein kurzes Stück über Asphalt geht. Wir passieren die alte Staumauer ein Stückchen unterhalb und erreichen auf der anderen Seite eine überwucherte Turmruine, die sich zwar nicht mehr erklettern, aber immerhin noch rundherum erkunden lässt. Bald gerät ein **Rundturm** 6 in den Blick, den wir schon von der anderen Seite bewundert hatten. Von Weitem sieht er aus wie der typische Rapunzelturm; jetzt sieht man, dass er die wenig romantische Aufschrift „Stadt Chemnitz" trägt.

Am Waldrand und auf weichem Boden, manchmal umhüllt von Harzduft, beenden wir die Umrundung von Neunzehnhain I und erreichen wieder den Rastplatz. Wir überqueren die Brücke und wenden uns mit **Weiß-Gelb-Weiß** nach rechts Richtung Neunzehnhain II. Nach 600 Metern auf Asphalt und nachdem wir einen hölzernen Wegweiser passiert haben, der uns als Ziel unter anderem „Zur Sau" offeriert, erreichen wir das Gebäude der **Hammermühle** 7. Sie beherbergt das **hydrologische Laboratorium der Technischen**

*Der **Rundturm** an der Talsperre Neunzehnhain I markiert den Beginn einer 13 Kilometer langen Leitung hin zur Talsperre Einsiedel. Zum einen ist so eine Steuerung der Füllmengen möglich, zum anderen wird Trinkwasser für Chemnitz entnommen.*

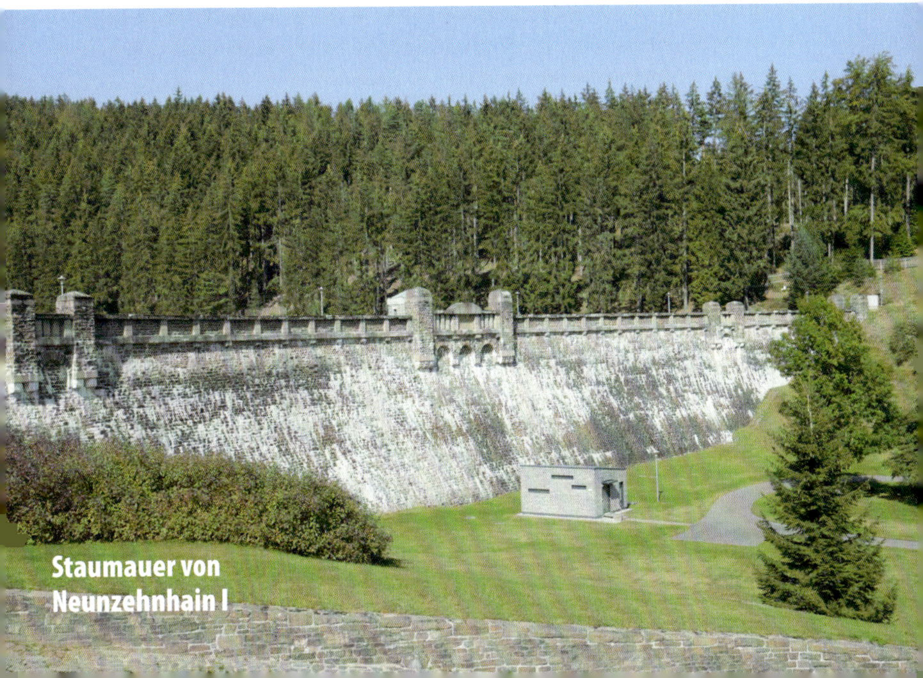

**Staumauer von Neunzehnhain I**

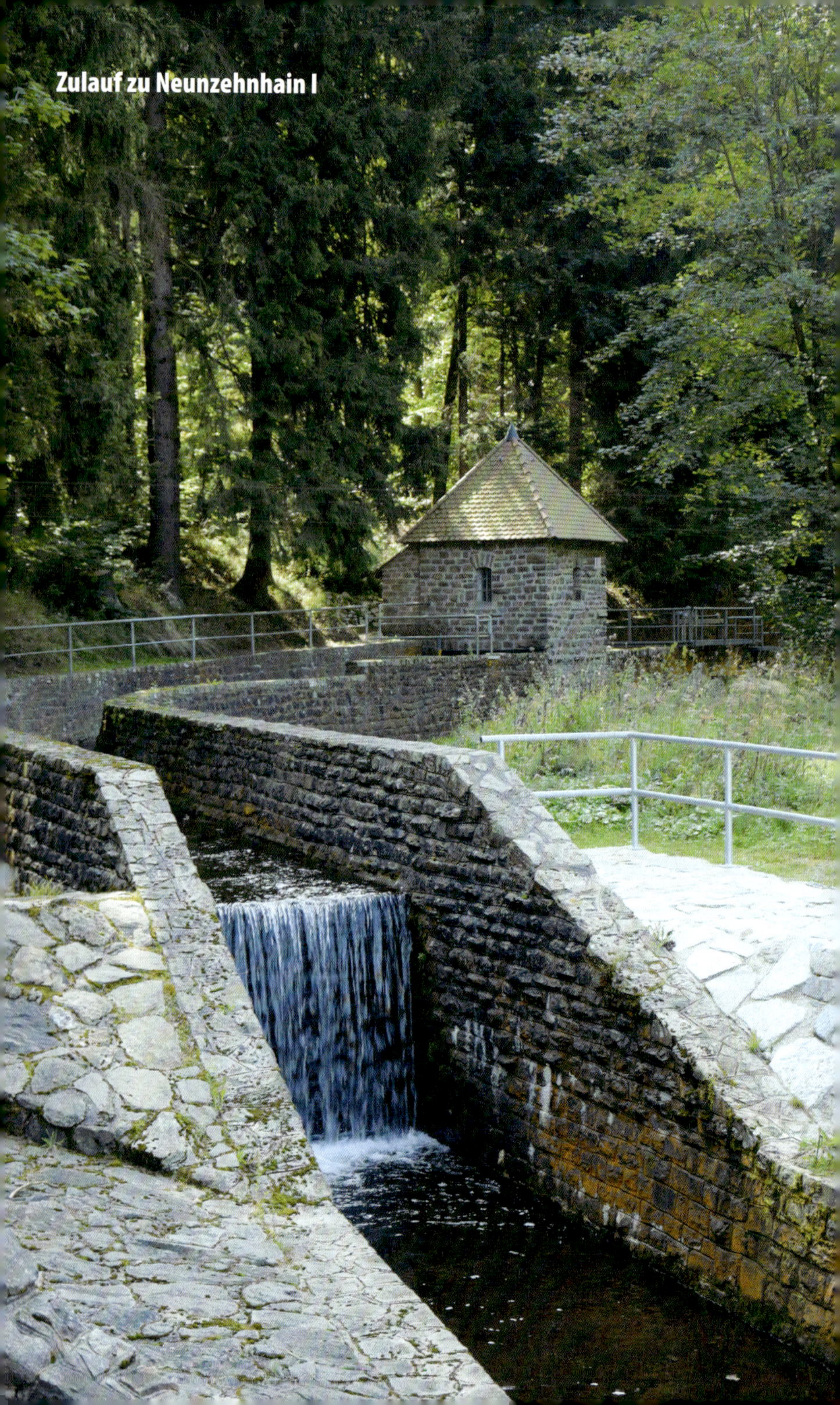
Zulauf zu Neunzehnhain I

**Universität Dresden**. Gegenüber befindet sich ein Denkmal zu Ehren von Carl Heinrich Stilpner (1762–1841), einem Volkshelden, der uns im Erzgebirge auch als Stülpner mehrfach begegnet (siehe auch Tour 13, S. 121). Wichtiger für die Lokalgeschichte ist aber sein Cousin Johann Christian Stülpner.

An der Hammermühle verlassen wir den Asphaltweg und folgen in spitzer Kehre einem Waldweg in Richtung Börnichen. Knapp 100 Meter weiter und schon vom Duft der Fichten und des feuchten Grases umfangen, gehen wir an einer Gabelung nach links aufwärts. Von Zeit zu Zeit scheint hier ein Forstfahrzeug durchzufahren, wovon zwei Spurrillen zeugen. In der grünen Mitte federt der Schritt. Kurz darauf queren wir eine Schneise und erreichen zügig einen befestigten Forstweg, auf dem wir uns nach links wenden. Nach 100 Metern Schotter biegen wir rechts in den nächsten unbefestigten und unmarkierten Wald-

*Der auf den Tafeln zur Hammermühle erwähnte **Johann Christian Stülpner** (1751–1837) aus Börnichen war Ende des 18. Jahrhunderts Mühlenbesitzer sowie Gerichtsherr von Neunzehnhain und erhielt 1810 die Erbgerichtsbarkeit.*

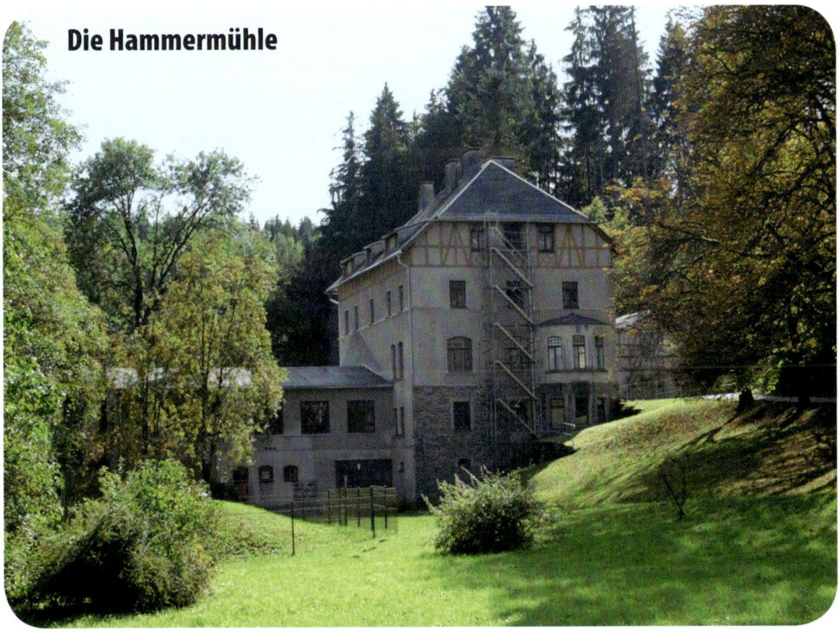

**Die Hammermühle**

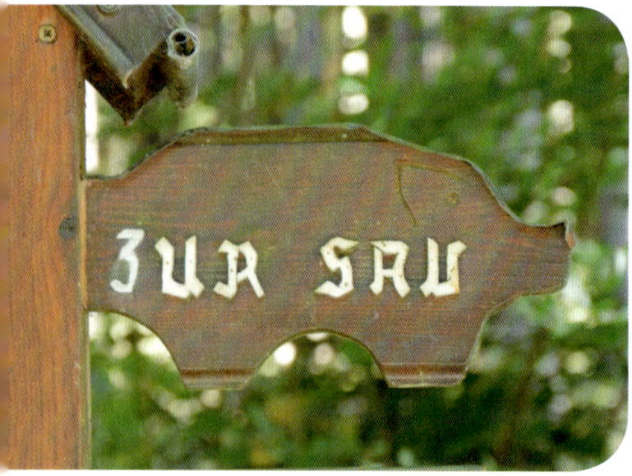


weg ein. Zum Glück helfen hier die linker Hand an Schildern befindlichen Jagenzahlen respektive Forstabteilungsnummern. Unser Weg liegt zwischen 36 und 37. Er windet sich nach links und trifft nach einem halben Kilometer auf einen Asphaltweg, die **Neue Kalkstraße**. Sie bringt uns nach rechts nach einem weiteren halben Kilometer zum **Parkplatz.** Etwa 250 Meter südwestlich vom Parkplatz liegt die **Bornwaldschänke 8,** in der wir wieder zu Kräften kommen können.

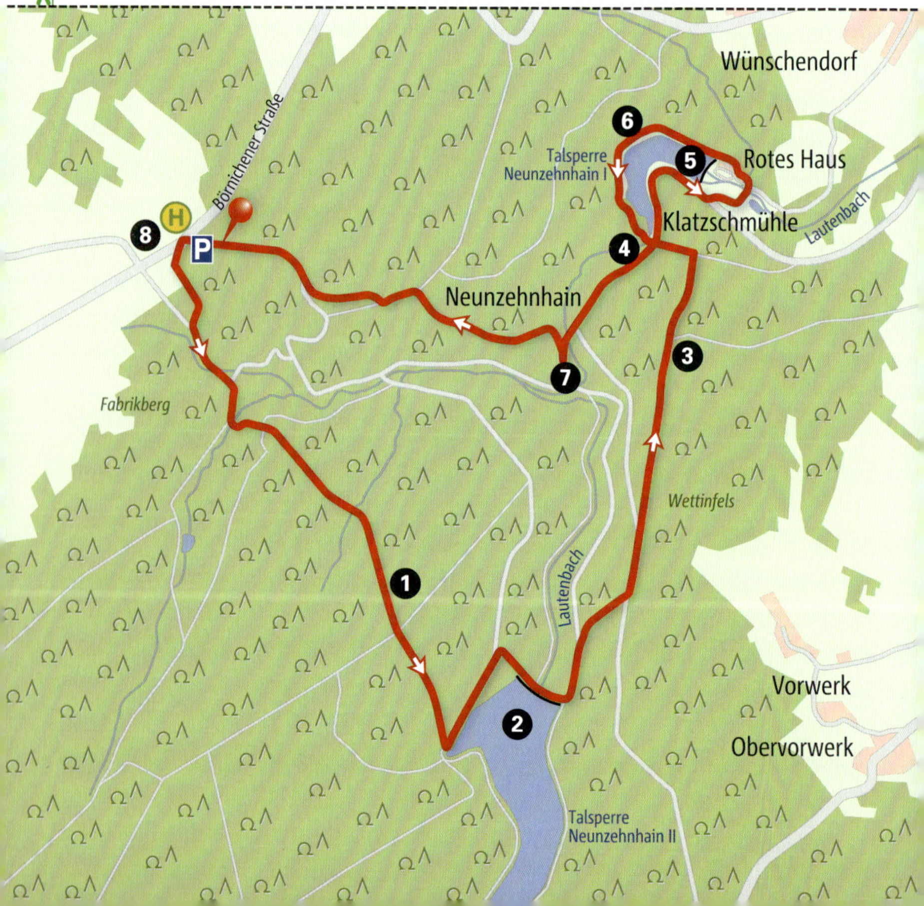

Entspannung ✸✸✸✸✸
Genuss ✸✸✸✸✸
Romantik ✸✸✸✸✸

**WIE & WANN:**
**Befestigte und unbefestigte Wald- und Forstwege, einige kurze Asphaltabschnitte; ganzjährig möglich, am besten April bis Oktober**

**HIN & WEG:**
**Auto:** S 227 (Börnichener Straße), Abzweig Neue Kalkstraße, 09437 Zschopau (GPS 50.730961, 13.129052)
**ÖPNV:** Von Zschopau Busbahnhof Bus 237 bis Bornwaldschänke

**ESSEN & ENTSPANNEN:**
**Bornwaldschänke** ❽ Bornwaldstraße 18, 09434 Zschopau-Krumhermersdorf, Tel. (0 37 25) 2 30 93, www.bornwaldschaenke.de

**ENTDECKEN & ERLEBEN:**
**Langer Stein** ❶
**Talsperre Neunzehnhain II mit Staumauer** ❷
**Aussichtspunkt** nach Lengefeld ❸
**Rastplatz** ❹
**Talsperre Neunzehnhain I** ❺
**Rundturm** ❻
**Hammermühle, Hydrologisches Institut TU Dresden** ❼

Schloss Tharandt

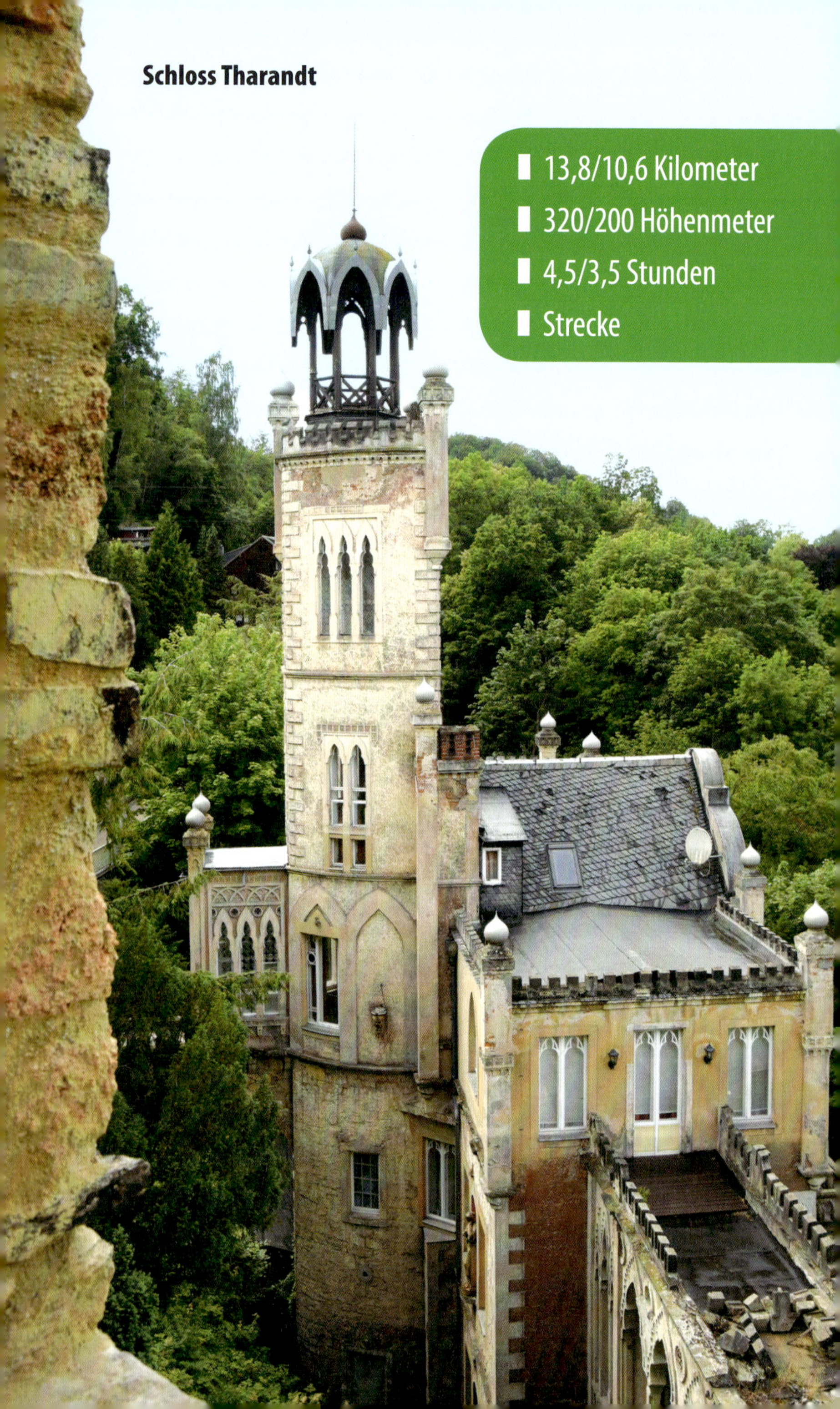

- 13,8/10,6 Kilometer
- 320/200 Höhenmeter
- 4,5/3,5 Stunden
- Strecke

# Waldesseelen

## Tharandt und das Arboretum

Der Weg beginnt am **Bahnhof Edle Krone** und folgt zunächst den Hinweisschildern **Katzentreppe.** Wir folgen der Straße Richtung **Dorfhain** und queren nach rund 200 Metern nach rechts eine Brücke. Dahinter wenden wir uns vor einem Betriebsgelände links, folgen einem Trampelpfad unter der Eisenbahnbrücke hindurch und steigen dann rechts auf dem **Katzentreppenweg** einen Hang hinauf. Der Name täuscht, jedenfalls auf unserer Wanderung muss man nicht katzengleich tollkühn über Felsen springen.

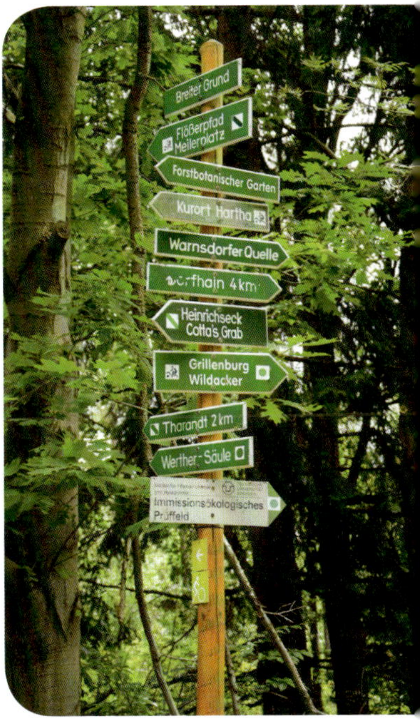


Oben gelangen wir an einen Querweg, auf den wir nach links einbiegen. Bald verlassen wir den links abzweigenden Katzentreppenweg und folgen dem Hinweis zum **Wilhelmweg.** Auf teils begrastem, weichem Waldweg geht es in den Fichtenbestand hinein, bis der Wilhelmweg nach rechts abzweigt. Wir gehen indes geradeaus weiter auf dem leider nicht ausgezeichneten **Buchweg ①.** Lichter Buchenwald umgibt uns, durchsetzt mit ein paar Birken. Etwa 1,4 Kilometer wandeln wir auf einem Buchenblätterbett in gedämpftem und doch strahlendem Licht unter einer Markise aus Blattwerk und überlassen uns unseren Gedanken und kleinen Beobachtungen.

An einer Gabelung bleiben wir auf dem Buchweg, der sich nun leicht abwärts zieht, allmählich enger und überwachsener wird. Dem Verlauf des Taleinschnittes folgend beschreibt er eine enge Linkskurve. Dahinter

*Der Jäger* ***Erdmann Emanuel Resag*** *hat sich am 20. Februar 1842 „vorsätzlich erschossen". Ob dies in Zusammenhang mit einer Ermittlung des Amtsgerichts Pirna gegen ihn wegen Teilnahme am in Sachsen verbotenen böhmischen Lottospiel stand, bleibt offen.*

wird der Weg anspruchsvoller: Ein zunehmend überwucherter Trampelpfad schlängelt sich auf einem ehemaligen Weg, bis wir die breite Forststraße **Tiefer Grund** erreichen, auf der wir nach links gut ausschreiten können.

Am zweiten Abzweiger Richtung **Bellmanns Los,** der zugleich den **Resag-Denkstein** ❷ ausweist, biegen wir rechts auf einen bequemen Weg ein, auf dem wir nach einiger Zeit linker Hand den besagten Denkstein erreichen.

Von hier geht es rund 100 Meter zurück bis zur nächsten Schneise, die sich – aus unserer jetzigen Sicht nach rechts – schnurgerade durch Fichtenbestand zieht. Gegenüber der Einmündung der Schneise findet sich an einem Baum die Forstabteilungsnummer 36.

Am Ende der Schneise angekommen, sehen wir links ein umzäuntes Gelände. Es handelt sich um das **Immissionsökologische Prüffeld** ❸ der Forstwissenschaften der TU Dresden, in dem die Auswirkungen schädlicher Gase auf Pflanzen untersucht werden. Erschien

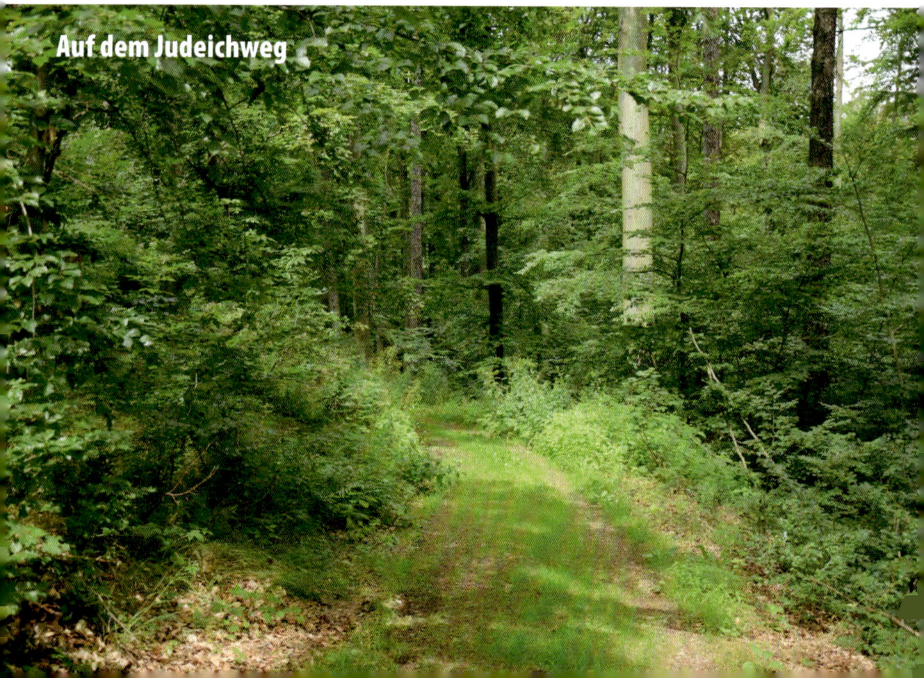
Auf dem Judeichweg

## Für die Seele

**Wir durchwandern Buchenhaine und Fichtenwälder und zum Schluss die ganze Welt … Und wir erfahren, wie der Forst das wurde, was er ist.**

bisher der Tharandter Wald als normaler Wald, erweist sich nun, dass er eng verbunden ist mit der Geschichte und Entwicklung der Forstwissenschaften.

Wir passieren das Prüffeld rechts und gehen geradeaus auf einem Waldweg weiter, der bald auf eine asphaltierte Forststraße trifft. Hier wenden wir uns nach rechts und müssen, nolens volens, knappe 400 Meter auf Asphalt zurücklegen. Schnell kommt die **Judeich-Hütte** in den Blick, die sich gut für eine erste Rast eignet. Dann folgen wir dem **Judeichweg,** der sich für längere Zeit relativ eben am Hang entlangwindet. In dem Mischwald lässt sich mit etwas Glück auf engem Raum ein Nebeneinander von Buche, Eberesche, Eiche und Kiefer entdecken, außerdem alte Grenzsteine und ein – na ja: man muss ihn wohl „Tiefstand" nennen; ein Hochstand ist es jedenfalls kaum.

Nach einigen Windungen sehen wir etwa 100 Meter vor uns die nächste Rasthütte. Wir schwenken auf einen schmalen Pfad nach rechts ab und erreichen, weiter am Hang entlangwandernd, kurz darauf den **Aussichtspunkt Heinrichs Eck ❹.** Er bietet einen beeindruckenden Blick ins Tal der Weißeritz, nach Tharandt und auf die Hochebene gegenüber. In unmittelbarer Nähe finden wir das **Grab von Johann Friedrich Judeich** (1828–1894). Nachdem wir uns bereits über den Namen gewundert haben, kommt hier die Aufklärung: Er war Direktor der Forstakademie und hat sich vor allem um die Erneuerung der Ausbildung und die Weiterentwicklung der Bodenreinertragslehre verdient gemacht. Wenige Meter daneben findet sich ein

*Zu Beginn des 19. Jahrhunderts warf der rund 6000 Hektar große **Tharandter Wald** aufgrund des Bergbaus kaum noch Ertrag ab. Er wurde von Heinrich Cotta im Sinne einer nachhaltigen Forstwirtschaft neu gestaltet und dient heute zusätzlich der Erholung und der Forstausbildung.*

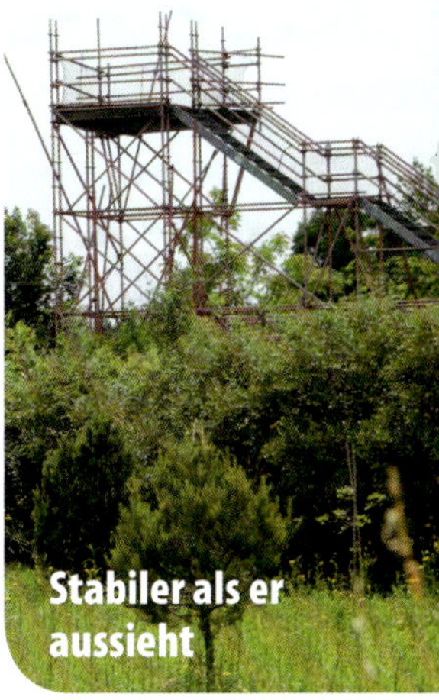

**Stabiler als er aussieht**

# Auszeittour 4

**Heinrich Cotta** *war Förster und der erste Direktor der 1816 gegründeten Königlich Sächsischen Forstakademie, die Studierende aus ganz Europa anzog. Er begründete mit seiner Schrift* Anweisung zum Waldbau *(1817) die nachhaltige Forstwirtschaft.*

2001 als Eibenhecke rekonstruiertes „W", ursprünglich 1889 als Fichtenhecke zu Ehren der in Sachsen herrschenden Wettiner angelegt. Gleich dahinter treffen wir auf einen breiten Forstweg, den **Mauenhammer Weg,** an dem sich leicht nach rechts versetzt das **Grab von Heinrich Cotta** (1763–1844) befindet.

Wir gehen den Mauenhammer Weg weiter und stoßen nach knapp 100 Metern auf die Abzweigung zum **Kienberg**. Die Bezeichnung „Berg" ist übertrieben, denn es geht nur wenige Meter aufwärts. Und dennoch lohnt sich der kurze Aufstieg wegen des Blicks auf den Kurort Hartha und auf die Appalachen – was es damit auf sich hat, sehen wir gleich! Vom Gipfelchen führt der Pfad nach rechts wieder hinunter zum Mauenhammer Weg. Wir stehen nun schon fast vor dem Tor zum **Forstbotanischen Garten ⑤,** der heute, ebenso wie die Forstakademie, zur TU Dresden gehört. Falls man am Eingang das Faltblatt zum Garten findet, lohnt der geringe Obolus, um einen Überblick über die Vielzahl der Wege zu erhalten und sich eigenständig zu bewegen. Man kann hier Tage verbringen – und erstaunliche Reisen tun!

**Die Rocky's in Klein**

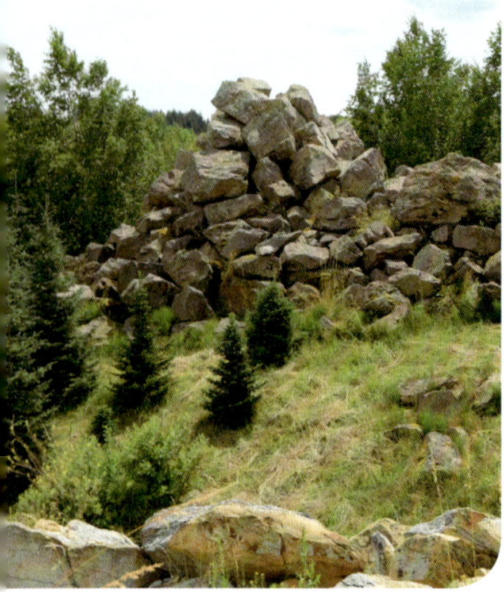

Gleich hinter dem Tor befinden wir uns im Bereich der ostasiatischen Gehölzflora. Wir nehmen die erste Abzweigung links, gehen dann gleich wieder rechts, erfreuen uns an den Gewächsen und nicht weniger an ihren Namen, wie der Kahlen Deutzie oder der Scheinkerrie, und treffen bei einem Pavillon wieder auf den Hauptweg.

Wer ermattet ist oder einen Extrabesuch für den Garten einplant, entscheidet sich für die **kürzere Variante der Tour:** Er folgt dem gepflasterten Hauptweg bis zum Abzweig Büttner-Weg unterhalb des

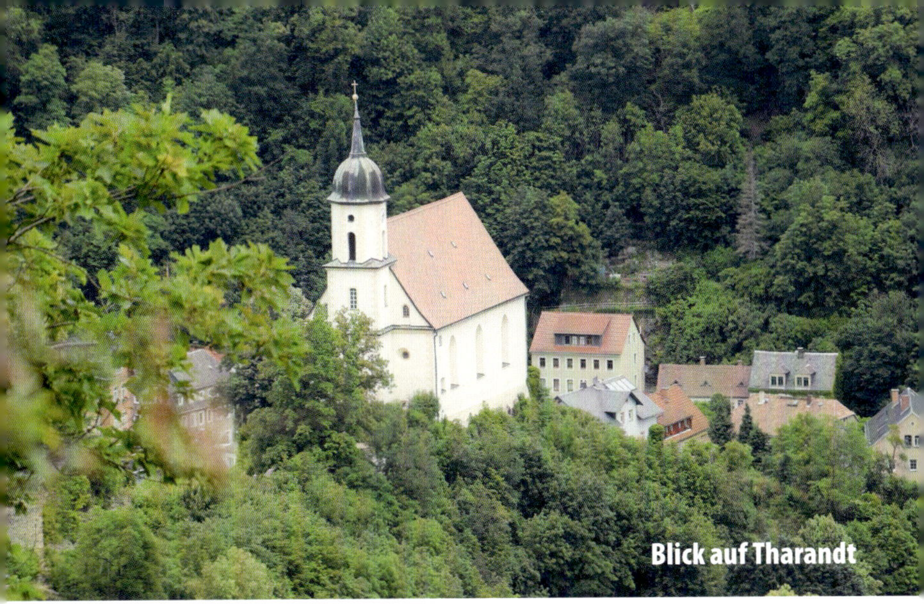

Blick auf Tharandt

Gewächshauses und spart so gut 3 Kilometer Strecke, gut 100 Höhenmeter und etwa eine Stunde Gehzeit.

Die anderen folgen den Schildern Richtung **Forstpark** über den **Zickzackweg** und die **Zeisiggrundbrücke.**

Hinter ein paar Anlagen nehmen wir den Weg nach rechts abwärts und orientieren uns an jeder Biegung immer weiter abwärts hinunter in den Zeisiggrund. Im Grund folgen wir dem Schild zur Brücke. Die Vielzahl an Tafeln und Artennachweisen, lauschigen Eckchen und Bänken stellt eine einzige Verführung zum Verweilen dar. Wir überqueren die Brücke und steigen auf der anderen Seite des Grundes in Serpentinen wieder auf, uns immer rechts haltend. Den Jahnelweg nehmen wir nicht, sondern folgen stattdessen, wenn immer es geht, der Ausschilderung **Forstpark**. Oben treffen wir auf ein weiteres Eingangstor. Nun befinden wir uns botanisch in Nordamerika! Ostasien liegt vielleicht 20 Minuten hinter uns. Wir orientieren uns an dem mäßig einladenden Schild **Toiletten.** Der Weg bringt uns in wenigen Minuten zu den **Rocky Mountains,** die wir wegen der Aussicht und der Gebirgsflora kurz ersteigen. Hinter den Rockys biegen wir links auf einen gepflasterten Weg, den wir bald darauf nach rechts in den **Engelmann-Weg** wieder

*Gegründet 1811 durch Heinrich Cotta und Johann Adam Reum (1780–1839), beherbergt der* ***Forstbotanische Garten*** *1990 Arten auf heute 34,4 Hektar. Er ist einer der ältesten seiner Art und dient der Forschung, Bildung, Erholung sowie der Erhaltung der Biodiversität.*

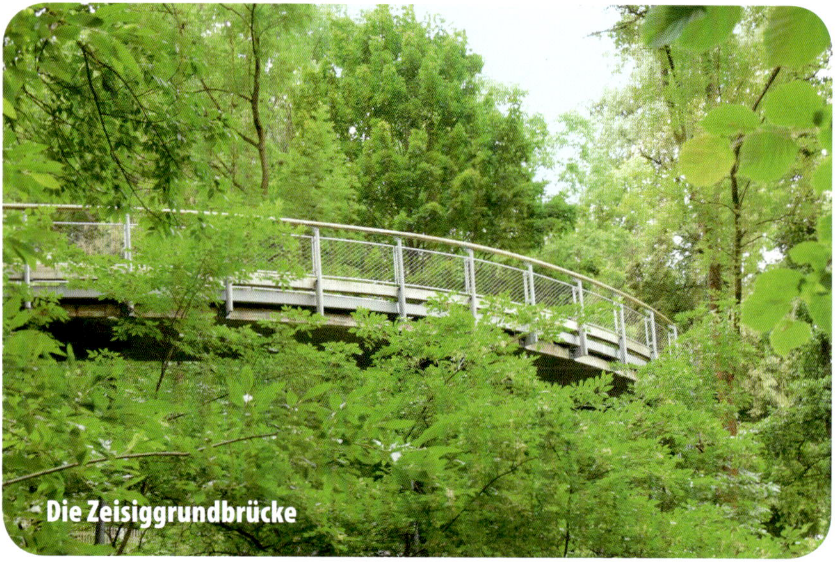


verlassen. Über Holzbohlen queren wir den **Großen Salzsee** und folgen geradeaus dem **Bartels-Weg,** der uns zügig zu einem Aussichtsturm bringt. Falls wir nicht eine Pause bei dem Imbiss des **ForstParkShops Tharandt** ⑥ einlegen, geht es vom hinteren Eingang in den **V.-Wangenheim-Weg.** Er führt uns schnell zum Abzweiger Richtung **Appalachen**, die schon vom Kienberg in den Blick gerieten. Wir umrunden die Appalachen auf ihrer rechten Seite – wann bekommt man das schon derart zügig hin?

Beim nächsten gepflasterten Weg geht es nach links bis zum Teich **Große Seen,** den wir auf Holzplanken ebenfalls überqueren und wenig später das Tor erreichen, durch das wir Nordamerika – visumsfrei! – betreten haben. Nun wechseln wir über die Brücke wieder auf die andere Seite des Zeisiggrunds. Diesmal nehmen wir nicht den Zickzackweg, sondern folgen der Ausschilderung **Gewächshaus** und steigen geradewegs die Flanke des Grundes hinauf, bis wir von hinten an das Gewächshaus gelangen. Wir passieren es unterhalb und stoßen über den **Büttner-Weg** auf den gepflasterten Hauptweg.

Auch diejenigen von uns, die abgekürzt haben, machen nun einen kleinen Schlenker, sie halten sich an dieser Stelle rechts. Alle anderen, die aus dem Büttner-Weg kommen, gehen geradeaus weiter. Unser Weg führt über die **Rosentreppe** und den **Roßmäßler-Weg** abwärts bis auf den **Goebel-Weg,** auf den wir kurz nach rechts einbiegen. Nach wenigen Metern erhebt sich vor uns der Pavillon am **Cotta-Platz,** der eine schöne Aussicht ins Tal bietet, und schließlich eine Büste des Meisters höchstselbst. Danach gehen wir den Goebel-Weg zurück und passieren die Büsten von Johann Friedrich Judeich sowie des Forstwissenschaftlers Maximilian Robert Pressler. Kurz dahinter liegt das **Schweizerhaus,** ehemals das erste Unterrichtsgebäude. Wir folgen den Schildern **Ausgang** und verlassen den Forstbotanischen Garten, in dem man als Wanderer zu viel, als staunender Besucher zu wenig Zeit verbracht hat.

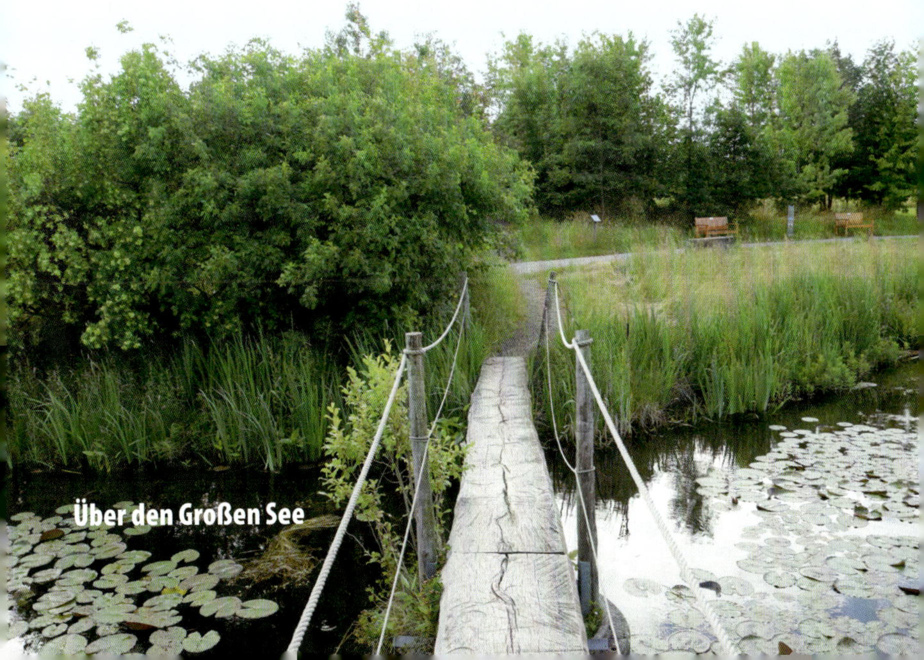

**Über den Großen See**

# Auszeittour 4

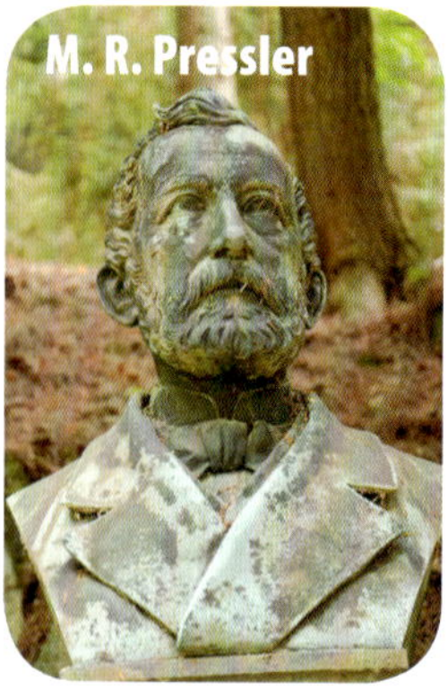


Unterhalb des Ausgangstores wenden wir uns nach rechts und gehen über die – natürlich; was sonst? – **Heinrich-Cotta-Straße** am **Schloss** ⑦ vorbei, dahinter links abwärts zur alten **Burgruine** und weiter zur **Bergkirche,** ein deutliches Zeichen, dass Tharandt auch für das sächsische Hofleben Bedeutung hatte. Unterhalb der Kirche gelangen wir durch einen urigen Torbogen nach links auf den **Kirchweg,** der uns zum beschaulichen **Marktplatz** von Tharandt mit seiner historischen Postsäule hinunterführt. Hier haben wir uns eine Stärkung im **Café Buddenhagen** ⑧ verdient. Anschließend nehmen wir die Straße unterhalb an der Kirche vorbei, die uns in etwa 15 Minuten zum Bahnhof Tharandt beziehungsweise zum Parkplatz bringt.

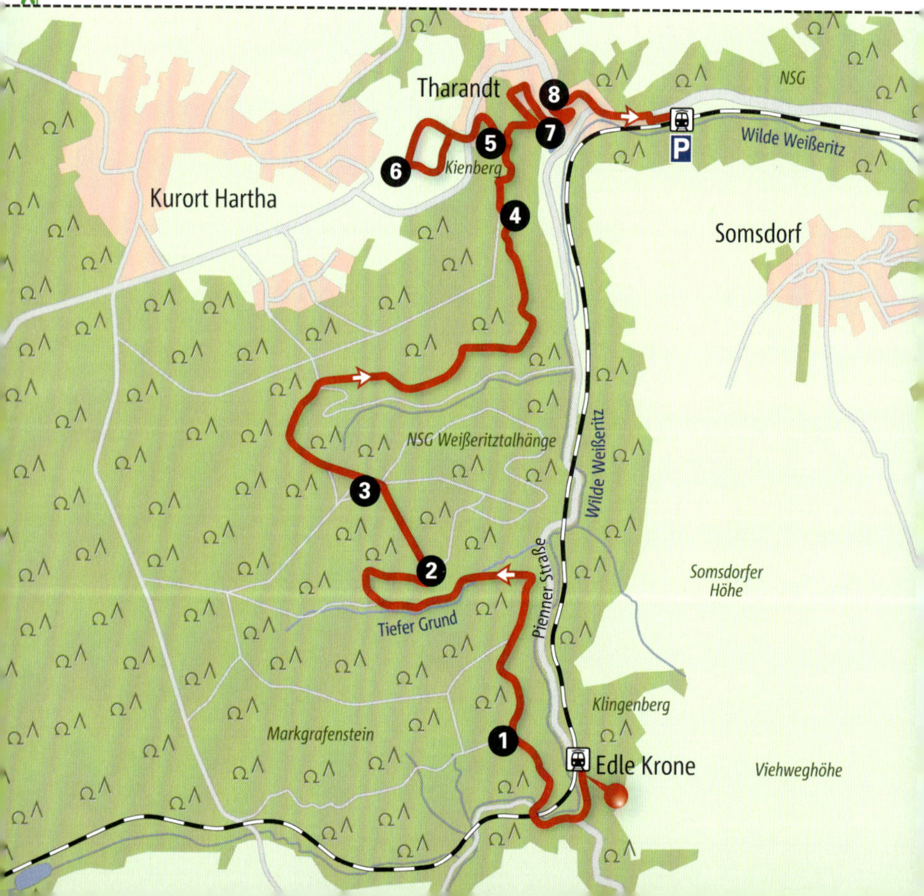

Entspannung ✱✱✱✱✱

Genuss ✱✱✱✱✱

Romantik ✱✱✱✱✱

**WIE & WANN:**
**Meist Wald- und Forstwege, Erstere abschnittsweise halb zugewachsen, Letztere teils geschottert; im Ort und auf einem Abschnitt im Wald Asphalt, im Arboretum meist Sandwege; ganzjährig möglich**

**HIN & WEG:**
**Auto:** Parkplatz Bahnhof Tharandt, Dresdner Straße 26, 01737 Tharandt (GPS 50.982908, 13.588945)
**Anreise zum Ausgangspunkt:** RB 30 oder S 3 Richtung Zwickau bis Edle Krone oder Bus 382 bis Edle Krone, Tharanter Straße
**ÖPNV:** RB 30 oder S 3 bis Edle Krone
**Abreise ab Tharandt** mit RE 3, RB 30 oder S 3

**ESSEN & ENTSPANNEN:**
**ForstParkShop Tharandt, Imbiss im Forstbotanischen Garten, Abteilung Nordamerika** ❻
Am Forstpark 1, 01737 Tharandt, kein Tel.-Kontakt
**Café Buddenhagen** ❽ Am Markt 12, 01737 Tharandt, Tel. (03 52 03) 3 02 25, https://cafe-buddenhagen.eatbu.com

**ENTDECKEN & ERLEBEN:**
**Buchweg** ❶
**Resag-Denkstein** ❷
**Immissionsökologisches Prüffeld** ❸
**Aussichtspunkt Heinrichs Eck, Gräber von Johann Friedrich Judeich und Heinrich Cotta** ❹
**Forstbotanischer Garten** ❺
**Schloss und Burgruine Tharandt** ❼

Blick vom Schlossfelsen

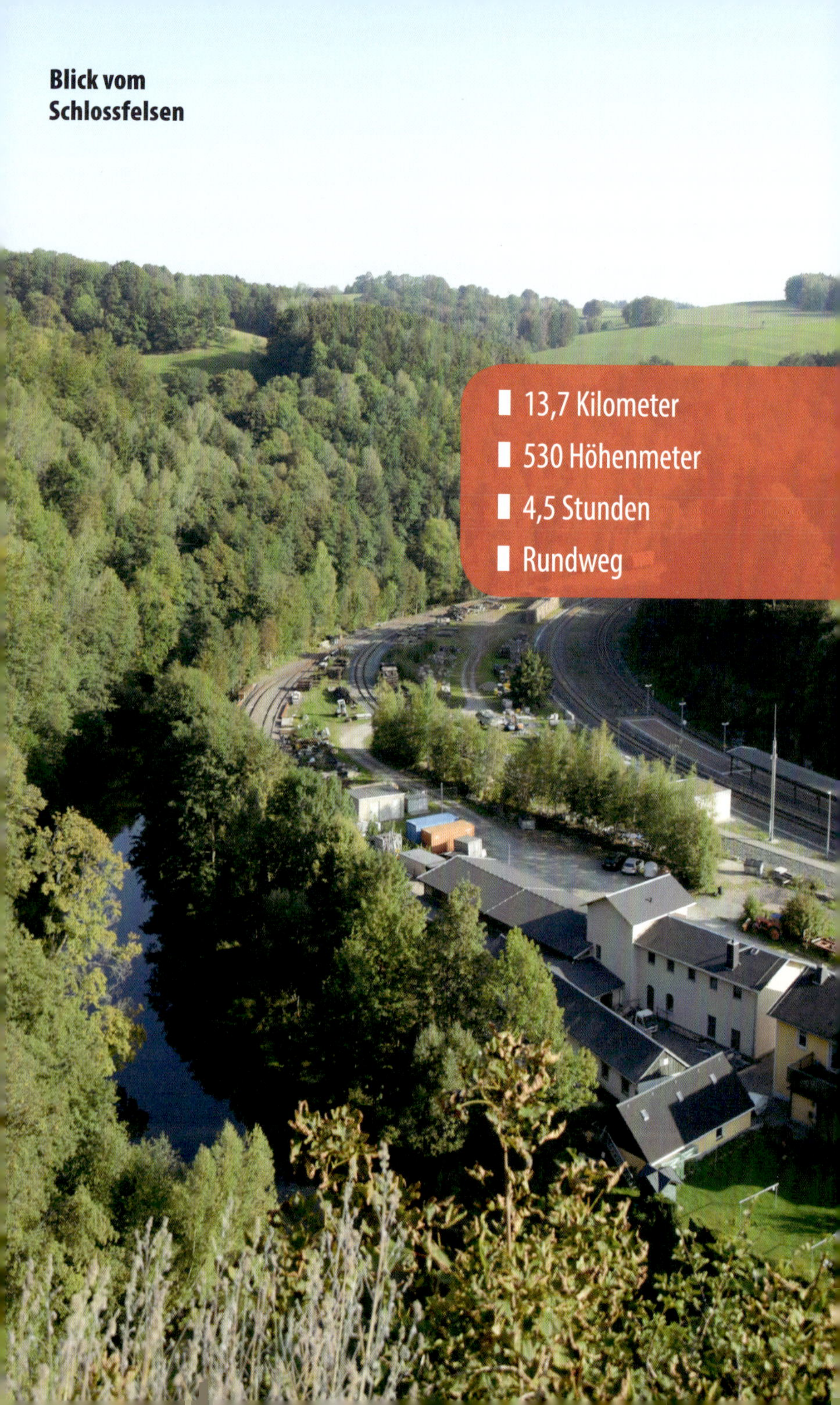

- 13,7 Kilometer
- 530 Höhenmeter
- 4,5 Stunden
- Rundweg

Ist hier irgendetwas falsch? Wolkenstein und Schönbrunn? Von Südtirol nach Wien und zurück, und das alles im Erzgebirge? Gemeint ist weder der Sitz des spätmittelalterlichen Adligen und Dichters Oswald von Wolkenstein noch das Wiener Schloss. Deutlich wird aber, wie begrenzt die Fantasie bei Orts-

# Blickfänge

## Um Wolkenstein

bezeichnungen ist: ein Stein, der in die Wolken ragt; ein Brunnen, der aus irgendeinem Grund schön ist. Nun denn: Hinein also in die hiesigen Örtlichkeiten.

Wir verlassen den Parkplatz nach links, folgen zunächst der **Annaberger Straße** abwärts durch zwei kurze Serpentinen und biegen dann nach rechts in die **Heidelbachstraße** ein. Durch die Ausläufer von Wolkenstein führt die in die Jahre gekommene Straße weiter abwärts in den Wald hinein, vorbei an einer dicht bemoosten Steinmauer. Bald verlässt ein Pfad den Asphaltweg nach rechts in Richtung der **Wolkensteiner Schweiz** und der **Anton-Günther-Höhe**, unseres nächsten Ziels. Mal auf weichem Waldboden, mal über Felsstufen erklimmen wir den Hang, um ein paar Felsformationen herum, die schon ahnen lassen, warum das Gebiet als Wolkensteiner Schweiz bezeichnet wird. So gelangen wir an den kleinen Abstecher zur **Brückenklippe 1**, von der aus wir den ersten beeindruckenden Ausblick der Tour genießen. Unter uns sehen wir zwei Zschopau-Brücken aus dem 19. Jahrhundert, gegenüber erkennen wir Ausläufer von Schönbrunn, nach links sind Teile von Wolkenstein mit dem Schloss zu

*Die **Anton-Günther-Höhe** war ursprünglich nach dem preußischen Marschall Helmuth v. Moltke (1800–1891) benannt. Heute trägt sie den Namen des Volksdichters und Lithografen Anton Günther (1876–1937), der die Tradition der Liedpostkarte begründete.*

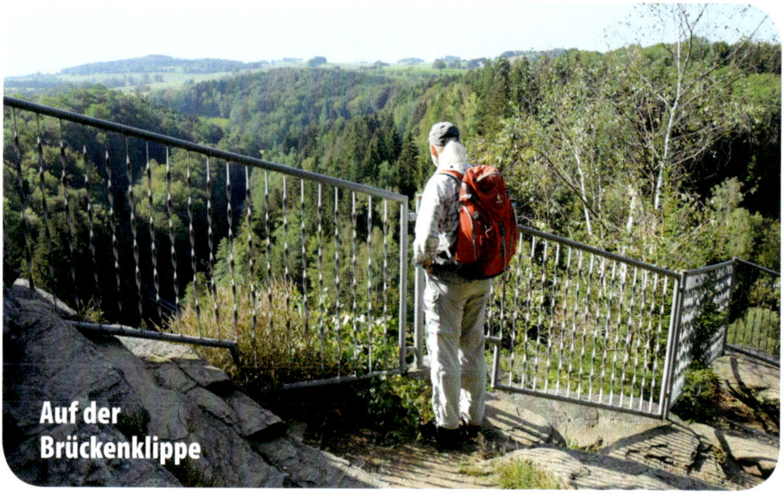

Auf der Brückenklippe

sehen. Weiter geht es mit **Weiß-Rot-Weiß** und **gelbem Punkt** immer in Richtung **Anton-Günther-Höhe ❷,** die wir nach einer Spitzkehre nach links bald erreichen. Es lohnt sich, hinter dem Picknickgelände zwischen Wald- und Feldrand ein paar Meter weiterzugehen. Nachdem schon vorher liebliche Weideflächen das Gemüt erfreut haben, bietet sich jetzt der Blick auf die Altstadt von Wolkenstein.

*Der **Königsbachweg** führt durch ein verträumtes Tal: Ein kleines Wasserrad wirbelt unermüdlich im Kreis, ein winziger Wasserfall erschafft eine kleine, vermooste Halbgrotte: das alles unter dem milden Licht der Buchenblätter.*

Zurück am Picknickplatz, folgen wir an der rückwärtigen Seite Weiß-Rot-Weiß und dem gelben Punkt weiter Richtung **Himmelsleiter.** Wie beim Anstieg geht es teils über Waldboden, teils über Steinstufen abwärts fast bis auf das Talniveau. Zwischendrin ist Trittsicherheit gefordert: Die **Himmelsleiter,** eine Leiteranlage, führt uns über einige Felsen steil hinab.

Im Tal biegen wir nach links Richtung **Floßplatz,** jetzt nur noch mit dem **gelben Punkt.** Bald taucht vor uns ein altes Fabrikgebäude auf, das wir passieren und unter einer eindrucksvollen Steinbrücke die B 101 unterqueren.

Das ständige Auf und Ab dieser Wanderung ist kräftezehrend. Daher sollte man sich gut überlegen, ob man den folgenden steilen Abstecher wirklich in Angriff nimmt: Gleich hinter der Brücke geht es nach rechts aufwärts Richtung **Warmbad über Falkenhorstwand.** In Serpentinen winden wir uns etwa 30 Meter hinauf. Oben werden wir mit dem Ausblick vom **Steinkopf** ③ in das enge Tal belohnt.

## Für die Seele

Hoch und runter, auf und ab: Jeder Anstieg bringt neue Blicke, jeder Abstieg lauschige Täler. Ein wechselnd Weben, ein glühend Leben …

Wieder zurück unten an der Zschopau, folgen wir dem Fluss abwärts. Alle Wege führen hier nach Warmbad, dieser über den **Königsbachweg** ④.

Kurz hinter dem Schild „Stolln am Brandbach" – dort suchte die SAG Wismut zwischen 1947 und 1959 nach Uran – nehmen wir im Wald bei einer Gabelung den Weg nach links und treffen knapp 100 Meter weiter auf einen geschotterten Forstweg, den **Großen Brand-**

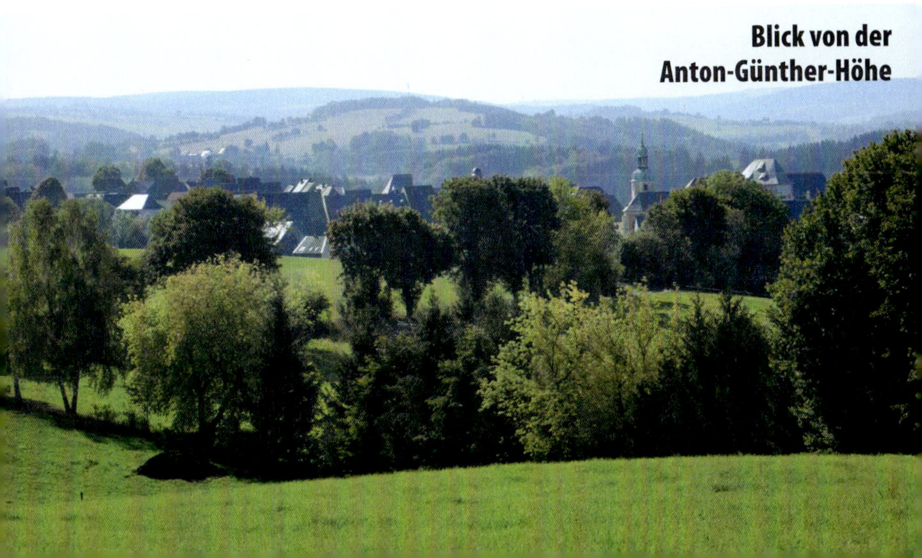

**Blick von der Anton-Günther-Höhe**

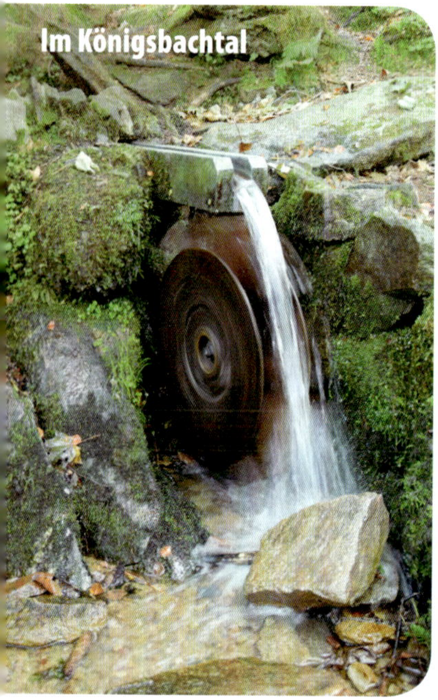


**ring**, dem wir nach links mit **Weiß-Gelb-Weiß** Richtung **Hopfgarten** folgen. Wir erreichen zügig den Abstecher wenige Meter hinab zum **Kellerlochfelsen** **5**, von wo sich eine eindrucksvolle Aussicht bietet. Eine Bank lädt zu einer ersten Rast ein. Mit Tal und Berg im Blick schmeckt es doppelt.

Erfrischt geht es weiter den Großen Brandring entlang. Zu Beginn einer weiten Rechtskurve gabelt sich der Weg. Ein Wanderschild wäre hier hilfreich. Immerhin gibt es aber Radtourenschilder. Wir biegen nach links abwärts und finden weiter unten bald wieder unsere weiß-gelb-weiße Markierung, die uns nach **Hopfgarten** hinunterführt.

Dort stoßen wir auf einen Asphaltweg, der uns nach links unter der Bahnlinie durchleitet. Gleich dahinter biegen wir nach rechts in die **Uferstraße** und wandern zwischen den Zschopauwiesen und beschaulichen Häusern entlang bis zur nächsten Brücke. Auf der anderen Flussseite gehen wir für 50 Meter nach links auf der Hauptstraße und folgen dann der **Alten Dorfstraße** mit **Weiß-Rot-Weiß** Richtung **Heidelbachtal** nach rechts.

Und wieder führt unsere Route hinauf, zuerst durch das Dorf, am Ende der Dorfstraße nach links auf einen Schotterweg und links am letzten Haus vorbei. Nun liegt auch der Schotter hinter uns, wir stapfen einen Wiesenweg entlang, der sich bald recht gerade bergauf zieht. Links stehen die Fichten klassisch und dunkel in Reih und Glied. Licht fällt kaum auf den Grund, der Wald ist dunkler als im Märchen. Rechts dagegen ist schon nach neuen Prinzipien lichter Mischwald angelegt.

Abzweigungen nach rechts und links lassen wir außer Acht und folgen dem Wiesenweg unverdrossen immer bergan. Er ist nur selten mit verblichenem **Weiß-Grün-Weiß** markiert. Wer irgendwo einen Platz zum Rasten findet, vielleicht ein paar Baumstämme: Die Hälfte des Weges ist bewältigt und ein deftiges Brot mundet – außerdem wird der Rucksack leichter.

Gute 700 Meter nach dem letzten Haus von Hopfgarten queren wir eine breite geschotterte Forststraße. Hier finden sich wieder Schilder, wir folgen Weiß-Grün-Weiß geradeaus Richtung **Heidelbachtal** und schlängeln uns auf dem bequemen Waldweg bergab bis zu einer Asphaltstraße. Ihr folgen wir für 200 Meter nach rechts. Sie ist wenig befahren, trotzdem heißt es in der Kurve aufpassen. Dahinter biegt der Wanderweg links von der Straße ab und führt, den kühlenden Heidelbach stets zur Rechten, bis zur **Festwiese 6.** Das Bachtal weitet sich, und rechts lockt eine Imbissbank.

Vom Heidelbachtalweg biegen wir hier scharf nach links zurück ab und folgen einer der leider recht vielen weiß-grün-weißen Auszeichnungen: Diese führt nach **Wolkenstein** und zum **Ziegenfelsen.** Es geht langsam,

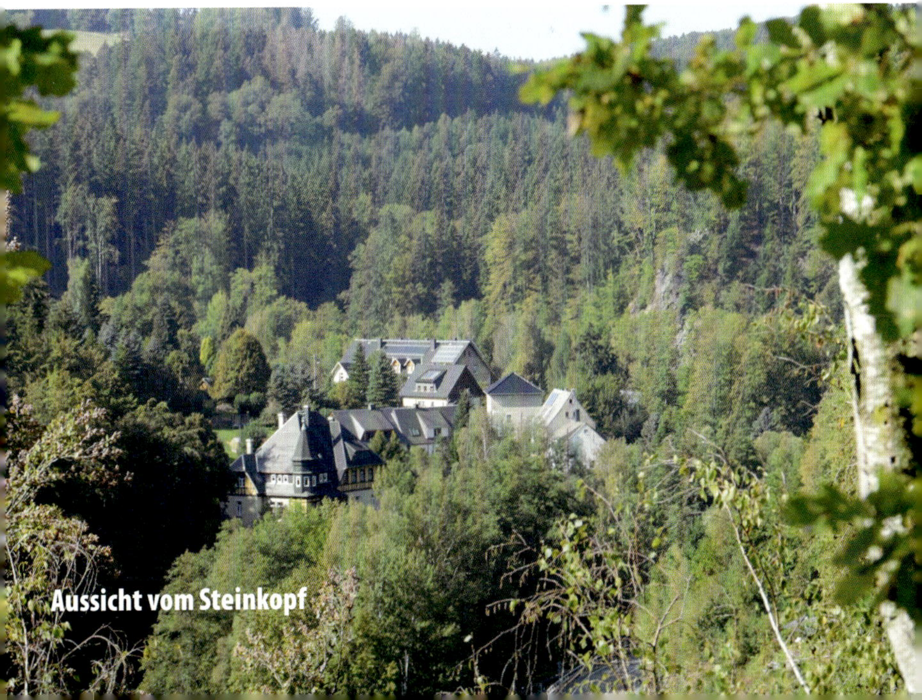

Aussicht vom Steinkopf

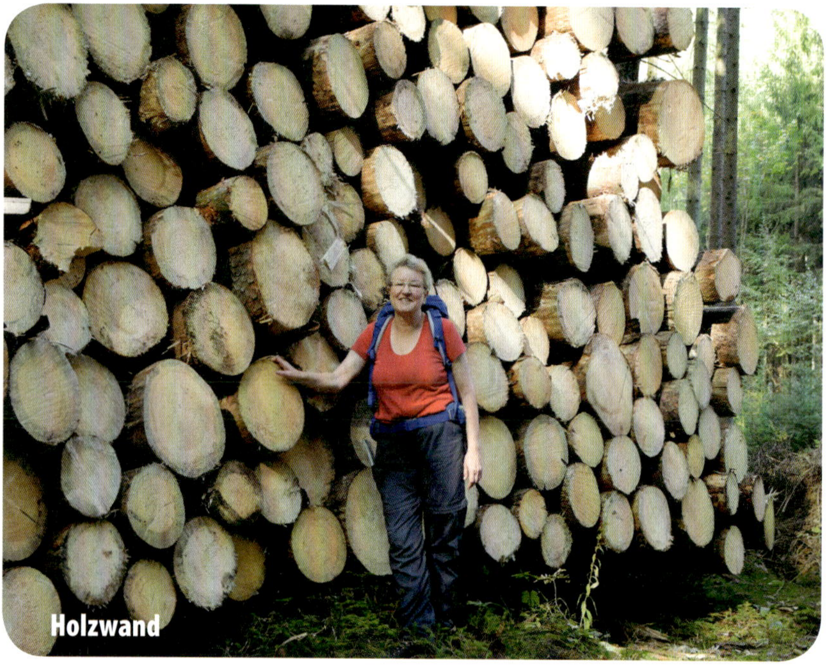


aber stetig aufwärts. Nachdem wir aus dem Wald herausgetreten sind, öffnet sich unserem Blick eine **Hochebene 7**, und wir erreichen den höchsten Punkt der Wanderung. Das alles ohne Kletterei und kaum außer Atem: Die Weganlage mag wenig spektakulär sein, der Blick über die Ebene hinüber nach Wolkenstein ist es aber durchaus. Entlang der Felder und der alleehaft aufgereihten Vogelbeerbäume zur Linken ließe es sich zügig ausschreiten – wären da nicht all die Ablenkungen: die Pracht der Vogelbeeren, der kreisende, lauernde Flug der Raubvögel, die Mähmuster im Feld. Allmählich erhebt sich der Kirchturm von Schönbrunn aus den Bodenwellen. An einer Silageanlage treffen wir auf eine alte gelbe Telefonzelle, die für eine Steuerungsanlage zweckentfremdet wurde. Wir folgen Weiß-Grün-Weiß nach links und gehen beständig abwärts oberhalb von Schönbrunn auf Wolkenstein zu. Am nächsten Waldrand bietet sich die Gelegenheit zu einem letzten Abstecher nach links zum **Ziegenfelsen** **8**, der eine schöne Aussicht auf das Tal und den Schlossfelsen bietet. Anschließend setzen wir den Weg fort und kommen von oben in die Ausläufer von **Schönbrunn.** Die **Häuslergasse** führt uns nach links abwärts zur B 101, an der wir rechter Hand das **Wolkensteiner Zughotel** mit originalen Wagen der Mitropa erblicken – da kommt Eisenbahnromantik auf. Unser Weg schwenkt links vor den Mitropawagen in die Straße **Am Bahnhof** und führt an der Zschopau entlang weiter bis zu einer Fußgängerbrücke, auf der wir den Fluss überqueren und nun vor dem mächtig aufragenden Schlossfelsen stehen. In der Tat: Er ragt hoch in den Himmel und bestimmt auch oft in die Wolken.

Der Pfad auf den Burgfelsen ist die letzte Anstrengung für heute: Er führt uns über Felsstufen steil hinauf, immer über dem Tal vor der Burg entlang, und beschert uns noch einmal eine großartige Weitsicht nach Norden und auf das Tal der Zschopau. Hinter der Burg gelangen wir in die Altstadt von Wolkenstein, in der einige Gaststätten den ermatteten Wanderer ver-

*Die Felsenlandschaft der* ***Wolkensteiner Schweiz*** *besteht aus Augengneisformationen, so wie auch der Schlossfelsen. Die seit dem Tertiär wirkende Erosion durch die Zschopau formte das enge Tal und die teils skurrilen und steilen Felsen.*

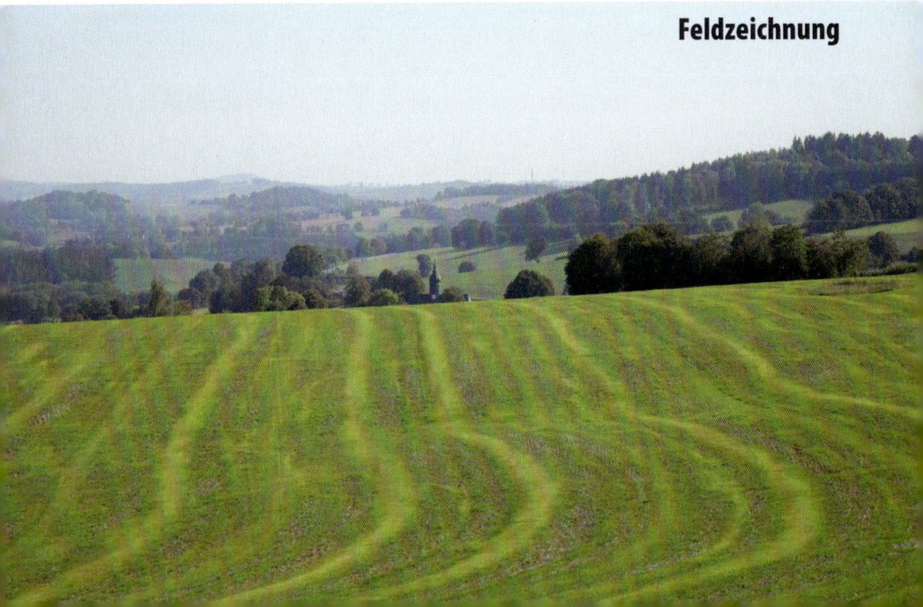

**Feldzeichnung**

sorgen. Ich empfehle **Bäckerei und Café am Markt** ⑨ mit frischem Kuchen und selbst gemachtem Eis, vor allem wenn abends in der Unterkunft noch das Abendessen wartet.

Bevor wir uns auf den Rückweg machen, wollen wir frisch gestärkt und leidlich erholt den Marktplatz mit seiner kursächsischen Distanzsäule erkunden sowie am **Schlossplatz** ⑩ die sehenswerte **Kirche St. Bartholomäus** und das **Schloss Wolkenstein** mit seiner interessanten historischen Ausstellung. Im Durchgang der Bahnhofstraße unter dem **Rathaus** findet sich eine Reihe lesenswerter Infotafeln zum Ort. Von hier gelangen wir über die **Bahnhofstraße** zurück zum Parkplatz, den wir hinter dem Feuerwehrhaus von oben betreten.

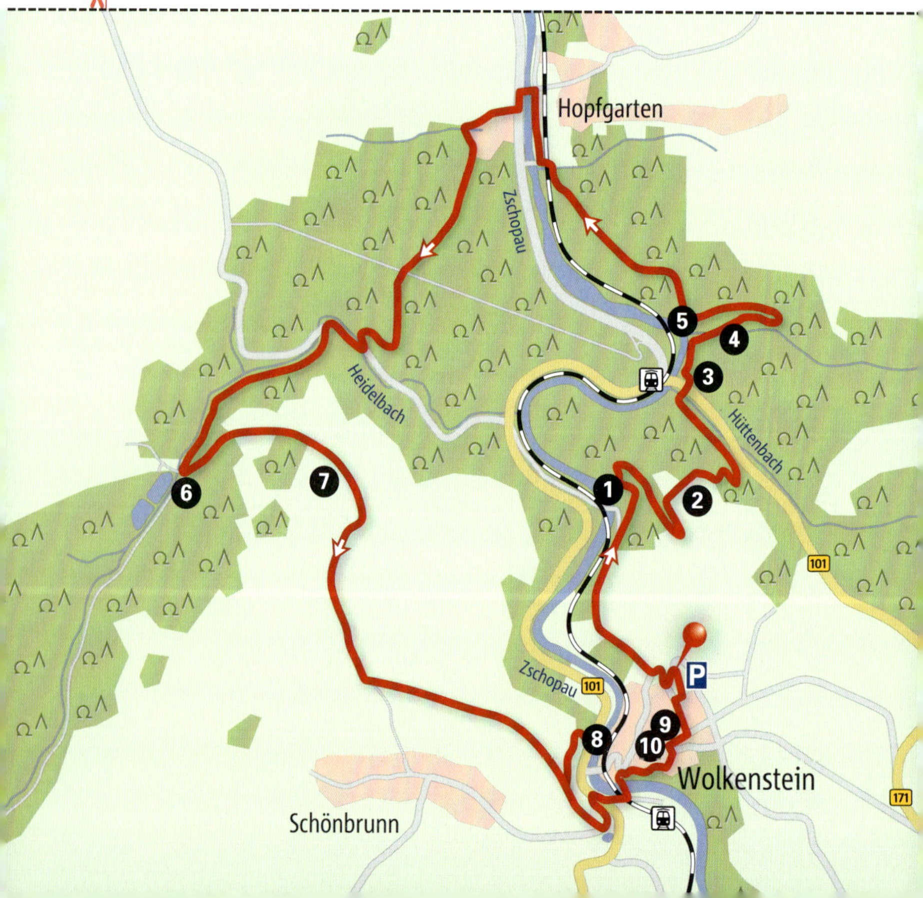

# Alles auf einen Blick

**WIE & WANN:**
**Meist Wald- und Graswege, Forstwege, wenig Schotterpisten, Asphalt in den Dörfern, Stiegen und Leitern an den Hängen; das ständige Auf und Ab erfordert Kondition; beste Zeit April bis Oktober**

Entspannung ✱✱✱✱✱
Genuss ✱✱✱✱✱
Romantik ✱✱✱✱✱

**HIN & WEG:**
**Auto:** Parkplatz Bahnhofstraße 6, 09429 Wolkenstein, Zufahrt über Annaberger Straße (GPS 50.657650, 13.065817)
**ÖPNV:** RB 80 bis Wolkenstein, Einstieg in die Tour in der Straße Am Bahnhof

**ESSEN & ENTSPANNEN:**
**Bäckerei und Café am Markt** ❾ Markt 12, 09429 Wolkenstein, Tel. (03 73 69) 29 19 96, www.elb-drebach.de/backshops-cafes

**ENTDECKEN & ERLEBEN:**
**Brückenklippe** ❶
**Anton-Günther-Höhe**, Aussicht und **Himmelsleiter** ❷
**Steinkopf**, Aussicht ❸
**Königsbachweg** ❹
**Kellerlochfelsen**, Aussicht ❺
**Festwiese** im Heidelbachtal ❻
**Hochebene** über Schönbrunn ❼
**Ziegenfelsen** ❽
**Schlossplatz Wolkenstein** ❿ mit **Schloss Wolkenstein** und **Kirche St. Bartholomäus**

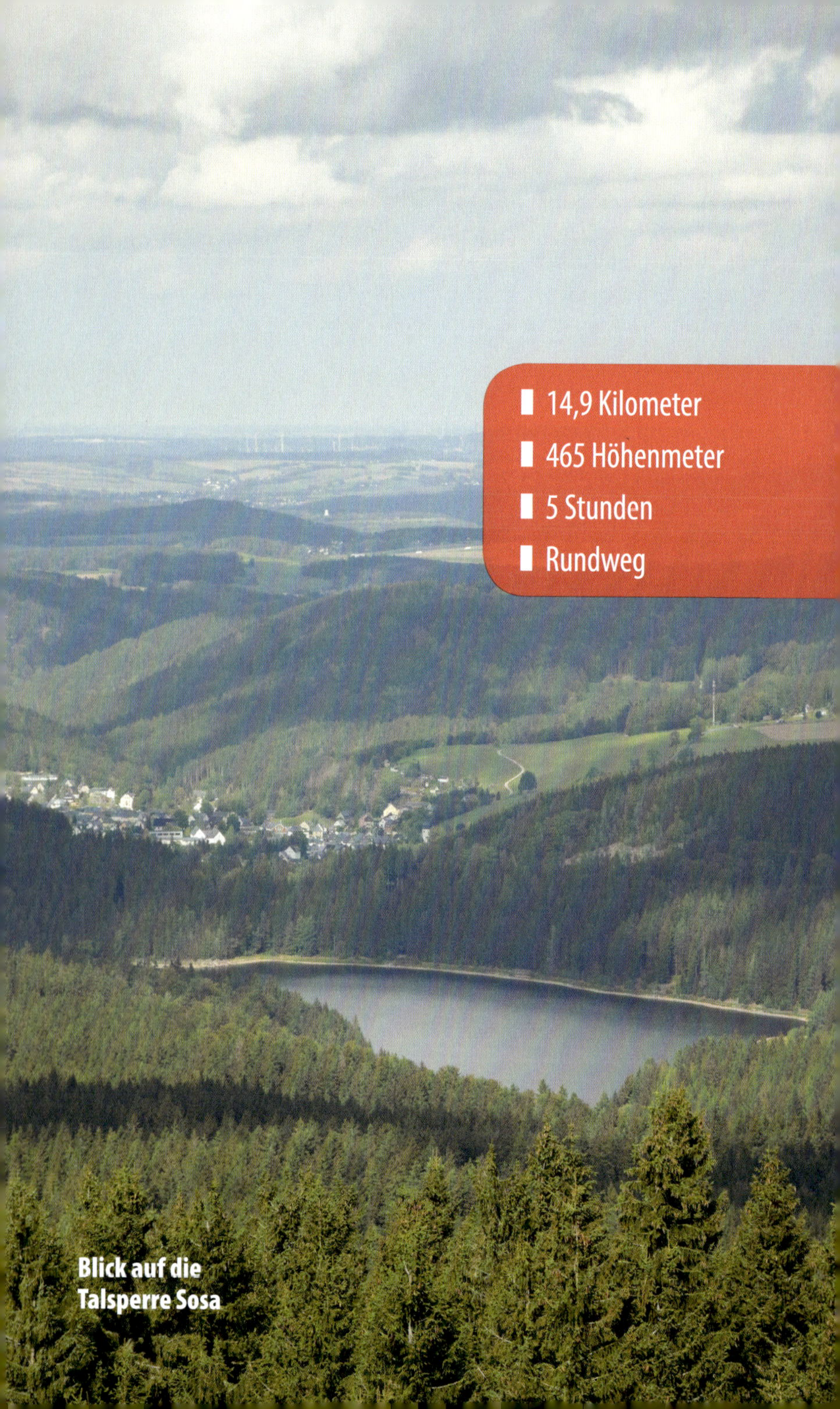


Blick auf die
Talsperre Sosa

Am Ende des Parkplatzes gabelt sich die Auersberger Straße: Geradeaus heißt sie **An der Talsperre** und führt zur Staumauer der Talsperre Sosa, rechts hoch heißt sie – auch **An der Talsperre.** Wir entscheiden uns für – beides! Zur Einstimmung nehmen wir den geschwungenen Abstecher rechts hoch zur **Freilichtbühne**.

# Nah- & Weitsicht

## Talsperre Sosa und der Auersberg

Der Eingang zum Bühnenbereich ist mit Gattern versehen, die aber für Fußgänger passierbar sind. Wir werden mit einem herzlichen „Glück auf" begrüßt – deutliches Zeichen der Bergbautradition. Über den Bühnenplatz und an ein paar schönen Felsen vorbei gelangen wir zum **Seydewitzblick 1,** von wo aus wir das Auge über die Talsperre schweifen lassen. Lieblich bettet sich das Wasser in den Wald ein. Wenn wir nicht noch fast die ganze Wanderung vor uns hätten, könnten wir hier auch eine Stunde verweilen und nur schauen.

So aber kehren wir zurück zum Parkplatz und nehmen nun die zweite Straße **An der Talsperre** hinunter zur Staumauer. Vor der Mauer finden wir ein ausgedientes Ringkolbenventil und eine halbe Armada von Schautafeln zur Geschichte und Funktion der Talsperre. Der Weg über die **Staumauer 2** eröffnet rechts Blicke in die Tiefe und links auf chimärenhafte Spiegelbilder auf der Wasserfläche.

*Zeitsprung: Am hinteren Ende der **Staumauer** kündet ein gusseisernes Schild im Duktus der frühen DDR vom Erfolg der „Masseninitiative der Werktätigen": der vorfristigen Inbetriebnahme am 19.12.1951, einen Tag nach dem „Geburtstage des großen Stalin".*

Wir werfen einen letzten Blick zurück auf den Stausee, denn jeder Winkel bietet ein anderes Bild, und tauchen ein in den Fichtenwald. Kurz hinter der

Staumauer stoßen wir auf einen Querweg: In alle Richtungen ist weiß-gelb-weiß ausgeschildert. Wir gehen nach links, zunächst auf dem längeren Teil des **Rundwegs Talsperre.** Wie oft im Erzgebirge, ist der Weg flankiert von unterhaltsamen und lehrreichen Tafeln für Alt und Jung. „Ist der Hirsch der Mann vom Reh?" werden wir beispielsweise gefragt – offensichtlich eine Fangfrage.

An der nächsten, breiten Gabelung nehmen wir den Rundweg links leicht abwärts. Der Schotterweg beschreibt bald eine lang gezogene Rechtskurve, in der ein schrankenbewehrter Weg ins Trinkwasserschutzgebiet abzweigt. Wir lassen ihn links liegen – gleichwohl dient er uns als Hinweis, denn wenige Meter weiter finden wir einen unmarkierten, grasbewachsenen Weg nach rechts, für den wir uns jetzt entscheiden. Weicher Boden schmeichelt den Füßen. Kurz danach queren wir einen munter sprudelnden Bergbach und steigen auf dem Grasweg weiter auf, bis wir bei einem Hochstand an den nächsten Schotterweg kommen.

**Doppelte Welt**

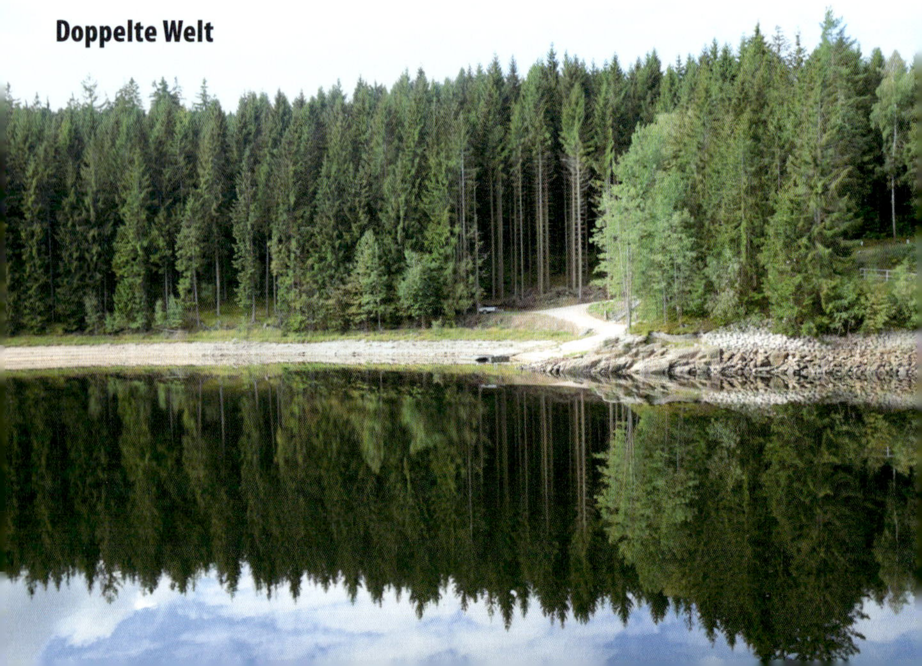

Gleich hinter dem Hochstand biegen wir wieder links ab, streifen also den Schotterweg nur, und gehen weiter auf einem Grasweg. Zunehmend mischen sich Buchen in den Fichtenbestand. An einer Gabelung nehmen wir den rechten, oberen Pfad, und halten in etwa die Höhe. Wir hören immer wieder das Kreischen der

## Für die Seele

**Glasklare Spiegelungen, verwunschene Chimären und gekräuselte Zerrbilder narren am Stausee das Auge. Vom Auersberg eröffnen sich weite Blicke über Tal und Land.**

Waldarbeitersägen, vielleicht sehen und hören wir einen Baum fallen: ein Ehrfurcht gebietender Anblick.

Bald treffen wir auf einen quer verlaufenden Schotterweg, den **Alten Sosaer Weg,** und folgen ihm nach rechts. Nach gut 500 Metern, die beständig aufwärts führen, kommt der **Große Stern** in den Blick, an dem eine Reihe von Wegen zusammentrifft. Eine **Schutzhütte** bietet Gelegenheit für eine kurze Rast. Wir folgen dem Alten Sosaer Weg weiter mit **Weiß-Gelb-Weiß** Richtung **Auersberg über Schlangenweg.** Schnell öffnet sich das Gelände nach rechts auf eine Lichtung. An einer Gabelung ein Stück hinter der Lichtung verlassen wir den markierten Schotterweg, der links weitergeht, und nehmen stattdessen den rechten, auf dem Gras den Schotter zunehmend überdeckt. Hier geht es sich viel angenehmer. Im Mischwald aus Fichten und Buchen wandern wir zunächst halbwegs eben dahin, ehe der Weg sich senkt und dann auf eine Kehre des Schlangenwegs trifft. Weiter unten schimmern die Häuser von Wildenthal durch das Gebüsch. **Schlangenweg** heißt hier der **weiß-blau-weiß** markierte Kammweg, vielleicht weil er sich in Serpentinen zum

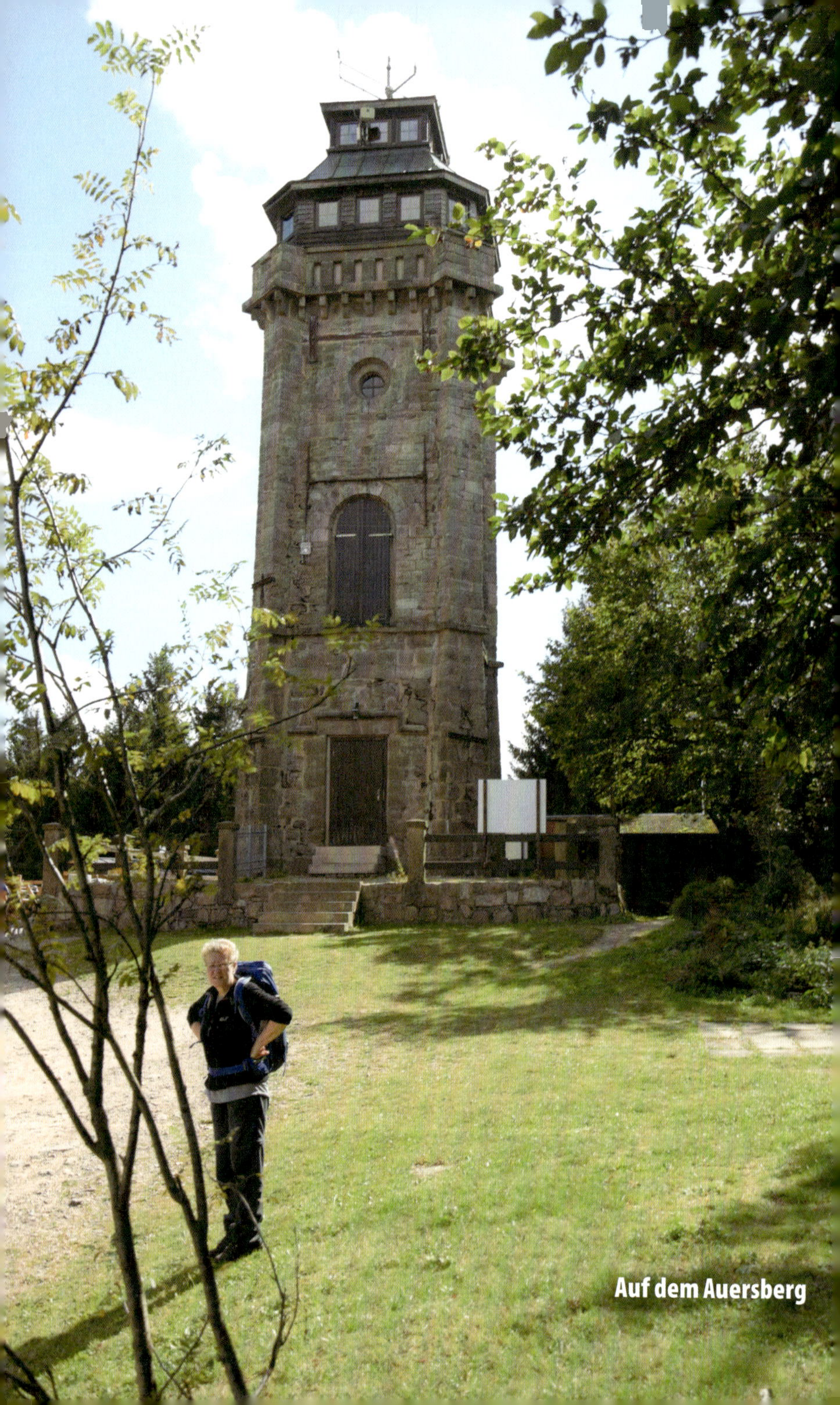

Auf dem Auersberg

Auersberg emporschlängelt. Wir gehen nach links aufwärts und erreichen nach vier Spitzkehren, anstrengende 2 Kilometer und 200 Höhenmeter später, den Gipfelbereich. Der **Auersberg** ❸ ist gut erschlossen. Verschwitzt stoßen wir auf eine Straße und einen Parkplatzbereich mit ausgeruhten Autofahrern. Indes: Wir haben uns eine Rast redlich verdient. Nach links geht es zum Gipfel und dem **Auersberghaus** ❹**.** Es gibt einen großen Außenbereich, auf dem bei gutem Wetter die gemütliche Mahlzeit doppelt schmeckt. Rund um den Gasthof sind verschiedene Aussichtspunkte, und es lohnt, diese alle abzulaufen und den Blick von weit oben über die ferne Talsperre Sosa zu genießen. Dahin müssen wir zurück. Dennoch sollte Zeit sein für den Besuch des **Aussichtsturms,** der einen ausgezeichneten Rundblick bietet. Auf den Fensterbrettern ist eingraviert, was jeweils zu sehen ist. Außerdem ist die 150 Jahre alte Auersberg-Rotbuche zu bewundern.

Nachdem wir uns auf dem Gipfel erholt haben, wenden wir uns wieder Richtung Parkplatz. Bestaunen

*Der **Auersberg** ist mit 1018 Metern der dritthöchste Berg im deutschen Teil des Erzgebirges. 1860 wurde hier der erste steinerne Aussichtsturm in der Gegend errichtet. 1901 auf seine jetzt 18 Meter erhöht, dient er heute vor allem dem Tourismus.*

**Das Auersberghaus**

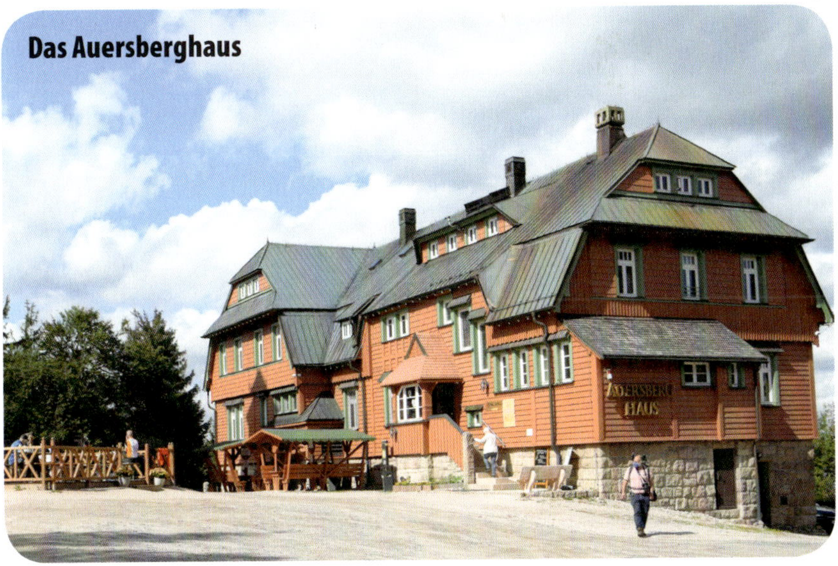

lässt sich noch das High-Tech-Gebäude der Deutschen Flugsicherung, deren sich drehende, riesige **Radaranlage** schon vorher in den Blick kam.

Auf einem schmalen Pfad laufen wir ein Stück neben der Straße entlang, sodass wir vor Autos, Motorrädern oder Fahrrädern geschützt sind. An der nächsten Abzweigung folgen wir der **Wellenschaukel** mit **Weiß-Blau-Weiß** nach links. Den Rest des Wegs müssen wir uns nur noch gelegentlich mit Radlern teilen. Tatsächlich in Wellen geht es zügig abwärts, bis wir auf einen Querweg stoßen und Richtung **Kleiner Stern** nach links abbiegen. Das Wegewirrwarr an diesem Wander-Knotenpunkt steht dem beim großen Bruder in nichts nach. Wir finden eine schematische Karte. Unser Weg führt an der **Schutzhütte** quasi geradeaus vorbei in Richtung auf unser Ziel, den Parkplatz in

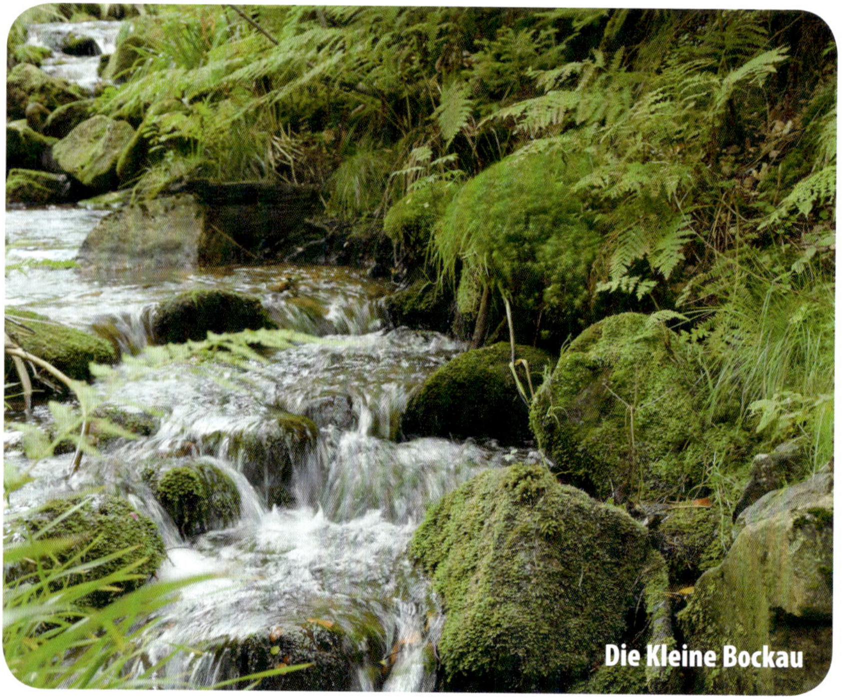

Die Kleine Bockau

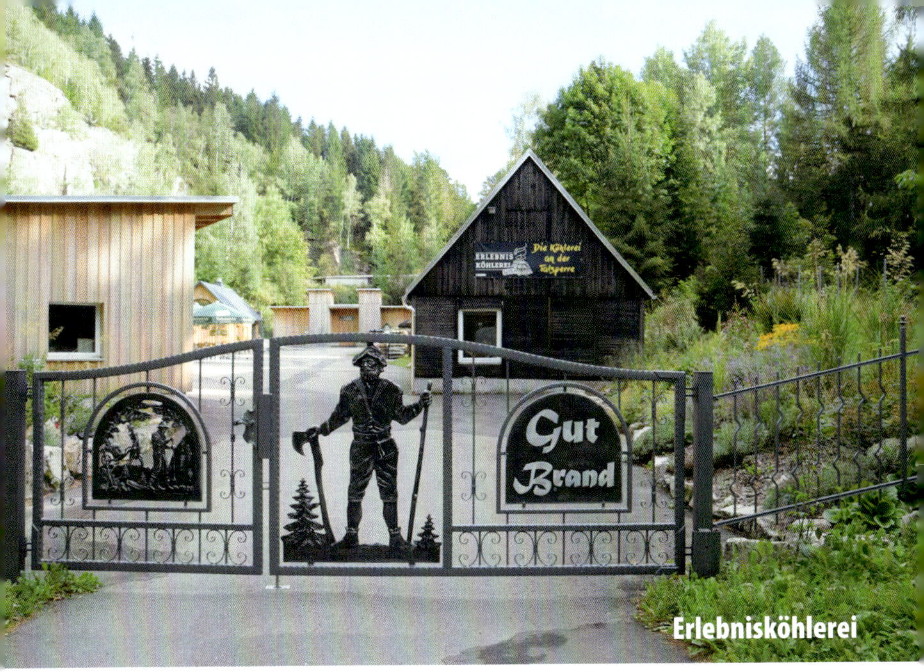


Sosa. Wir betreten das **Tal der kleinen Bockau ⑤,** deren Gluckern, Rauschen und Plätschern uns über 2,5 Kilometer begleitet. Der Weg ist bequem, und so haben wir Muße für die Kuriositäten am Wegesrand: ein Bäumling mit moosiger Baskenmütze, der Gedenkstein für einen Ludwig Lange, ein Spinnennetz, die Hütte Am Hähnelwehr. Leider endet der Forstweg bald darauf; wir treffen wieder auf den **Rundweg Talsperre,** der nun asphaltiert ist. Dadurch kommen wir zügig voran. Auch ist beständig für Unterhaltung und Staunen gesorgt. In der ersten längeren Rechtskurve passieren wir **BuFiBu ⑥.**

In der nächsten Biegung wartet ein **Hörbaum** auf uns, der veranschaulicht, wie gut Holz den Schall leitet. Kurz dahinter lockt eine Verführung: eine breite **Holzliegebank ⑦,** von der man, sobald man einmal auf ihr Platz genommen hat, kaum wieder aufstehen will – es bedarf der ganzen Willenskraft, um wieder auf die Füße zu kommen!

Wer noch Reserven hat, kann kurz danach den nach rechts aufwärts abzweigenden **Pfad der Verjüngung** nehmen, einen Kraxelpfad, auf dem sich etwas

*__BuFiBu__ ist ein kurioses Dreigestirn von Baum: Buche – Fichte – Buche. Sie sind im unteren Stamm zusammengewachsen. Eine Allegorie auf das Unzertrennliche. In den Wipfeln mischen sich Blätter und Nadeln.*

# Panoramatour 6

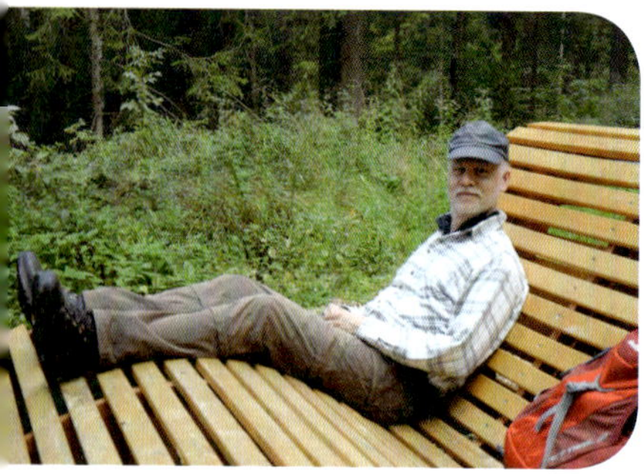

über die Verjüngung des Waldes lernen lässt und der 10 Minuten später wieder auf die Straße trifft. Sachsenforst gibt sich alle Mühe, den Asphaltweg interessant zu gestalten – durchaus erfolgreich. Neben weiteren Lehrtafeln passieren wir noch ein Insektenhotel und ein Arboretum. Kurz vor dem Parkplatz führt der Weg an der **Erlebnisköhlerei Sosa** **8** vorbei, die in das traditionelle Köhlerhandwerk einführt und an manchen Tagen auch einen Meilerimbiss bietet. Danach sind es nur noch wenige Schritte bis zum Parkplatz, an dem unsere Wanderung begonnen hat.

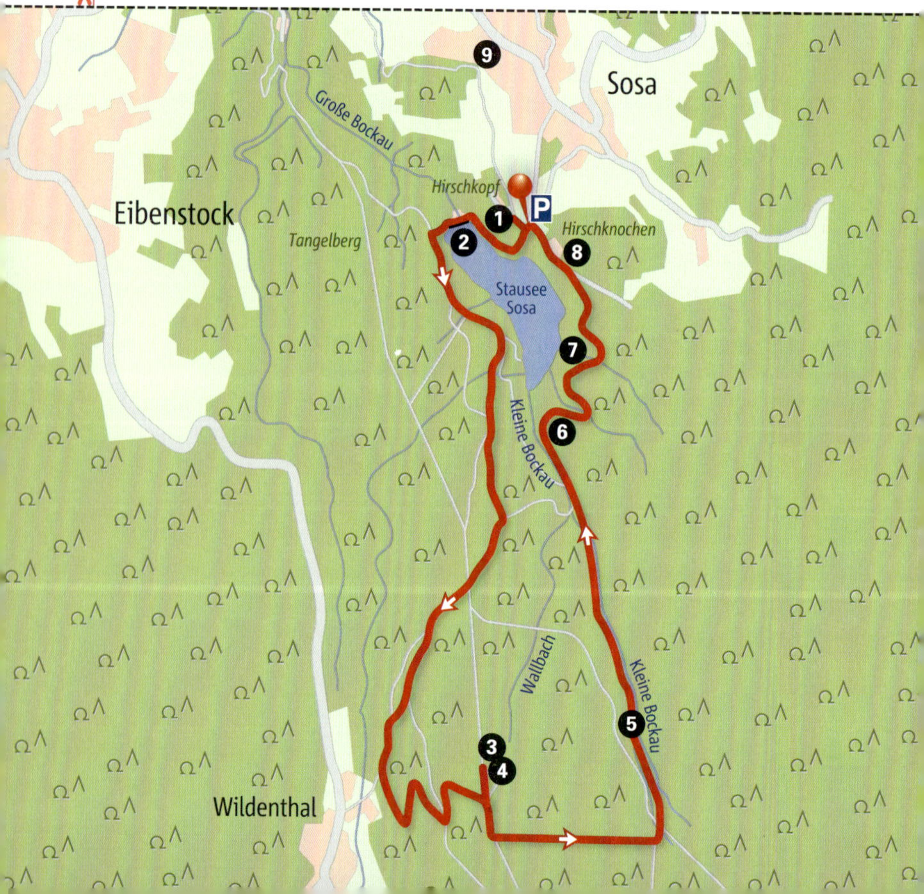

**WIE & WANN:**
**Teils Wald- und Graswege, teils Forstwege, insgesamt 3,4 km Asphalt; beste Zeit April bis Oktober**

Entspannung ★★★☆☆
Genuss ★★★★☆
Romantik ★★★★☆

**HIN & WEG:**
**Auto:** Parkplatz Talsperre Sosa, Auersberger Straße, 08309 Eibenstock-Sosa (GPS 50.490560, 12.651306)
**ÖPNV:** Keine direkte Anbindung an die Strecke

**ESSEN & ENTSPANNEN:**
**Auersberghaus** (SB) ❹ Auersberg, 08309 Eibenstock, Tel. (03 77 52) 69 92 58, www.auersberghaus.de

**ENTDECKEN & ERLEBEN:**
**Seydewitzblick** ❶
**Staumauer** der Talsperre Sosa ❷
**Auersberg** ❸ mit **Aussichtsturm** und **Radaranlage**
**Tal der Kleinen Bockau** ❺
**BuFiBu** ❻
**Holzliegebank** ❼
**Erlebnisköhlerei Sosa** ❽ An der Talsperre 4, 08309 Eibenstock-Sosa, Tel. (01 52) 26 23 74 67, www.erlebniskoehlerei-sosa.de

# Den Fichtelberg im Blick

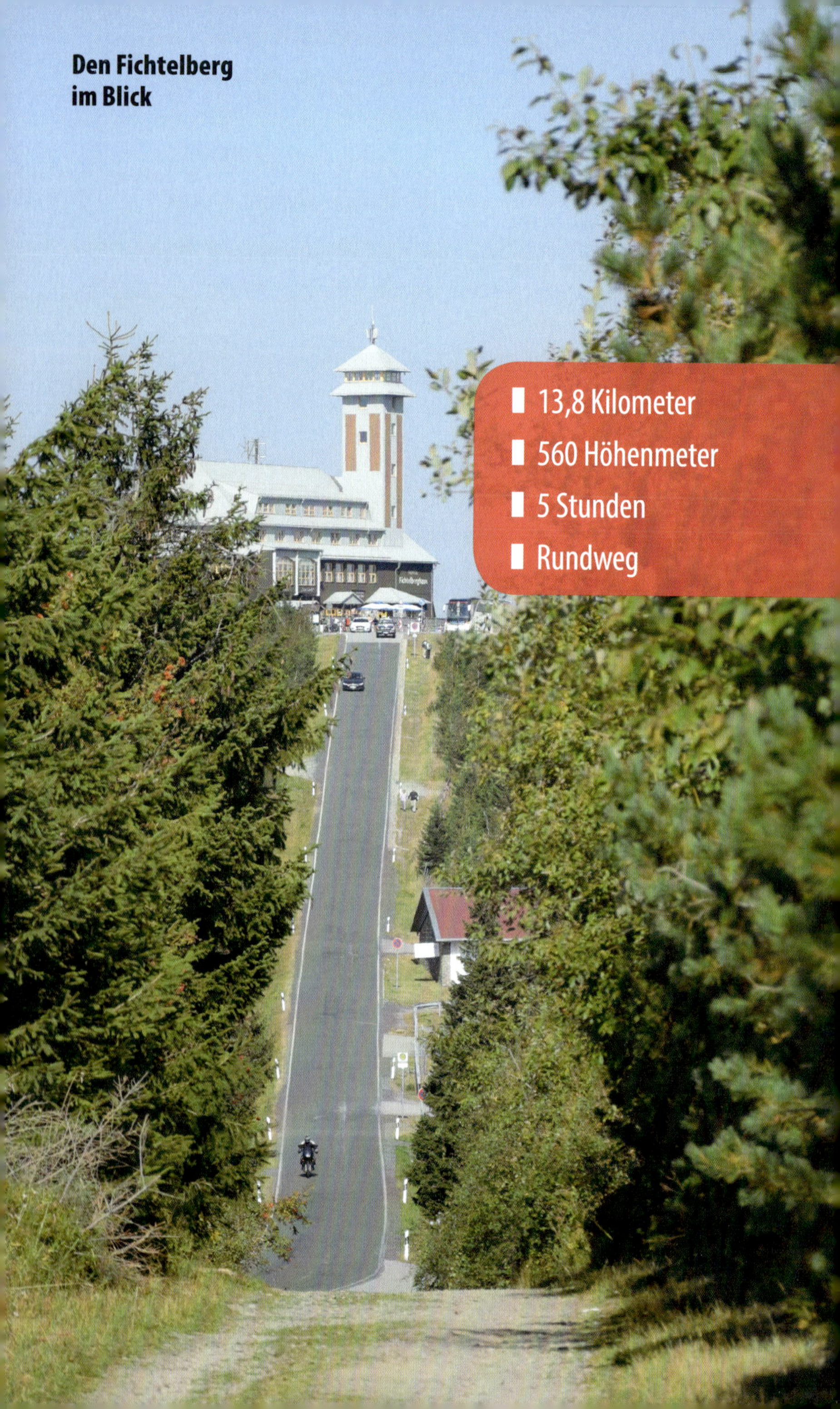

- 13,8 Kilometer
- 560 Höhenmeter
- 5 Stunden
- Rundweg

Vom unteren Ende des Parkplatzes folgen wir den Hinweisschildern zum **Grenzübergang** und der **Sylke-Otto-Tour** mit der Nummer **8** und gehen ein Stückchen die **Annaberger Straße** hinunter bis zu einem Stichweg, der uns über die Bundesstraße und den Pöhlbach ins Dörfchen **Loučná** und damit nach Tschechien führt.

# Gipfelstürmer

## Klínovec und die Fichtelberge

Hinter der – nun ja: – Grenze folgen wir weiter der **8** nach rechts, zunächst durch das Dorf. Bei einer Linkskurve verlassen wir die Hauptstraße und gehen geradeaus weiter. Hinter einer sehr kleinen **Kapelle** **1** geht es mit der 8 nach links aufwärts, an einigen Wochenend- und Ferienhäuschen vorbei, nunmehr auf Schotter und bald auf Gras. Vor uns erhebt sich nun deutlich der Klínovec mit seinem Gipfelturm. Es liegen also noch einige Höhenmeter vor uns.

Zunächst bleibt der Weg jedoch moderat und zieht sich durch Felder, bis wir bei **Na Bídě** wieder auf Schotter stoßen und uns links halten. Auf der Flanke links ist die Zersiedelung dieses Feriengebiets zu sehen. Wir halten uns vor einem Haus – weiterhin auf der **8** – links und treffen auf die ersten Bauten für den Wintersport: Alle paar Meter scheint eine Schranke zu stehen; es sind aber Beschneiungsanlagen. Die Piste führt uns zu einem Parkplatz. Wir gehen rechts aufwärts, folgen dann mit **Weiß-Rot-Weiß** der Straße nach rechts und gehen hinter der

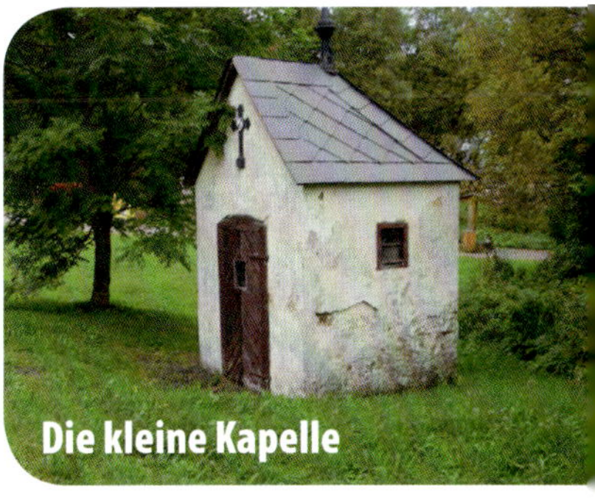

Die kleine Kapelle

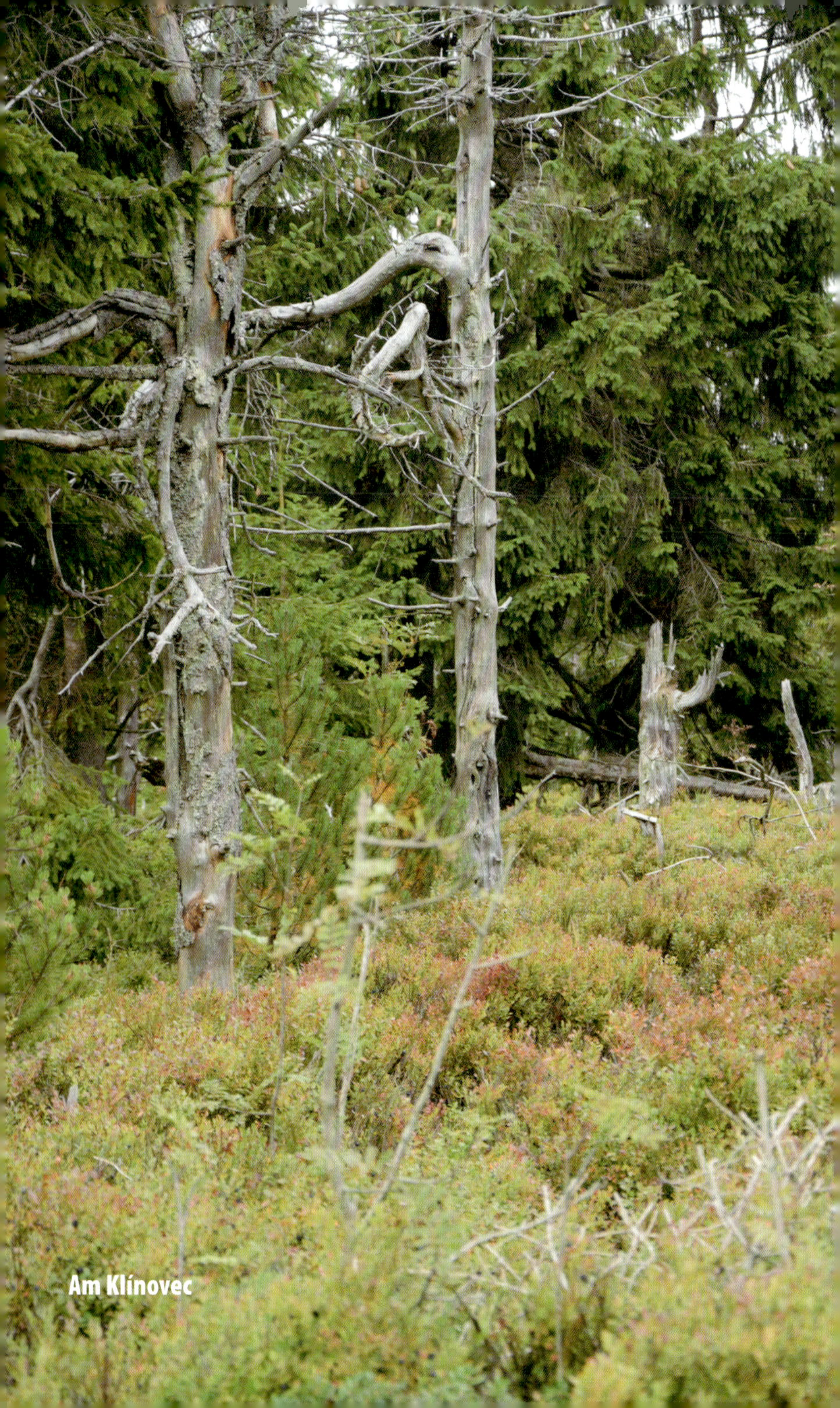

Am Klínovec

**Penzion Max** links den Hang hinauf, vorbei an einem **Klettergarten.** Links taucht die Talstation eines Lifts auf. Unser Weg führt zunächst rechts vom Lift aufwärts und kurz vor der **Penzion Severka** auf einem Waldweg den Hang hinauf. Bald kreuzt der Pfad den Lift, steigt weiter an und trifft dann auf eine Forstpiste.

## Für die Seele

Wir erklimmen die Dächer des Erzgebirges, lassen die Blicke schweifen. Das Nebeneinander von verlassen daliegenden Wintersportanlagen und engen Steigen wirkt wunderlich.

Links öffnet sich der Wald zur Skipiste. Dieser folgen wir aufwärts. Der Weg wurde bei Redaktionsschluss des Buches neu angelegt und dürfte rechts oder links der Piste verlaufen. In jedem Fall führt uns die Skipiste bis auf den **Gipfel des Klínovec (Keilberg) ②.** Die Gebäude sind derzeit stark renovierungsbedürftig, der Turm kann aber bestiegen werden. Zwischen den Skianlagen lassen sich eindrucksvolle Panoramablicke erhaschen. Wir stehen auf dem Dach des Erzgebirges.

Auf der Rückseite der Gebäude finden wir unser Wanderzeichen wieder und nehmen erneut die Tour **8** nach **Oberwiesenthal,** die links neben dem Funkturm das Gipfelplateau verlässt. Zunächst passieren wir noch einmal eine Liftstation; auf der Freifläche davor erspähen wir bereits den Fichtelberg: unser nächstes Ziel.

Der Weg ist zunächst leicht geschottert und ermöglicht Ausflüglern, die mit dem Auto aufs Plateau kommen, einen bequemen Zugang zum Bistro **Občerstvení Krásná Vyhlídka ③,** dessen Menüschilder wir nach rund 500 Metern erreichen.

Wir lassen die Skianlagen des Klínovec vorläufig hinter uns und geben uns den Eindrücken des Waldes

*Mit 1244 Metern ist der **Klínovec** oder Keilberg der höchste Berg des Erzgebirges, gefolgt vom Großen Fichtelberg mit 1215 Metern. Mit dem Kleinen Fichtelberg, der immerhin 1206 aufweist, besteigen wir die drei höchsten Gipfel des Erzgebirges an einem Tag.*

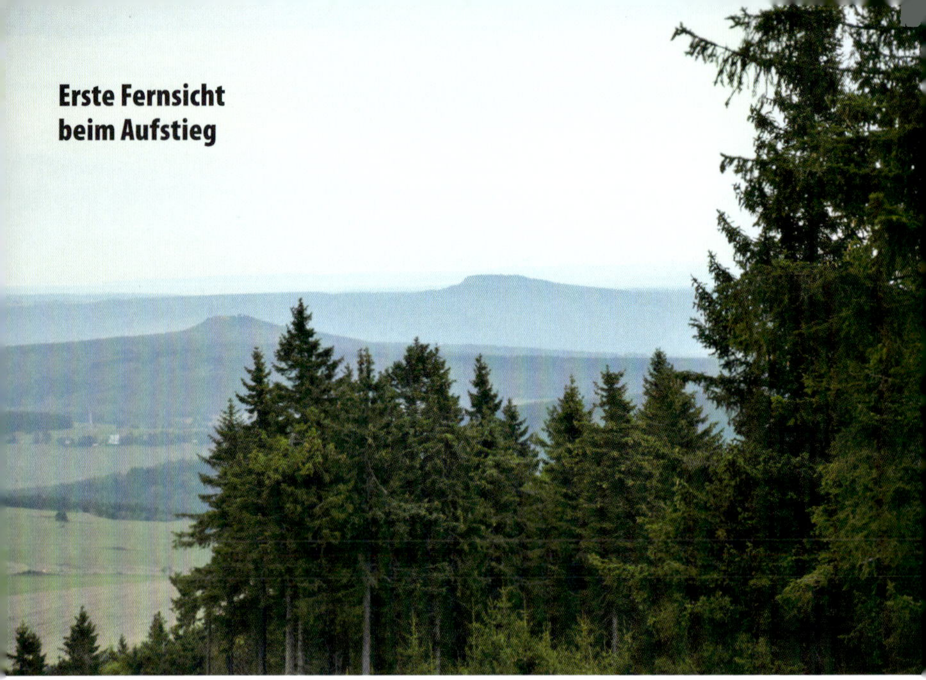

Erste Fernsicht beim Aufstieg

hin. Bald stoßen wir auf eine Straße, wenden uns nach rechts und biegen im ersten Drittel des gegenüberliegenden Parkplatzes nach links auf weichen Waldboden. Über teils abenteuerliches Wurzelgeflecht geht es durch urigen Fichtenwald permanent abwärts; einzelne kleine Lichtungen erfreuen das Auge, Baumlücken bieten schimmernde Ausblicke ins weite Land.

Nach einiger Zeit passieren wir einen Lift. Direkt vor einer weiteren Liftanlage verlassen wir kurz die **8**, wenden uns nach rechts und überqueren einen Parkplatz sowie die dahinterliegende Straße. Zwischen der Straße und einem Erdwall zieht sich ein Grasstreifen dahin, der breit genug ist, um links abwärts neben der Straße zu gehen. Hinter dem Wall verläuft die Grenze nach Deutschland. So wandeln wir ein Stückchen fast auf der Grenze. Wir kommen zu einer Wiese, über die nach rechts ein Pfad direkt zur tschechischen Seite der **Grenzstation 4** führt.

In dem überdimensionierten, nahezu verlassenen Grenzbereich kann man unbedenklich über den schraffierten Mittelstreifen schlendern – der zweite völlig unspektakuläre Grenzübertritt. Die Anlagen wirken wie ein für uns errichtetes Potemkinsches Dorf, es ist, als gäbe es eigentlich keine Staatsgrenze. Die Älteren unter uns erinnern sich noch an andere Zeiten. Statt Zöllnern sehen wir immerhin noch Schilder: Deutschland, Sachsen, Quarantäne, Maut.

Zum Glück für uns liegt die Grenzstation auf dem Sattel zwischen Klínovec und Fichtelberg, sodass wir nicht die ganze Höhe verloren und nur noch einen kurzen Aufstieg vor uns haben. Beim **Berggasthof Neues Haus** führt die **8** geradewegs über die anmutige Wiesenflanke des Fichtelbergs hinauf. Blicke zurück bringen nochmal den Klínovec in Erinnerung. Am Ende einer Lichtung kommt das eindrucksvolle Natursteingebäude der **Sachsenbaude** in den Blick. Wir folgen einem Trampelpfad, der rechts vor der Baude auf einen mannshohen Hügel zuführt und uns hinter der Baude auf die Zufahrtsstraße zum Fichtelberg führt. Wir folgen weiter der 8, hier ebenso wie an der nächsten Gabelung nach links, und stehen kurz danach auf dem Gipfel des **Kleinen Fichtelbergs** **5** auf immerhin 1206 Metern. Offiziell zählt er nicht als einzelner Berg, sondern zusammen mit dem großen Bruder

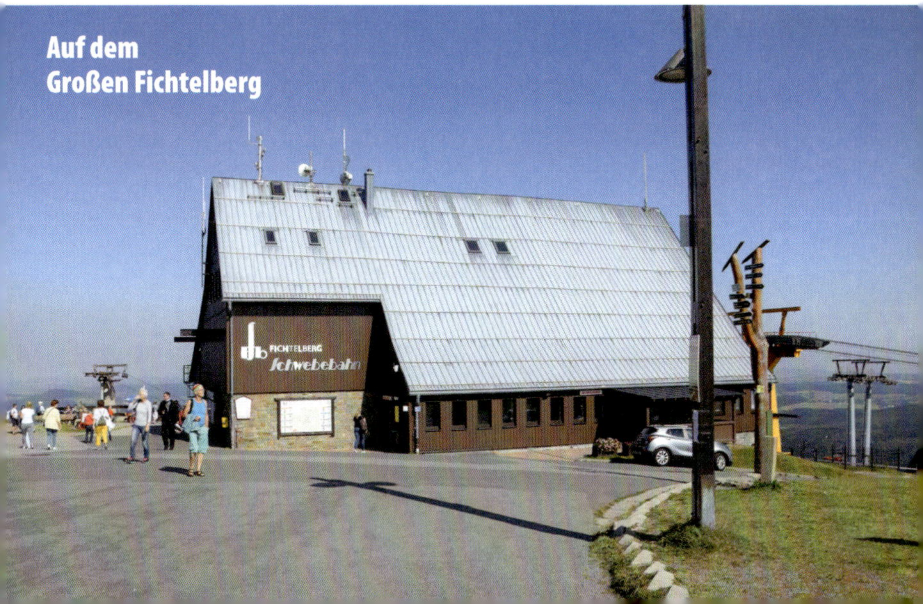

**Auf dem Großen Fichtelberg**

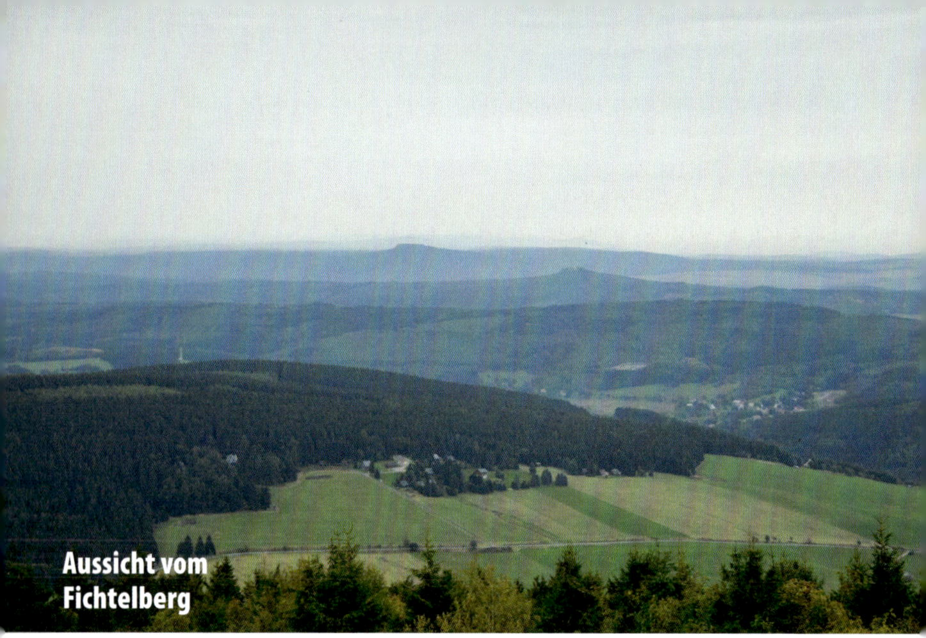
Aussicht vom Fichtelberg

als Doppelgipfel. Vor uns ist durch eine Schneise der Gipfelturm des Großen Fichtelbergs zu sehen, die Straße wie eine Rampe davor. Es gilt erneut einen kleinen Sattel zu durchwandern. Sobald wir auf die Straße treffen, nehmen wir gleich nach rechts den **Fahrradweg,** und wenige Meter weiter, unterhalb eines Parkplatzes, wenden wir uns nach links und folgen einer Wiesenpiste. Von den nächsten zwei Abzweigungen nach rechts nehmen wir die hintere, die uns nach wenigen Metern auf das Gipfelplateau des **Großen Fichtelbergs** **6** bringt. Nach allen Seiten bieten sich schöne Fernblicke, auch zurück auf den Klínovec. Im **SB-Restaurant Himmelsleiter** **7** neben der Bergstation der Schwebebahn finden wir zudem vor dem Abstieg Stärkung bei einer wohlverdienten Pause.

Im Abstieg folgt eines der schönsten Wegstücke der Wanderung, das allerdings sehr steil abwärts führt. Wer ermattet ist oder um die Knie fürchtet, kann mit einer der Bahnen ins Tal hinunterfahren. Die Tour führt später an der Talstation der Schwebebahn vorbei, die auch in Sichtweite der Sesselbahn liegt.

Die anderen beginnen den Abstieg rechts neben der Bergstation der Schwebebahn und folgen wieder einmal der **8** in Richtung **Oberwiesenthal.** Der Weg ist für Fußgänger reserviert; angesichts der Funsportarten, die hier angeboten werden, durchaus beruhigend. Neben einer Holzhütte treffen wir auf einen Querweg, haben den **Eckbauer** erreicht und folgen nun den Schildern **NSG Schönjungferngrund** quasi geradeaus den Hang hinunter. Nach wenigen Metern zieht sich der Pfad nach links in den Wald. Wir ignorieren den Abzweig zum Krömersteig, folgen an der nächsten Abzweigung weiter der Richtung Schönjungferngrund nach links. Ein schmaler Pfad führt neben dem rauschenden Hüttenbach abwärts. Wir befinden uns mitten im **Schönjungferngrund 8** und passieren bald die 1000-Meter-Marke.

Auf der zweiten Holzbrücke, die für Fahrzeuge und Reiter gesperrt ist – von oben kommen die bestimmt nicht! –, queren wir das Bächlein, folgen den Schildern nach **Oberwiesenthal** und wandern oberhalb der **großen Sprungschanze 9** entlang. Der Weg windet sich halb um die Schanze herum, sodass wir mit etwas

***Oberwiesenthal** ist einer der Bundesstützpunkte für den Wintersport. Auf den Sprungschanzen trainiert die gegenwärtige und künftige Springerelite auch im Sommer. Der erfolgreichste heimische Springer war Jens Weißflog, der 1984 Olympiagold gewann.*

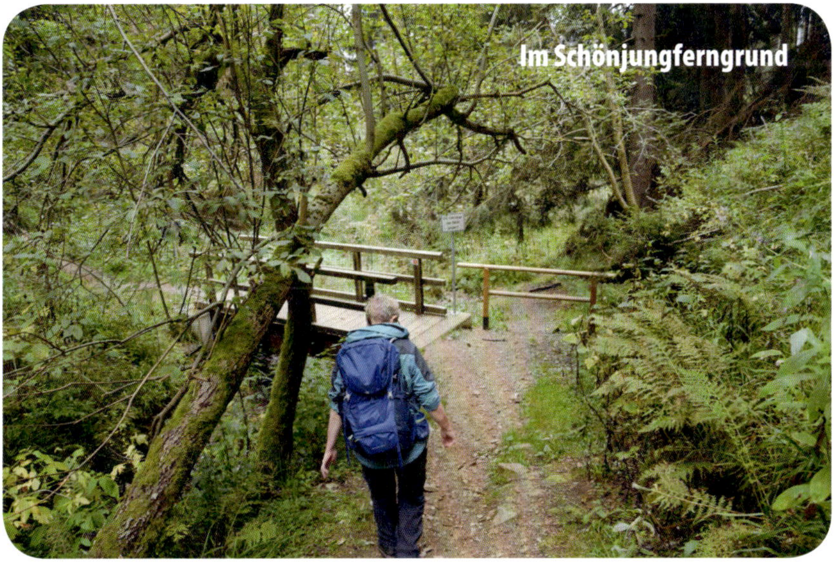

Im Schönjungferngrund

# Panoramatour 7

Glück Skispringer sehen können. Dann geht es wenige Meter die Straße abwärts und mit den Markierungen **1** und **6** nach rechts den Hang hinunter. Dabei bekommen wir auch die vier **kleineren Schanzen** zu sehen. Eindrucksvoll genug sind auch diese.

Wir folgen weiter 1 und 6, passieren die Kneipp-Anlage und gehen auf die **Talstation der Schwebebahn** zu. Diese passieren wir links, beschauen noch das **Wurzelfragment** zu Ehren der Hochleistungssportler und folgen der **Hüttenbachstraße** abwärts. Wir erblicken den leider ganz von einem Parkplatz eingerahmten Speichersee des Hüttenbachs und die sehenswerte **Stahlbrücke der Schmalspurbahn,** hinter der ein Stichweg durch die Wiese zum **Parkplatz** führt.

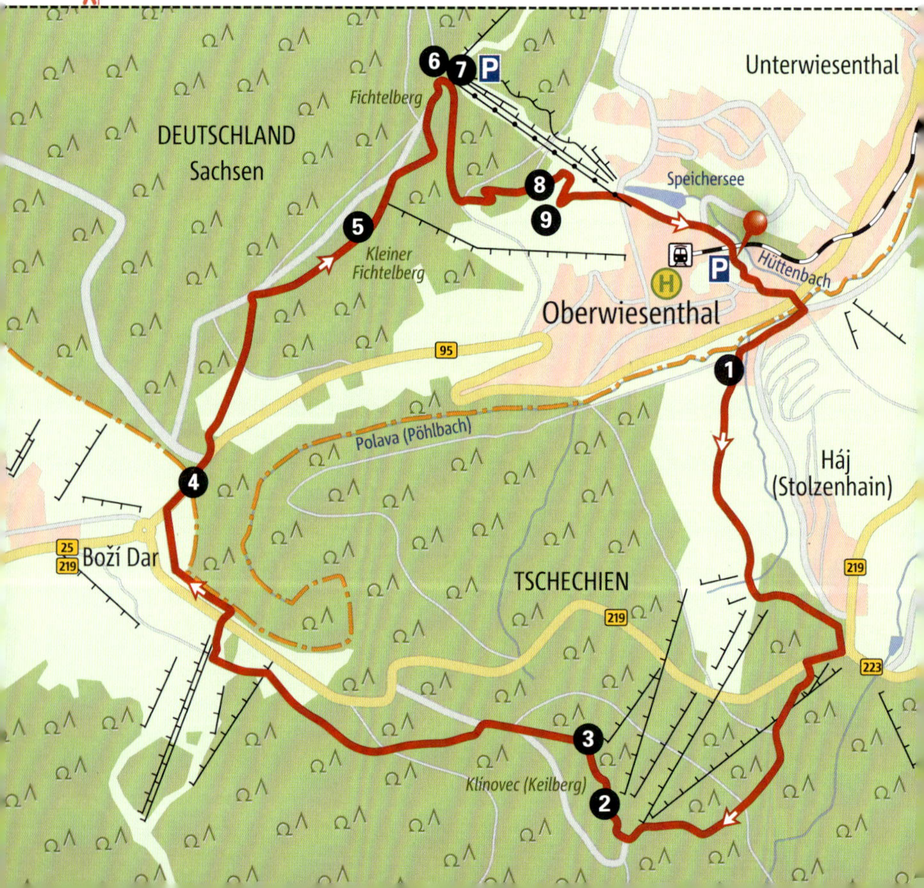

## Alles auf einen Blick

**WIE & WANN:**
**Wald- und Forstwege, Wiesenwege und Waldsteige, auf den Gipfeln Asphalt; Abstieg über den Schönjungferngrund ist sehr steil und verlangt gute Kondition und Trittsicherheit; Tour nur außerhalb der Skisaison möglich; an Wochenenden ist von ihr abzuraten**

Entspannung ★★★★☆
Genuss ★★★☆☆
Romantik ★★★★☆

**HIN & WEG:**
**Auto:** Zentralparkplatz/P 1, Annaberger Str. 23, 09484 Oberwiesenthal (GPS 50.419821, 12.977373)
**Alternativ:** Fichtelberg-Parkplatz, Fichtelbergstraße, 09484 Oberwiesenthal (GPS 50.415996, 12.935130); zu Fuß auf der Fichtelbergstraße zur Sachsenbaude, dort Einstieg in die Tour
**ÖPNV:** Von Annaberg-Buchholz BusBf. Bus 411 bis Oberwiesenthal Annaberger Straße, Einstieg in die Tour schräg gegenüber der Haltestelle am Stichweg nach Loučná; oder Fichtelbergbahn (dampfbetriebene Schmalspurbahn) von Cranzahl, kurzer Fußweg zum Ausgangspunkt über Bahnhofstraße, rechts Annaberger Straße

**ESSEN & ENTSPANNEN:**
**Občerstvení Krásná Vyhlídka** ❸ Klínovec vrchol 350m směr, 43191 Boží Dar, Tschechien, Tel. (+4 20/7 33) 52 42 04, http://bistroklinovec.cz
**SB-Restaurant Himmelsleiter** ❼ Fichtelbergstraße 8, 09484 Oberwiesenthal, Tel. (03 73 48) 73 19

**ENTDECKEN & ERLEBEN:**
**Kapelle** ❶
**Gipfel des Klínovec (Keilberg)** ❷
**Grenzstation** ❹
**Kleiner Fichtelberg** ❺
**Großer Fichtelberg** ❻
**Schönjungferngrund** ❽
**Sprungschanzen** ❾

Lauenstein voraus

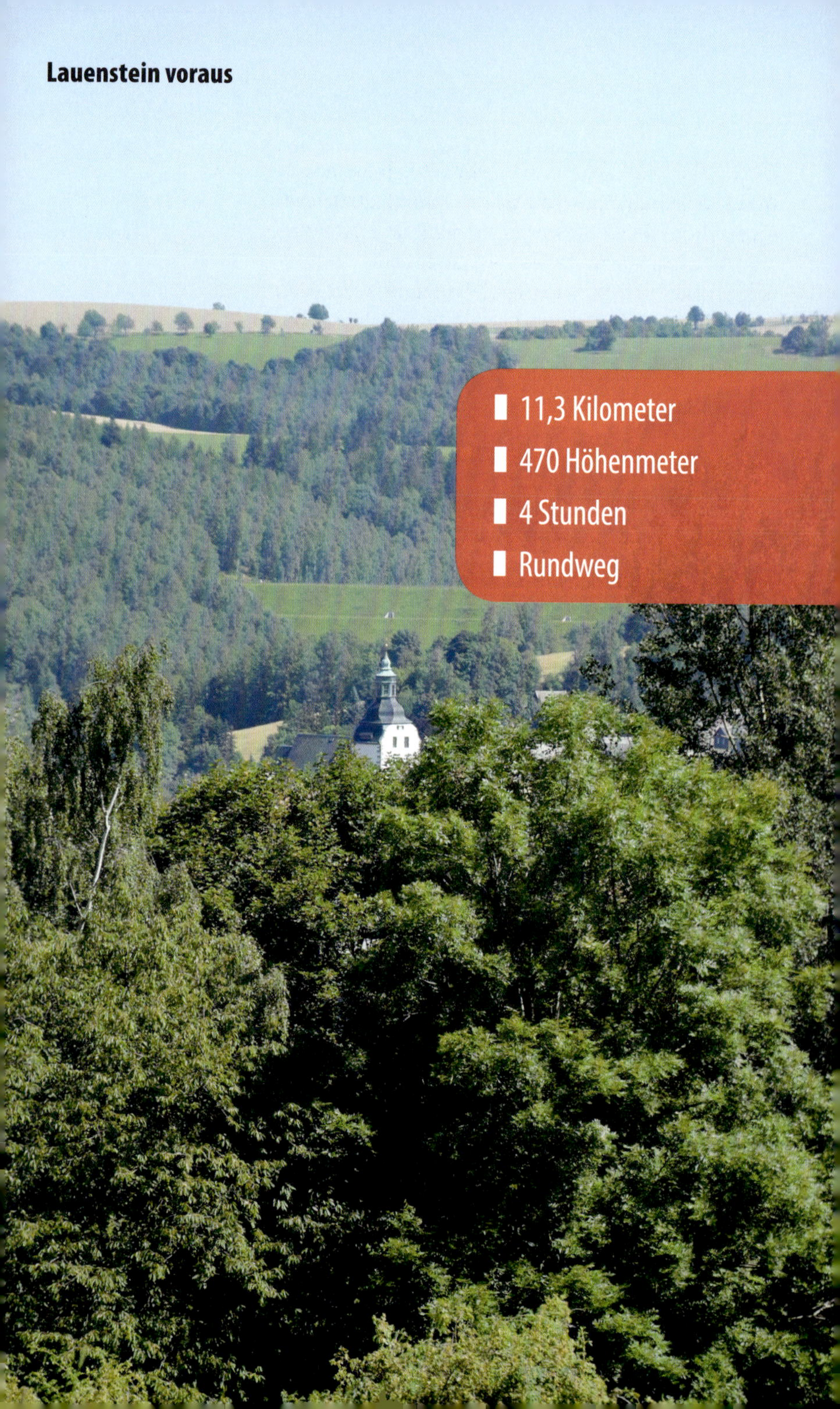

Gegenüber vom Parkplatz befindet sich die Bibliothek von Lauenstein, dem 1494 das volle Stadtrecht gewährt wurde. Die Tour startet auf der Straße **Am Baderberg,** die zwischen Bibliothek und dem **königlich sächsischen Meilenstein** hindurch beständig ansteigend aus Lauenstein hinausführt. Noch bevor die letzten

# Wiesenwärts

## Lauenstein und Geisingberg

Häuser passiert sind, lassen wir den Asphalt hinter uns. Bis Geising werden wir dem mit **Weiß-Blau-Weiß** markierten **Kammweg** folgen, der sich durch das gesamte Erzgebirge zieht.

Bald wird der Weg wiesenartig, links unten schimmert das Freibad von Lauenstein hervor, rechts beschatten zwei Winterlinden unseren Pfad. Allmählich kommen wir auf die Höhe der **Schafkuppe** 1 und können immer bessere Panorama-Aussichten genießen, angefangen mit dem Blick zurück auf Lauenstein mit der Kirche. Bald rückt rechts voraus der kegelförmige Geisingberg ins Blickfeld. So zieht sich der zunächst gut markierte Weg meist als Allee durch Felder und Wiesen.

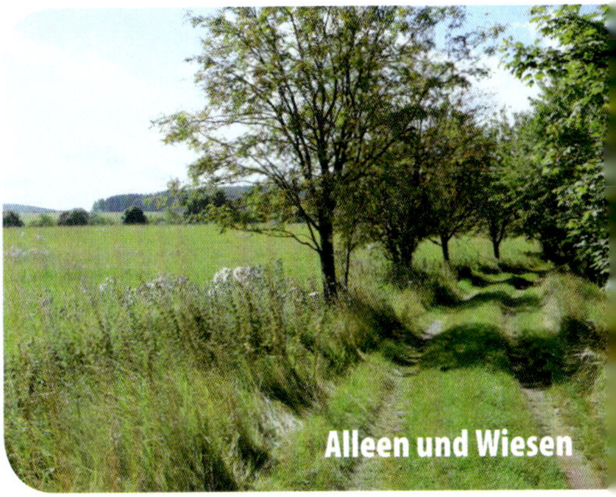
Alleen und Wiesen

An einer Kreuzung entdecken wir ein erstes Hinweisschild, das die Erhaltung der einst typischen Bergwiesen zum Thema hat. Auf dem nun-

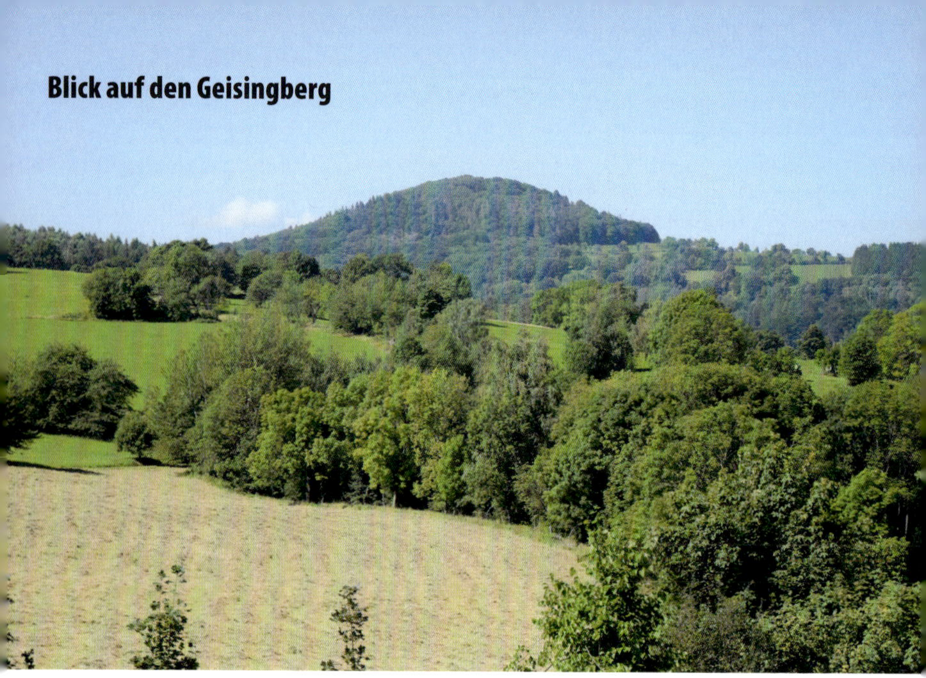

Blick auf den Geisingberg

mehr leicht geschotterten Wirtschaftsweg passieren wir eine **Schutzhütte.**

Hinter der nächsten Tafel zu den Bergwiesen, die neben einer Bank steht – der Weg senkt sich wieder, und die Kuppe zwischen Lauenstein und Geising liegt gerade hinter uns –, verlangt die Wegführung unsere Aufmerksamkeit. Der breite Fahrweg beschreibt eine weite Linkskurve. Wir hingegen gehen geradeaus auf einem schmalen Pfad in den Waldstreifen rechter Hand. Dies ist leicht zu verpassen. Sobald wir aber zwischen den Bäumen sind, ist auch wieder ein weiß-blau-weißes Zeichen zu sehen. Zwischen dem Feldrand rechts und einem Baumstreifen links zieht sich der Weg nun beständig abwärts. Je mehr wir uns Geising nähern, desto nasser wird der Grund, was uns üppige Grüntöne beschert.

Kurz vor dem Ort verwandelt sich der Wanderweg in einen Wirtschaftsweg, dessen Kurven manchmal für einige Meter asphaltiert wurden. Von rechts unten ist vermehrt die Straße zu hören. Wir ignorieren eine Ausschilderung, die uns links über den Leitenweg nach Geising führen würde, und gehen stattdessen geradeaus weiter abwärts. Kurz darauf queren wir eine Bahnlinie, wandern an den ersten Gehöften von Geising vorbei und erreichen eine Abzweigung. Eine Ausschilderung zum **Geisingberg** führt uns über das Flüsschen **Rotes Wasser** und zu einer Straße. Auf der anderen Seite der Straße steigt der Weg wieder an, nun immer

## Für die Seele

Traditionelle, üppige Bergwiesen bescheren ein Idyll nach dem anderen. Das Schwelgen in Blumen wechselt ab mit weiten Blicken über Felder und Hügel.

mit **Weiß-Grün-Weiß** Richtung **Geisingberg** und **Bergbaude.** Am Ende des Asphaltstückchens gabelt sich der Weg. Wir schwenken links und wandern auf einem Wiesenpfad weiter, unter der Bahnlinie hindurch – derselben Bahnlinie, die wir schon kurz zuvor gequert haben. Die Müglitztalbahn beschreibt hier eine

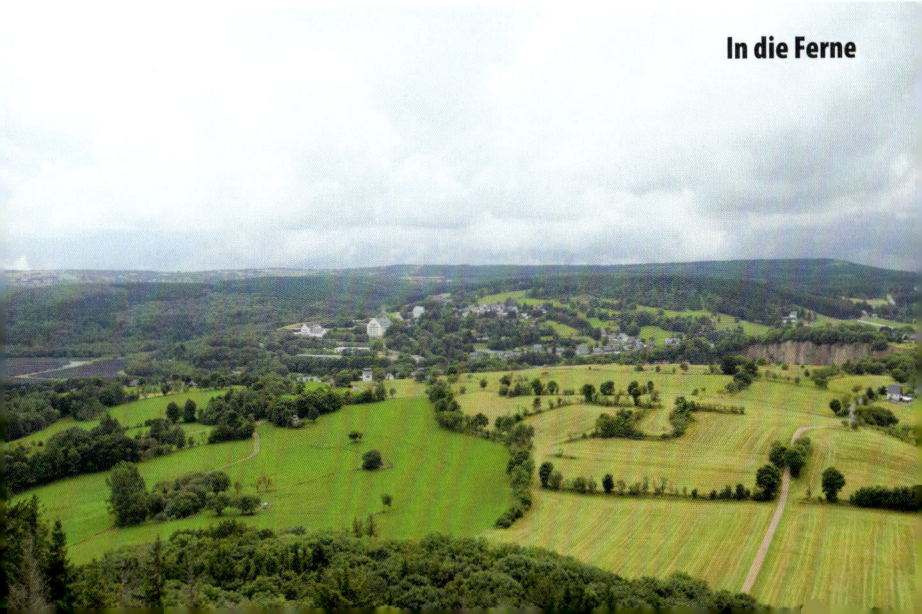

**In die Ferne**

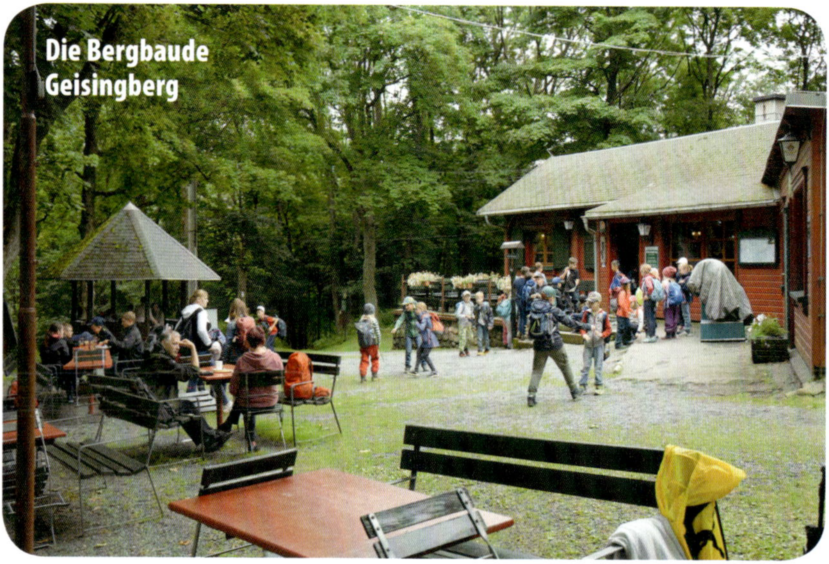

Die Bergbaude Geisingberg

Der 18 Meter hohe **Louisenturm** wurde 1891 fertiggestellt und nach Prinzessin Louise benannt, der damaligen Verlobten von Friedrich August III., dem späteren Sachsenkönig. Er illustriert die touristische Bedeutung des Bergs, der auch Zentrum des Wintersports wurde.

Schlaufe, ehe sie sich um den Geisingberg herum nach Altenberg windet. Immer wieder ertönt der Warnton einer Bahn vor einem Tunnel oder an unbeschrankten Übergängen.

Auf mal schmalerem, mal breiterem Pfad geht es, meist durch lichten Buchenwald mit Unterholz, zum Geisingberg hinauf. An einer Gabelung ohne sichtbare Markierung auf dem ansonsten gut markierten Weg müssen wir uns links halten und gehen ein Stück fast eben. Dann stoßen wir auf einen breiteren Steig, der aus der Ortsmitte von Geising heraufkommt, wenden uns rechts und an der nächsten Abzweigung links aufwärts, immer Richtung **Bergbaude.** Die letzten Meter geht es erneut steiler aufwärts, ehe wir die Kuppe des **Geisingbergs** ❷ erreichen. Etwa die Hälfte der Wanderung ist geschafft, auf jeden Fall der anstrengendere Teil, und so haben wir uns eine Pause verdient. In der **Bergbaude Geisingberg** erhält man nicht nur Speis und Trank, sondern auch Tickets für die Besteigung des **Louisenturms,** die wegen der Aussicht lohnend ist.

Sattgesehen und frisch gestärkt nehmen wir für das nächste Stück den **grünen Punkt** Richtung **Bärenstein,** bei dem extra darauf hingewiesen wird, er sei für Kinderwagen ungeeignet. Man weiß ja nie. Ein Stück geht es auf dem teils steilen Weg hinunter, dann biegen wir erst nach links, später nach rechts und erreichen bald den **Jungfernborn ③,** eine kleine Quelle, die mit der lokalen Sage von der Grünen Frau verbunden ist.

Kurz nach der Quelle zweigt ein Pfad rechts ab zum **Teich eines Steinbruchs.** Die Hütte und der Wiesenplatz davor können privat gepachtet werden. Die Bänke sind also nicht für den öffentlichen Gebrauch. Die Basaltwand des ehemaligen Steinbruchs und der Teich, aus dem sie emporragt, sind aber einen Abstecher unbedingt wert. Von der Hütte mit den alten Skiern nehmen wir den direkten Weg abwärts und treffen nach wenigen Metern auf einen breiteren Weg, an dem

*Die **Grüne Frau** lebte verzaubert in einer Grotte und konnte erst befreit werden, wenn ein Mann der Versuchung durch dargebotenen Reichtum widerstand. Leider war niemand selbstlos genug, auch nicht ein Ziegenhirte, der in der Sage eine Rolle spielt.*

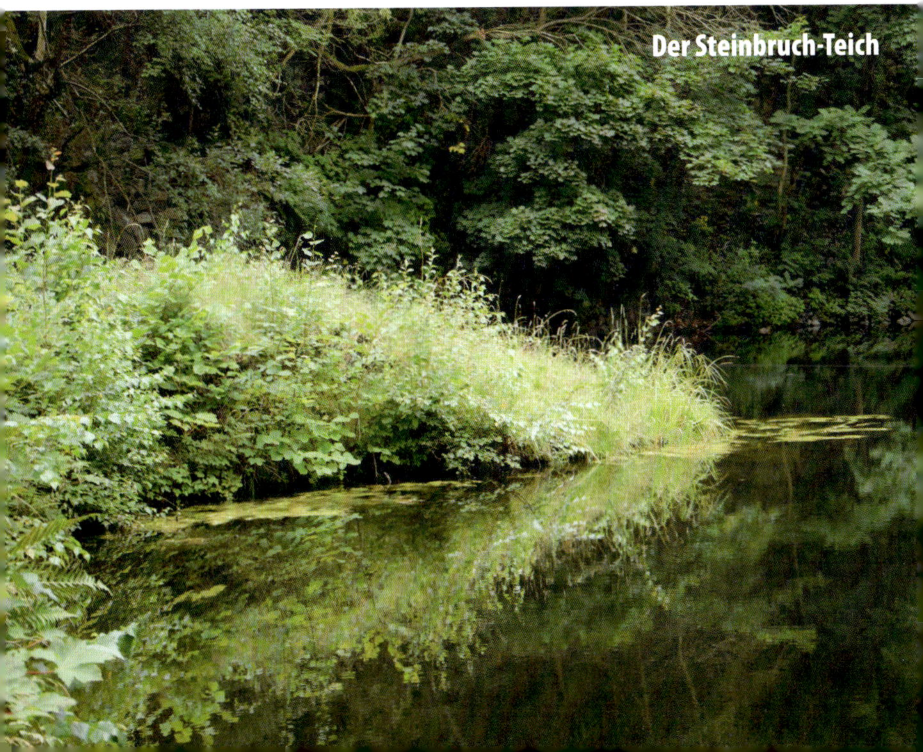

Der Steinbruch-Teich

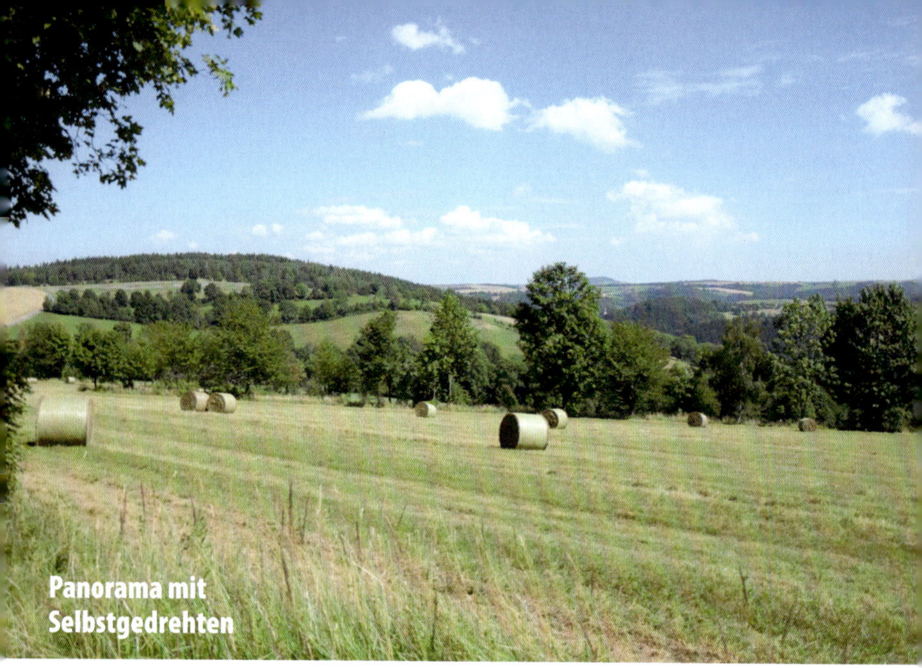

Panorama mit Selbstgedrehten

*Die **Bergwiesen** im Osterzgebirge gehören zu einer einzigartigen Kulturlandschaft, die mittlerweile gezielt gefördert wird. Von Bärwurz bis zu wilden Orchideen, von Bergklee bis zu Buschnelken bietet sich eine beeindruckende Vielfalt.*

wir wieder dem grünen Punkt Richtung Bärenstein folgen. Der Weg tritt bald aus dem Wald heraus und zieht sich an den Rändern von **Bergwiesen** 4 entlang.

Zu beiden Seiten des Weges stößt man auf Steinrücken, aufgehäuft aus Steinen, die über Jahrhunderte von den Bauern aus den Feldern geklaubt wurden und nun beispielsweise Eidechsen und Blindschleichen einen Rückzugsort bieten.

Der grüne Punkt leitet uns mehrfach an Gabelungen nach rechts, bis wir wieder auf die Bahnstrecke treffen. Wir queren sie erneut und stoßen dahinter auf die **Hohe Straße,** die leider ein Stück weit asphaltiert ist. Nach rechts bringt sie uns durch die Felder und Haine zügig vorwärts. Hinter einer Kreuzung sehen wir am Hügel vor uns eine **Schutzhütte** 5, unser nächstes Ziel. Hier lässt sich gut noch eine Rast einlegen, zumal von hier eine wunderbare Aussicht auf den Geisingberg und die Bergwiesen zu genießen ist.

Ab hier müssen wir ein Stück Weg mit schlechter Markierung bewältigen. Zunächst folgen wir der Ausschilderung **Lauenstein** vor der Schutzhütte entlang. Der Weg tritt in den Wald ein. Wir passieren an einer

Abzweigung ein Holzschild der Grünen Liga, die Laubbäume und Weißtannen anpflanzt. Bei der nächsten Abzweigung nach rechts biegen wir ab. Leider ist hier derzeit kein Wanderzeichen zu finden, dafür aber ein schwach auf einen Baum gemalter Hinweis auf einen Pferdeweg: ein stilisierter **Pferdekopf** in einem Kreis in Weiß. Zu sehen sind ferner Zeichen des Bergbauwegs: **zwei gekreuzte Hämmer.** Die ganze Zeit gehen wir an **Absperrungen des Oberbergbauamts** vorbei, die vor eingebrochenem **alten Bergbau** ❻ warnen.

An den nächsten beiden Abzweigungen halten wir uns jeweils links. Bald treffen wir auf eine Hinweistafel auf einen ehemaligen, nun zugewachsenen Aussichtspunkt. Kurz dahinter stoßen wir auf den **gelben Punkt,** dem wir nach rechts Richtung Lauenstein folgen. Noch einmal führt der Weg durch üppige Bergwiesen. Mit der Ausschilderung **Huthaus** kommen wir zurück nach **Lauenstein.** Wir queren die

*Die **Pingen**, Einbrüche, sind Zeugnisse des intensiven Bergbaus im Umfeld von Bärenstein, das lange ein eigenes Bergbauamt hatte. Im 17. und 18. Jahrhundert wurden mehr als 21.300 Zentner reines Zinn gewonnen. 1864 wurde der Bärensteiner Bergbau aufgegeben.*

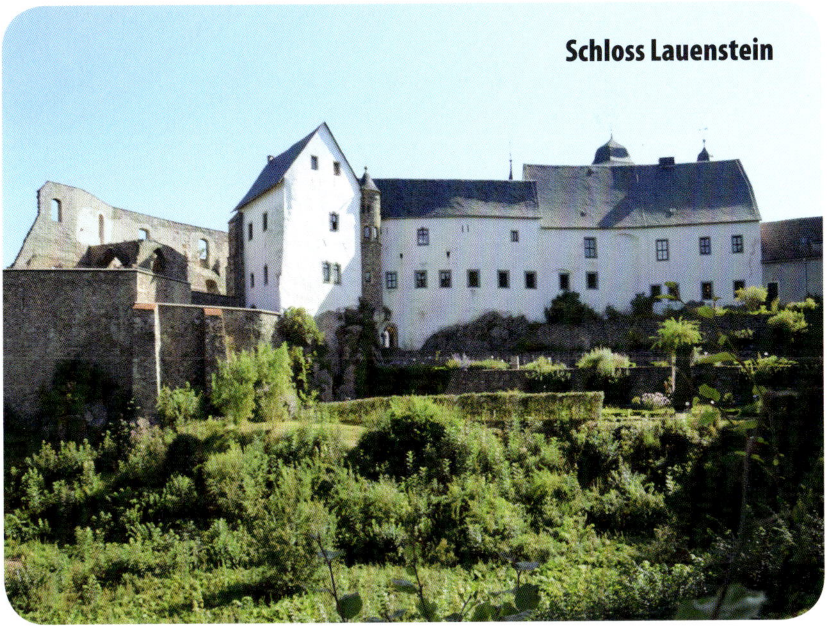

**Schloss Lauenstein**

# Panoramatour 8

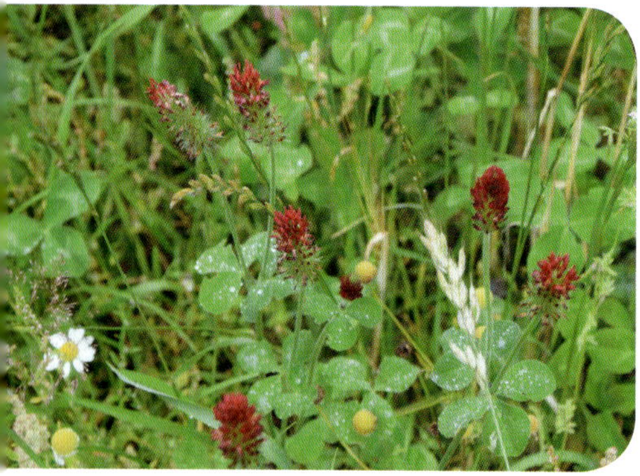

Landstraße und die Bahnlinie mit dem **Bahnhof Lauenstein.** Ein paar Meter weiter zweigt die gepflasterte **Bahnhofstraße** rechts ab und bringt uns in den alten Ortskern und zurück zum Parkplatz. Dabei haben wir Gelegenheit, ein paar Blicke auf **Schloss Lauenstein** **7** zu werfen. Zum Abschluss der Tour wäre der Marktplatz mit dem Falknerbrunnen ebenso einen Abstecher wert wie das **Schlosscafé Falknerstübl** und das Schloss selbst (siehe auch Tour 20, S. 189).

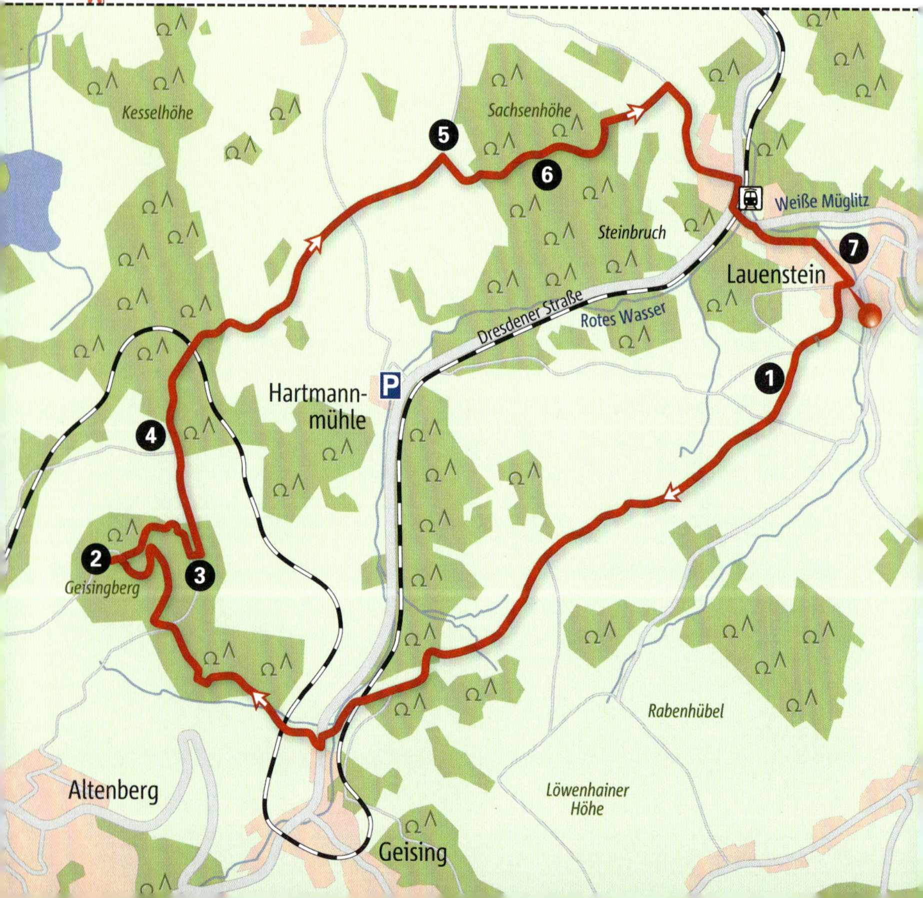

# Alles auf einen Blick

**WIE & WANN:**
**Größtenteils Wiesen-, Wald- und Forstwege, im Dorf und ein kurzes Stück zwischendurch Asphaltwege; ganzjährig möglich, am besten zur Blütezeit der Wiesen, Mitte Juli und August**

Entspannung ★★★★☆
Genuss ★★★★☆
Romantik ★★★☆☆

**HIN & WEG:**
**Auto:** Parkplatz Meltzerstraße 7, 01778 Lauenstein, gegenüber der Bibliothek (GPS 50.782607, 13.821978; beschränktes Platzangebot)
**Alternativ:** Parkplatz Markt, 01778 Lauenstein (GPS 50.783538, 13.823125; beschränktes Platzangebot); Hauptstraße 5, 01778 Geising (GPS 50.761649, 13.786645), zu Fuß bis Hauptstraße 11, links über die Brücke, links in die Enge Gasse, Einstieg in die Tour an der nächsten Brücke (ca. 500 m)
**ÖPNV:** RB 72 bis Lauenstein; Einstieg in die Tour am Bf.

**ESSEN & ENTSPANNEN:**
**Bergbaude Geisingberg** ❷ 01773 Altenberg, Tel. (03 50 56) 3 55 55, www.geisingberg.de
**Schlosscafé Falknerstübl** ❼ Meltzerstraße 6, 01778 Geising, Tel. (03 50 54) 2 51 66, www.falknerei-schloss-lauenstein.de/schlosscafe-falknerstubl

**ENTDECKEN & ERLEBEN:**
**Schafkuppe** ❶
**Geisingberg** ❷ mit **Louisenturm**
**Jungfernborn** und **Steinbruch-Teich** ❸
**Bergwiesen** ❹ Naturschutz-Großprojekt, www.bergwiesen-osterzgebirge.de
**Schutzhütte,** Aussicht auf Geisingberg ❺
**Alter Bergbau** ❻
**Schloss Lauenstein** ❼

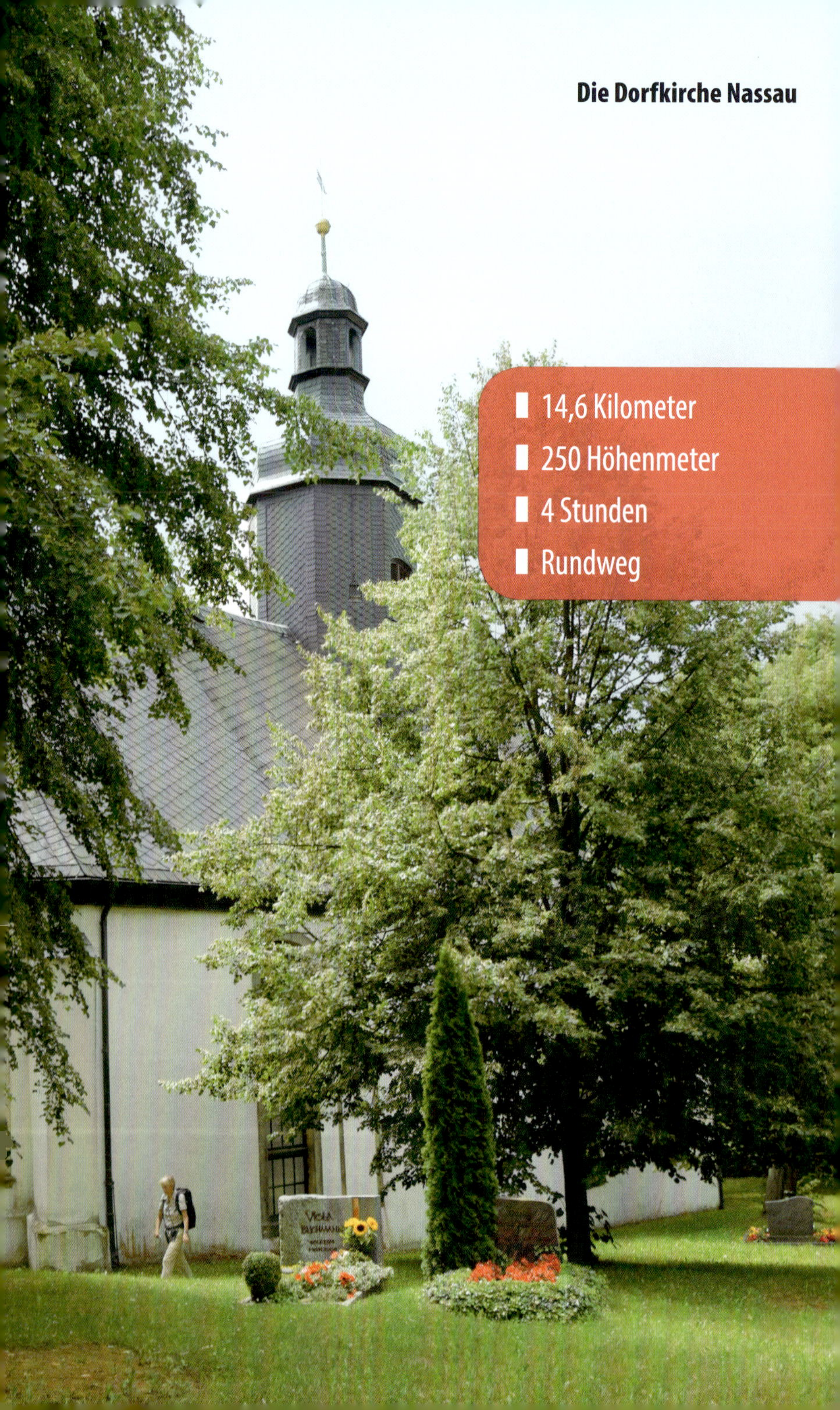

Die Dorfkirche Nassau

- 14,6 Kilometer
- 250 Höhenmeter
- 4 Stunden
- Rundweg

Vom Parkplatz aus folgen wir zunächst der Straße **Steinbruchweg,** die uns an der Villa des ehemaligen Fotoalbenfabrikanten Paul Hänig vorbei zügig aus Frauenstein hinausführt. Hinter den Häusern wechselt der Grund zunächst zu Schotter, dann zu einem Wiesenweg. Wir werden bis zur Silberwäsche dem **grünen**

# Lieblichkeiten

## Frauenstein und Nassau

**diagonalen Balken** respektive **Weiß-Gelb-Weiß** folgen. Auf dem **Röhrsteig** taucht der Weg ein in hellen Baumbestand, in dem die Gedanken schnell vom Alltag ablassen. Bald zweigen die Markierungen vom Röhrsteig ab, und wir folgen ihnen. Mit einem kleinen Links-rechts-Schlenker kommen wir auf einen Wiesenweg. Glockenblumen, Kratzdisteln und Bärenklau säumen ihn zwischen dem Waldrand rechts und Büschen links, ebenso einige **Lehrtafeln zum Silberpfad,** die uns auf dieser Wanderung immer wieder begegnen werden. Erste Ausblicke über die geschwungenen Felder stimmen die Augen auf die folgenden Panoramablicke ein.

Wieder im Wald, folgen wir den Schildern zum **Silbernen Klassenzimmer** und passieren einige hölzerne Tafeln, die Auskunft zum Waldrand oder über die Funktion von Totholz geben. Allenthalben wuchern Schachtelhalme, die bei rechtem Licht feenhaft verwunschen erscheinen. Bald senkt sich der Weg hinab zum Flüsschen Gimmlitz, und wir erreichen das **Silberne Klassenzimmer ①.**

Wir folgen dem breiten Forstweg nach links, gehen an einer Brücke über die Gimmlitz vorbei, die wir erst

*Das **Silberne Klassenzimmer** verdeutlicht auf spielerische Weise die Nutzung von Wasser im frühen Bergbau. Die Stollen wasserfrei zu halten war eines der zentralen Probleme. Außerdem lernen wir Ausdrücke der Bergmannssprache.*

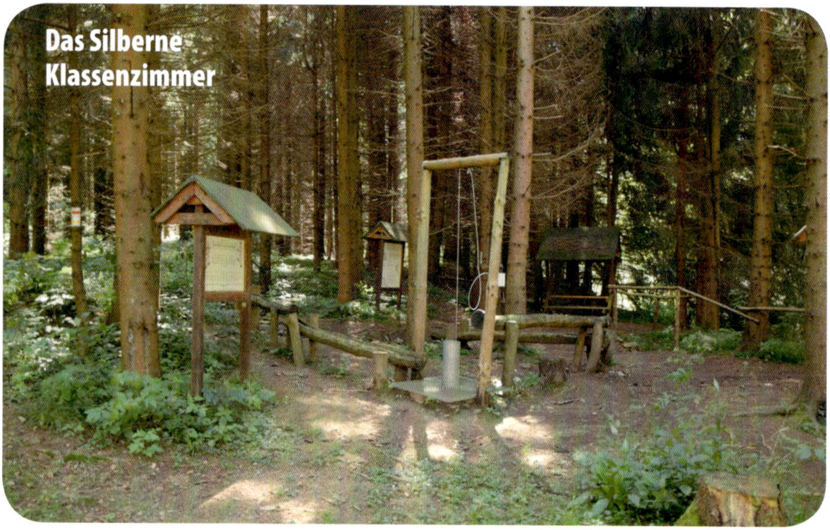

Das Silberne Klassenzimmer

später überqueren werden, und machen einen Abstecher zur Silberwäsche.

Wem die Tour zu lang ist, der kann hier rund 1,2 Kilometer einsparen. Indes: Die Silberwäsche lohnt sich. Zunächst geht es immer an der Gimmlitz entlang. Ein paar Meter links ab vom Forstweg finden wir den Zugang zur **Silberwäsche ❷.** Freigelegte Ruinen der mittelalterlichen Erz- und Silberwäsche vermitteln ein Bild von der Arbeit in früherer Zeit, flankiert von informativen Tafeln zu Pochwerken und der Grubengeschichte von Frauenstein.

Von hier geht es die rund 600 Meter zurück zur Brücke über die Gimmlitz, auf die wir mit **Weiß-Gelb-Weiß** links einbiegen, Richtung **Röthenhübel** und **Nassau.** Wir gewinnen auf dem folgenden Abschnitt 120 Höhenmeter, zunächst kurz durch Mischwald, dann über offenes Feld. Nur hin und wieder bleibt der Blick an ein paar Baumgruppen hängen, die sich in den Horizont schieben. Je höher wir kommen, desto mehr weitet sich der Blick. Bald stoßen wir auf einen Asphaltweg, der uns nach 250 Metern rechts hoch zur

**Röthenhübel-Aussicht** 3 bringt, an der sich bei einer Zwischenrast an der Hütte ein formidables Rundumpanorama genießen lässt: eine seltsam gefällige Mischung von prächtig und lieblich.

Ausgeruht gehen wir anschließend mit Weiß-Rot-Weiß wieder hinunter Richtung **Nassau Kirche** und

## Für die Seele

Der Blick schweift wohlgefällig über geschwungene Landschaften, über propere Felder, Wiesen und Weiden. Eine Silbermann-Orgel krönt den Weg.

müssen leider mit dem asphaltierten Wirtschaftsweg vorliebnehmen. Immerhin kommen wir so zügig nach **Nassau** und passieren ehemalige LPG-Anlagen, die zwar nicht schön, aber typisch sind. An der **Dorfstraße** angekommen, wenden wir uns nach links und gehen ein Stück durch den Ort, bis nach etwa 200 Metern

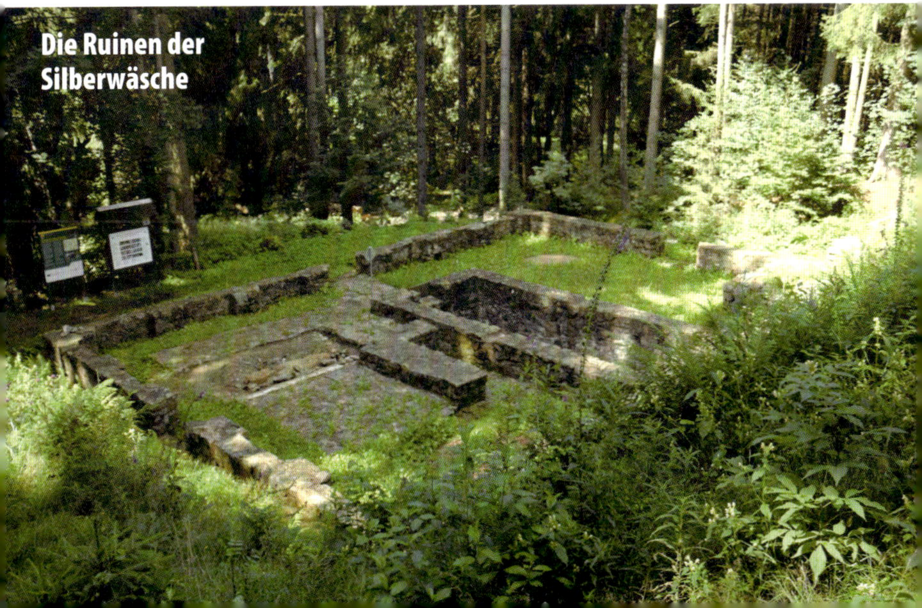

Die Ruinen der Silberwäsche

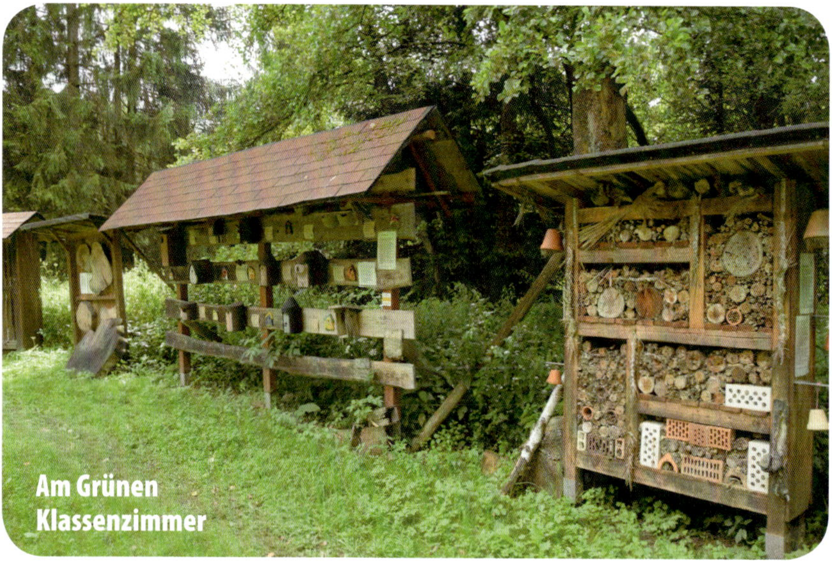

Am Grünen Klassenzimmer

**Gottfried Silbermann** *(1683–1753) ist mit etwa 50 bekannten Werken der wohl einflussreichste Orgelbauer Sachsens, war aber auch für seine Saiteninstrumente berühmt. Die Orgel in Nassau wurde nach einigen Finanzierungsproblemen der Gemeinde 1748 erbaut.*

links aufwärts der **Kirchweg** abzweigt. Etwa 50 Meter die Dorfstraße weiter lockt das **Denkmal des Erbrichters Karl Gotthilf Steiger** (1794–1843). Unser Hauptweg aber führt den Kirchweg hinauf zur **Nassauer Kirche,** in der es eine **Silbermann-Orgel** 4 zu bestaunen gibt.

Wir gehen den Kirchweg weiter hinauf an der Friedhofsmauer entlang – auch der Friedhof ist einen Besuch wert –, queren die B 171 und kehren nun mit **Weiß-Grün-Weiß** nach Frauenstein zurück.

Bei den **Zwillingslinden** erreichen wir den höchsten Punkt für heute und können erneut das Panorama auf uns wirken lassen. In der Ferne erhebt sich linker Hand unser Ziel, Frauenstein.

Zunächst aber geht es durch Felder und Wiesen wieder bergab, durch eine propere Landschaft. Am Waldrand halten wir uns rechts, betreten dann links den Wald und gelangen – immer der deutlichen Markierung folgend – zu einer T-Kreuzung, an der wir uns links wenden. Kurz darauf stoßen wir auf die **B 171** und gehen auf dem Wiesenstreifen unterhalb der Fahrbahn ein Stückchen an ihr entlang. Nach 200 Metern verlassen wir sie wieder nach rechts. Ein Brückchen leitet uns erneut über die Gimmlitz, und wir biegen keine 100 Meter weiter nach rechts auf einen Abstecher zum **Grünen Klassenzimmer** ❺ ein, das wir schnell erreichen. Der Rastplatz direkt am plätschernden Bach ist ideal für eine zünftige Brotzeit. Hier lässt es sich einige Zeit aushalten, gibt es doch einiges zu entdecken.

Gestärkt geht es zunächst den kurzen Abstecher zurück. Wir setzen den Weg mit Weiß-Grün-Weiß fort und stoßen bald am Waldrand auf das Schnitzwerk **Frau im Stamm** ❻. Danach wandern wir wieder beschwingt über Felder und ignorieren alle Abzweigungen nach rechts. Noch einmal ergeben sich schöne und weite Blicke über die geschwungenen Felder und Weiden mit ihren Kühen; ein Idyll, das fast ein bisschen zu sehr an Postkartenlandschaften gemahnt. Bald kommen wir zum letzten Mal an die **B 171** und müssen diesmal rund 250 Meter die Straße entlang. Schon fast in Frauenstein biegen wir links in die **Saydaer Straße** und folgen ihr noch ein Stück durch offenes Land, ehe sie

*Im **Grünen Klassenzimmer** finden sich Spiele und Infos zur Natur für Jung und Alt. Man erfährt, was es mit den Ringen der Baumscheiben auf sich hat, welche Lebensräume es hier gibt, wer Günter Wolf war und wieso Insekten ein Hotel brauchen.*

**Markt in Frauenstein**

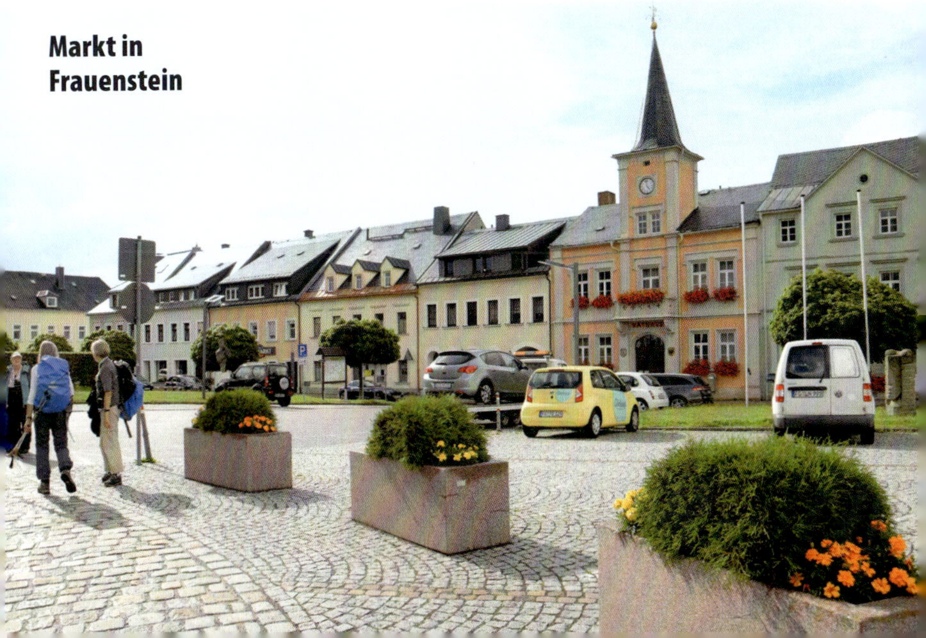

# Panoramatour 9

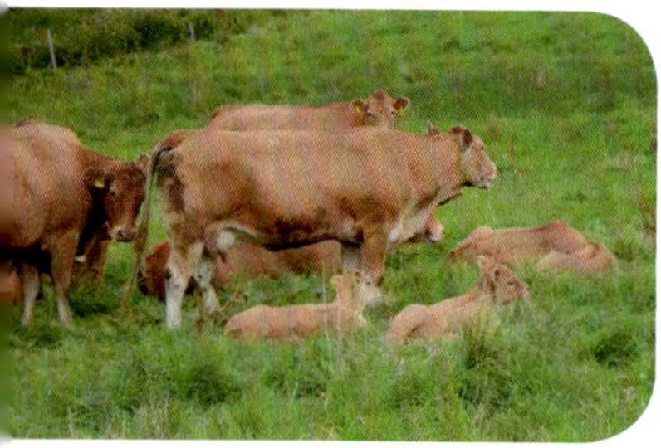

uns direkt nach **Frauenstein** bringt. Kurz nachdem wir nach links in die **Teplitzer Straße** eingebogen sind, passieren wir die **Bäckerei Schmieder ⑦**, in der köstliche Backwaren die verbrauchte Energie zurückbringen. Oder wir gehen weiter, bestaunen den Marktplatz mit der Stadtkirche, dem Rathaus, einer schön restaurierten Häuserfront und dem **Café am Markt ⑧**. Wer noch Lust hat und früh genug angekommen ist, kann sich das **Gottfried-Silbermann-Museum ⑨** und die **Burgruine ⑩** anschauen. Anschließend verbleiben noch knappe 200 Meter über die **Freiberger Straße** bis zum Ausgangspunkt der Wanderung am Steinbruchweg.

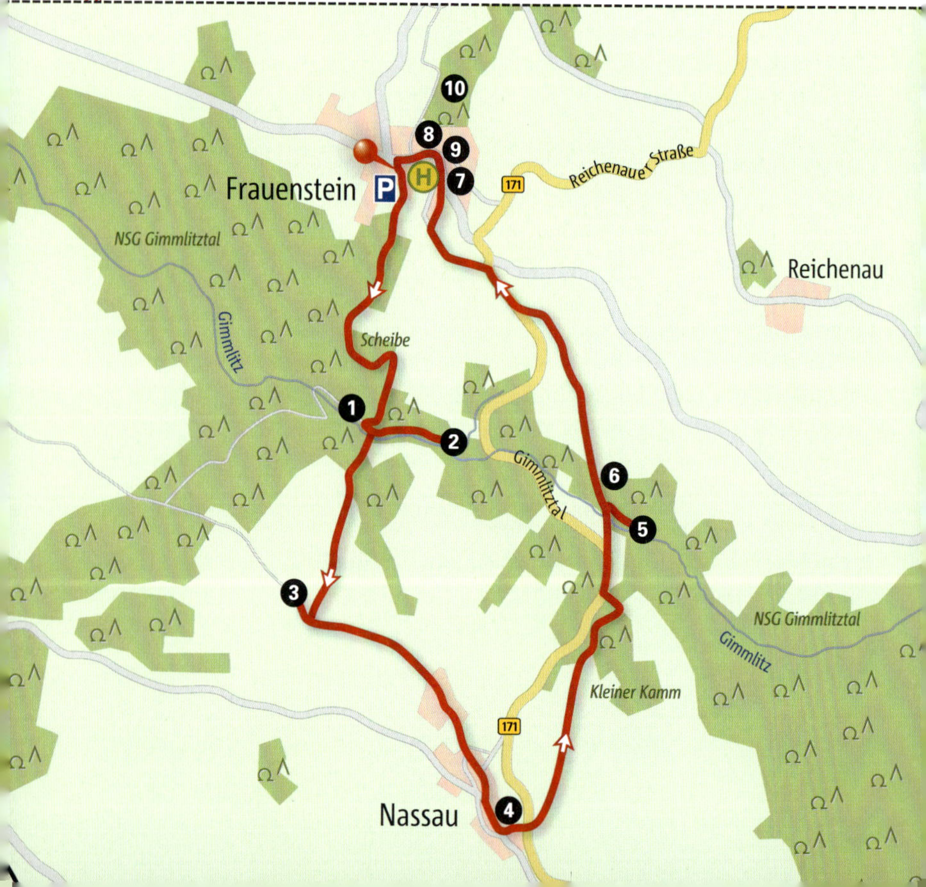

**WIE & WANN:**
**Meist Wald- und Forstwege, in Nassau Straße, daneben kurze Strecken Asphalt und Straße; ganzjährig möglich; am besten, bevor die Felder abgeerntet sind**

Entspannung ★★★★★☆☆☆☆
Genuss ★★★★★☆☆☆☆
Romantik ★★★★★☆☆☆☆

**HIN & WEG:**
**Auto:** Parkplatz Steinbruchweg 10, 09623 Frauenstein, hinter dem Hotel Frauensteiner Hof (GPS 50.801252, 13.534730)
**ÖPNV:** Von Freiberg Busbf. Bus 732, So. Anruf-Linientaxi, Anmeldung 60 Min. vorher unter Tel. (0 37 31) 35 55 00; oder von Rechenberg-Bienenmühle Bf. Bus 739 oder 465; oder von Klingenberg Bf. Bus 379; jeweils bis Frauenstein Markt

**ESSEN & ENTSPANNEN:**
**Bäckerei Schmieder ❼** Teplitzer Straße 7, 09623 Frauenstein, Tel. (03 73 26) 8 41 98, www.baeckereischmieder.de
**Café am Markt ❽** Markt 24, 09623 Frauenstein, Tel. (03 73 26) 86 09 73, www.gasthof-zum-fuerstenthal.de/cafe

**ENTDECKEN & ERLEBEN:**
**Silbernes Klassenzimmer ❶** **Silberwäsche ❷**
**Röthenhübel-Aussicht ❸** **Dorfkirche Nassau, Silbermann-Orgel ❹**
**Grünes Klassenzimmer ❺** **Frau im Stamm ❻**
**Gottfried-Silbermann-Museum Frauenstein ❾** Markt 4, 09623 Frauenstein, Tel. (03 73 26) 12 24, www.silbermann-museum.de
**Burgruine Frauenstein ❿**

## Staumauer Klingenberg

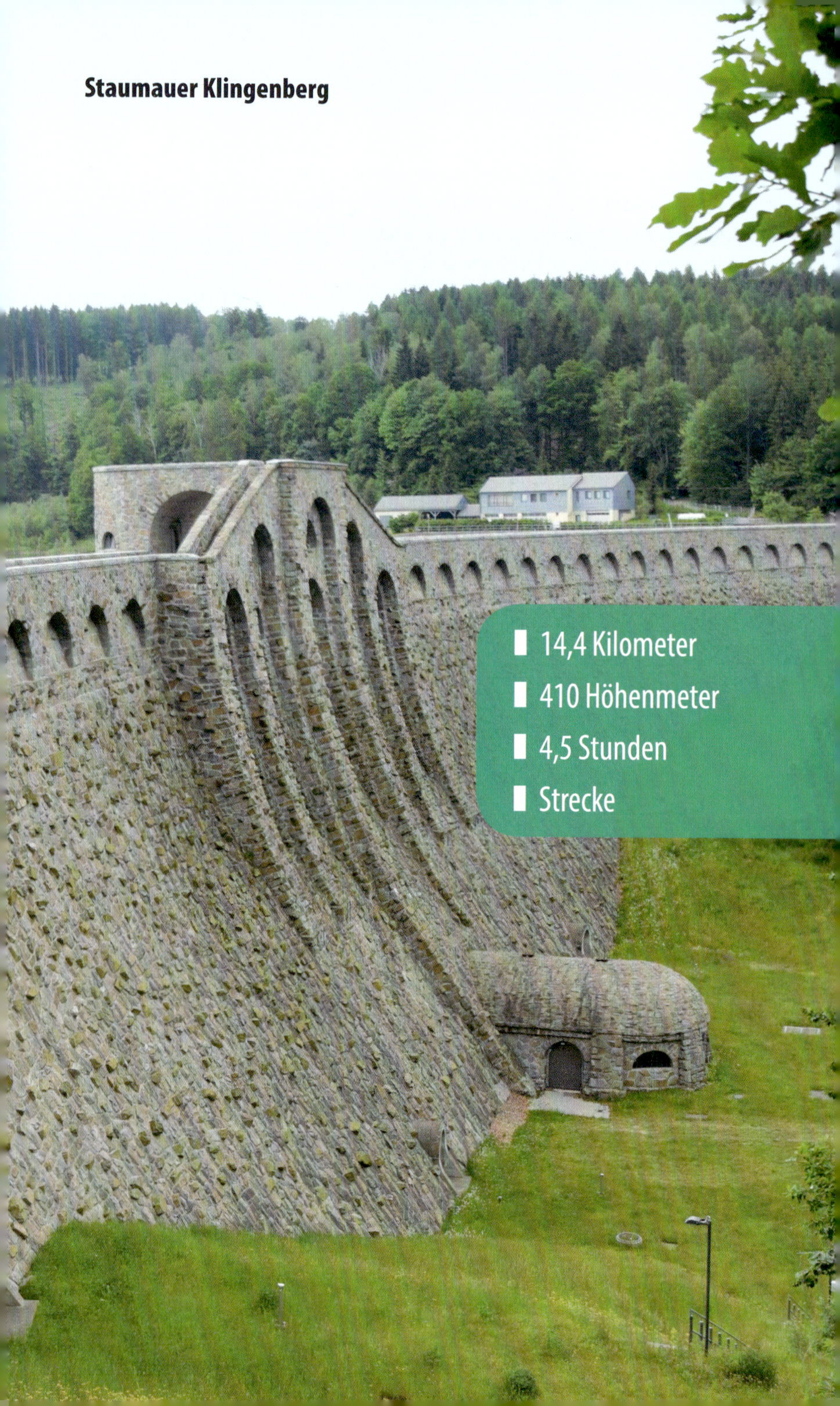

- 14,4 Kilometer
- 410 Höhenmeter
- 4,5 Stunden
- Strecke

Die Wanderung beginnt am **Bahnhof Edle Krone,** von dem aus wir hinunter zur **Tharandter Straße** gehen, eine Brücke queren und dahinter nach rechts Richtung **Dorfhain** einbiegen. Schon hier fällt die reichhaltige Bergbaugeschichte ins Auge – wir begegnen ihr zuerst auf Hinweistafeln.

Wenige Meter weiter weisen Wanderschilder Richtung **Huthaus** nach links auf einen kleinen Pfad, der sich den Waldhang hinaufzieht. Auf halber Höhe folgen wir dem Schild **Zum Heiligen Weg** nach rechts. Bald kommt das **Huthaus** ① in den Blick, eine Hütte, die an Gemütlichkeit nichts zu wünschen übrig lässt. Doch ist es für eine mehr als symbolische Rast noch zu früh – auch wenn uns nach dem Verlassen der Straße die Fülle der Vogelrufe und das Dämmerlicht unter den Zweigen sofort den Alltagstrott vergessen haben lassen und wir gefühlt schon Meilen vom Bahnhof entfernt sind.

*Die Blütezeit des **Silberbergbaus** im Erzgebirge lag zwischen Mitte des 12. und Mitte des 16. Jahrhunderts. Die Silbergewinnung hat erheblich zum Reichtum des sächsischen Hofes beigetragen, zumal die meisten Währungen bis 1871 auf einem Silberstandard beruhten.*

# Mit Zeit gereift

## Durch Dorfhain und Klingenberg

Weiter geht es auf dem **Heiligen Weg** nach rechts, immer am Waldrand entlang, bis der Pfad in der Ecke des Feldes in den Wald eintaucht. Leider ist er wegen der Waldarbeiten nicht immer gut zu erkennen; dafür finden wir aber an einigen Bäumen **gelbe oder rote Richtungspfeile,** manchmal auch **rote Punkte.** An einem Hochsitz mit Eisenleiter halten wir uns leicht links. Allmählich senkt sich der Weg auf eine Art Grat hinunter und trifft auf halber Höhe auf einen Forstweg, dem wir nach links leicht aufwärts folgen. Wir

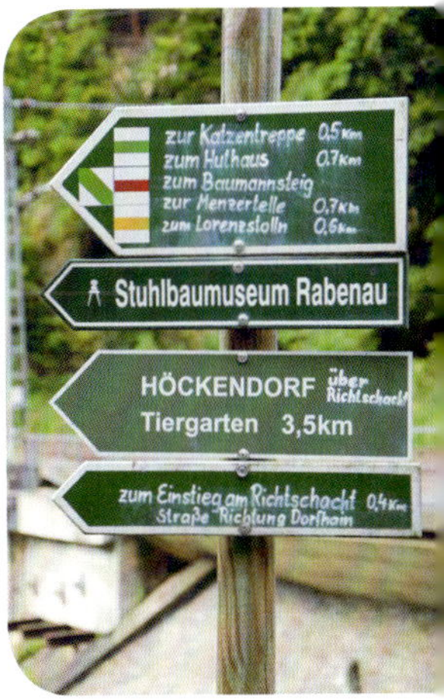

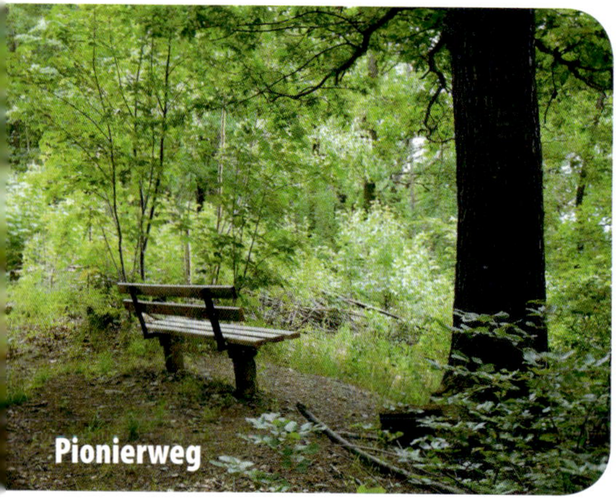


befinden uns auf dem **Pionierweg ②,** der auf manchen Karten auch als **Poetenweg** bezeichnet wird, hier aber zunächst nicht ausgewiesen ist. Der gemütliche Forstweg durch den Mischwald zieht sich ungefähr auf halber Höhe dahin, sodass wir gut vorwärtskommen und unsere Aufmerksamkeit den verwinkelten Ästen, den Baumrinden-Gemälden, dem Knarzen der Bäume, gelegentlichen Ausblicken und den Vögeln zuwenden können. Nachdem wir eine kleine Schlucht umgangen haben, gelangen wir an mehrere Abzweigungen. Die zweite nach rechts, Richtung **Dorfhain Barthmühle,** führt uns bald leichten Fußes abwärts. Immer weiter Richtung Barthmühle treffen wir oberhalb von **Dorfhain** auf eine Straße und gehen rechts hinunter zu einer Brücke über die Wilde Weißeritz. Dahinter nehmen wir links den Uferweg und folgen der Ausschilderung **Klingenberg** und **Talsperre** bis dorthin.

Links murmelt und gurgelt nun für einige Zeit die **Wilde Weißeritz ③,** die in diesem Abschnitt selten wirklich wild ist, manchmal sogar in verträumter Ruhe scheinbar innehält. Wir befinden uns außerdem auf zwei Themenwegen, dem ENSO-Energie-Erlebnispfad und dem Bergbaulehrpfad, dessen ersten Zeugnissen wir bald begegnen. Rechter Hand finden wir das Mundloch zum ehemaligen Stollen **Reicher Silbersegen.** So pendelt unsere Aufmerksamkeit zwischen alten Mundlöchern, anmutigem Grün und glitzernden Wasserspielen. Wir bleiben immer knapp innerhalb des Schatten spendenden Walddaches. Bei der **Winkelmühle** queren wir eine Straße leicht nach rechts und folgen weiter dem Fluss aufwärts.

Bald sehen wir rechter Hand durch den Waldrand ein Feld. Der eigentliche Weg ist hier oft überwuchert. Bei einem Hochsitz mit sehr hoher Eisenleiter steigen wir daher über den ohnehin niedergetretenen Zaun und gehen am Feldrand nach links weiter bis in die Ecke des Feldes. Dort treten wir wieder in den Wald ein und stoßen auf unseren Weg, auf dem wir kurz darauf die nächsten Stolleneingänge erreichen, zunächst den **Neuer-Silbersegen-Erbstolln** und gleich daneben den **Aurora-Erbstolln** ④. Von einem privaten Verein wieder zugänglich gemacht, kann er an Samstagen erkundet werden. An den anderen Tagen laden Tische, Bänke und Infotafeln zur Rast, und ein paar ausgestellte Grubenhunte bieten Bergbauromantik. Ein

## Für die Seele

Schattige, erfrischende Wege an der Wilden Weißeritz, Bergbaugeschichte und Energiegewinnung, Essig und Senf: ein Sinnen-, Geistes- und Gaumenschmaus.

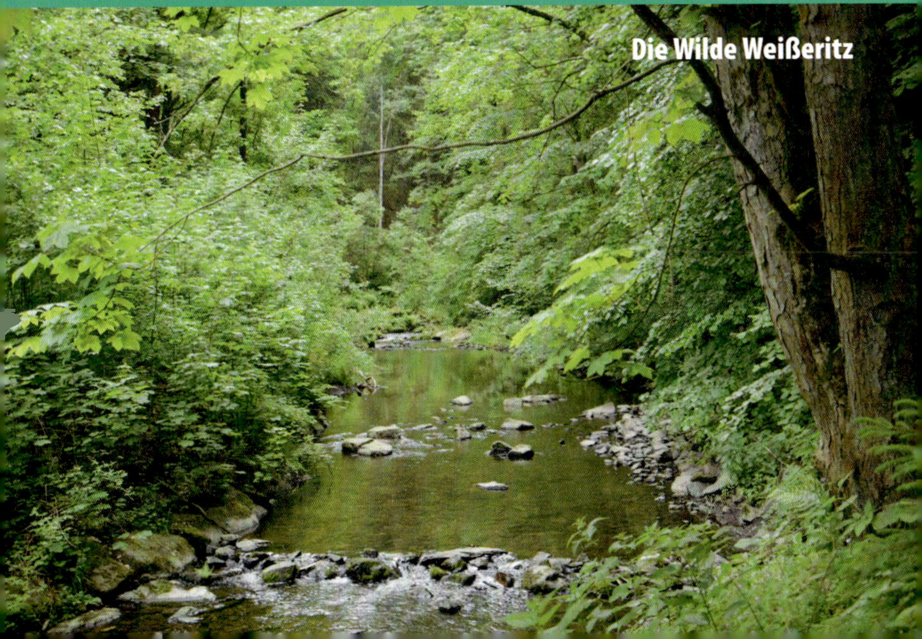

Die Wilde Weißeritz

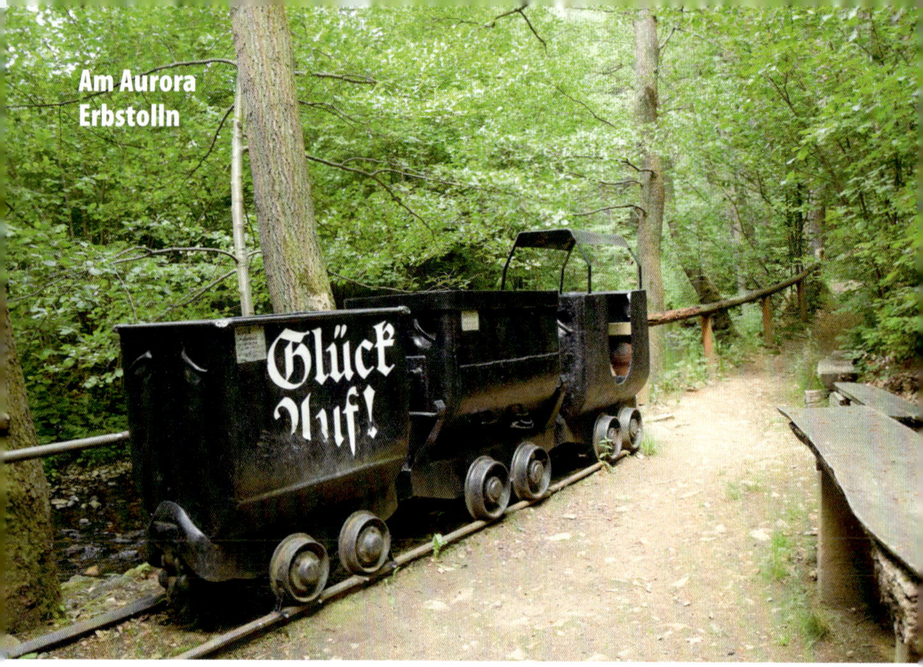


Am Aurora Erbstolln

genauerer Blick belehrt uns allerdings, dass diese nicht Zeugnisse längst vergangener Grubenarbeit sind – die im Übrigen auch kaum romantisch war –, sondern noch bis 1990 im Dienst der SDAG Wismut standen.

Mit dem **Getrost-Mut-Erbstolln** und dem **Neujahrwechsel-Erbstolln** liegen kurz dahinter noch weitere Stollen auf unserem Weg. Beide sind mit ca. 10 Metern erstaunlich kurz und erinnern daran, dass lange nicht jeder Versuch, dem Boden Erze zu entreißen, von Erfolg gekrönt war. Beim Getrost-Mut-Erbstolln befindet sich auch eine Station des **ENSO-Energie-Erlebnispfads** 5.

Wir erreichen einen Asphaltweg, wenden uns nach links und wandern bis vor eine Brücke über die Weißeritz. Hier geht es ein Stückchen rechts hoch, dann gleich wieder links Richtung **Talsperre** und gemächlich hinauf auf die Höhe des Glücksbergs. Dort taucht links von uns der Zaun des **Damwildgeheges Klingenberg** 6 auf, wo mit etwas Glück einige der normalerweise etwa 100 Tiere auszumachen sind. Immer am Gehege entlang erreichen wir ein Gatter, an dem ein Schild uns über den Vorteil von Wildfleisch unterrichtet.

!

*Der 40 Kilometer lange* ***ENSO-Energie-Erlebnispfad*** *veranschaulicht Formen der Energiegewinnung; etwa wie aus Wasserkraft Energie für das Zerkleinern des Grubengesteins, das Pochen, gewonnen wurde. Ebenso gibt es Stationen zu Biomasse und Windenergie.*

Damit haben wir die Ortschaft **Klingenberg** erreicht und gehen nach rechts hinunter zur Hauptstraße, an der wir uns nach links wenden. Nach 200 Metern auf der wenig befahrenen Straße biegen wir hinter einer Brücke rechts in die Straße **An der Talsperre** ein. Wir passieren das aufgegebene Gebäude der Hintermühle sowie ein frisch renoviertes Wohnanwesen, verlassen direkt dahinter die Straße und folgen nach links durch ein Gatter dem **Hans-Poelzig-Rundwanderweg** zur Talsperre. Rechts sind allmählich durch einen Waldstreifen die ersten Blicke auf die markante Staumauer zu erhaschen, deren erhöhte Dammkrone an eine Kathedrale erinnert. Kurz hinter der Bank eines Aussichtspunkts verzweigt sich der Weg. Wir nehmen den schmalen Pfad, der knapp oberhalb eines 2021 abgeholzten Hanges weiterführt und uns nach wenigen Minuten zur ausgeschilderten **Waldschänke** ❼ bringt. Hinter dem Gebäude biegen wir rechts ab, hinunter zur Talsperre, zunächst noch durch den Gartenbereich der Waldschänke, an der nächsten Verzweigung nach rechts und im Bogen abwärts. Dann stehen wir oben an der **Staumauer der Talsperre Klingenberg** ❽, überqueren sie und stoßen auf die **ENSO-Station zur Biomasse.**

*Die **Staumauer der Talsperre Klingenberg** wurde von dem 1869 geborenen Architekten Hans Poelzig entworfen, der dem Expressionismus und der Neuen Sachlichkeit angehört. Er starb 1936, bevor er einen Lehrstuhl in Istanbul annehmen konnte, um sich dem NS-Regime zu entziehen.*

Die Blicke von der Dammkrone auf das Wasserkraftwerk, die Wassertreppen und natürlich zur anderen Seite über den See lohnen den kurzen Aufstieg. Wir erreichen den **Lindenhof** ❾, dessen Garten eine beeindruckende Aussicht auf die Staumauer bietet; die zweite der Gaststätten an der Talsperre, von denen eine immer geöffnet hat. Wir haben jetzt knapp 10 Kilometer, also etwa zwei Drittel des Weges, geschafft und uns eine Stärkung verdient.

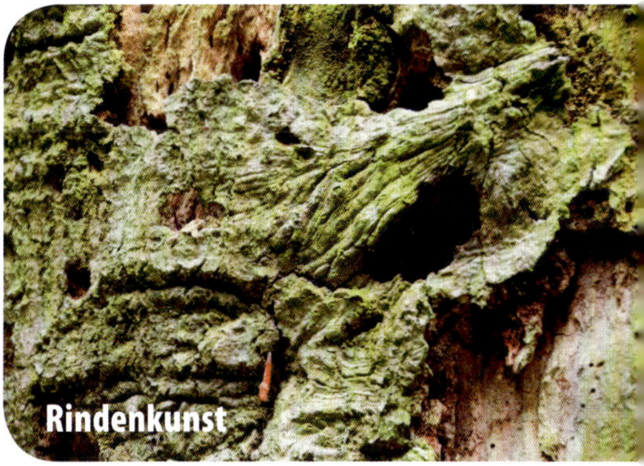
Rindenkunst

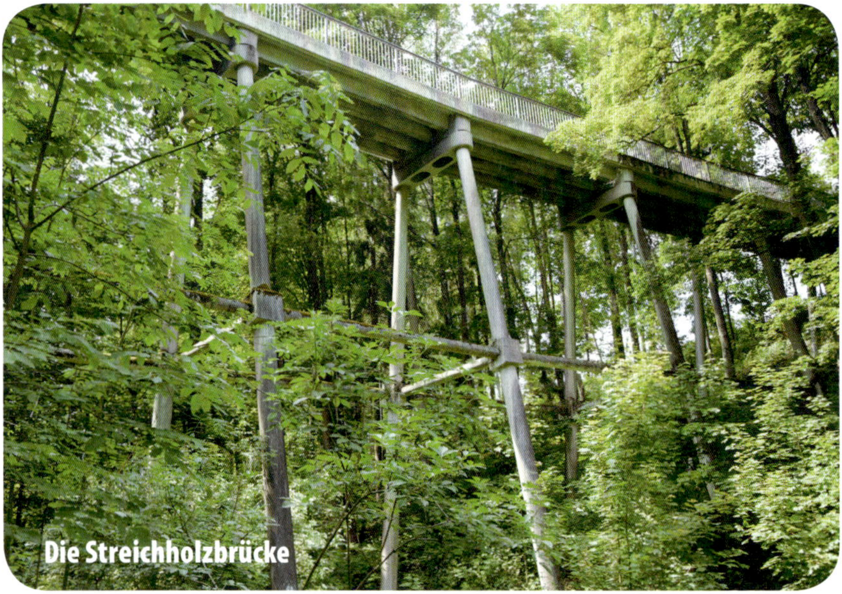

Die Streichholzbrücke

Die Mauer im Rücken, wenden wir uns danach links und folgen wenige Meter weiter der Ausschilderung **Streichholzbrücke** nach rechts in einen Wald hinein.

Von oben mit der Straßendecke macht die **Streichholzbrücke ⑩** wenig her. Es lohnt sich aber, vor der Brücke einen kurzen Abstecher nach rechts zu machen. Der Pfad biegt nach wenigen Metern links abwärts und erlaubt einen Blick auf den Unterbau der Brücke. Auch wenn er mittlerweile aus Beton besteht, erkennt man noch gut die ursprüngliche Holzbauweise, die tatsächlich ein wenig an eine überdimensionierte Streichholzkonstruktion erinnert.

Wieder oben auf dem Weg, überqueren wir die Brücke, biegen dahinter nach links und wandern oberhalb des Langen Grundes, bis wir etwa 20 Meter vor uns die Kehre auf die andere Seite des Tals sehen. Links befindet sich ein Schild Richtung „Talsp. Staumauer“. Genau hier weist ein **grüner Pfeil** am Baum auf einen zunächst unscheinbaren, dann aber deutlichen, nach rechts steil ansteigenden Pfad, der uns nach **Neuklingenberg** bringt.

Wir wenden uns nach links, folgen dem rötlichen Asphalt und orientieren uns an der Ausschilderung **Bf. Klingenberg-Colmnitz.** Hinter dem schmucken Dorf, in dem links eine **Cranberry-Farm** lockt, erreichen wir auf der kaum befahrenen Straße die **ENSO-Station zur Windkraft** und wandern geradeaus entlang einer schütteren Allee aus Eichen, Buchen, Apfelbäumen und Vogelbeeren bis an die stärker befahrene Straße **S 189**. Ihr folgen wir nach rechts – zunächst rechts der Straße am Ackerrand bis zum Waldrand, dann leider für etwa 250 Meter direkt an der Straße.

In der Ortschaft biegen wir nach links in die **Bahnhofstraße** ein, um dort ein Stückchen hinter der nächsten Linkskurve das letzte Highlight der Wanderung zu finden, den Hofladen von **Essig-Schneider** ⑪ mit der **Senfmühle.**

*1936 von Walter Schneider gegründet, begann das Familienunternehmen **Essig-Schneider**, das während der gesamten DDR-Zeit privat blieb, kurz nach dem Krieg mit der eigenen Essigproduktion. Seit 2008 wird in einer traditionellen Senfmühle auch Senf hergestellt.*

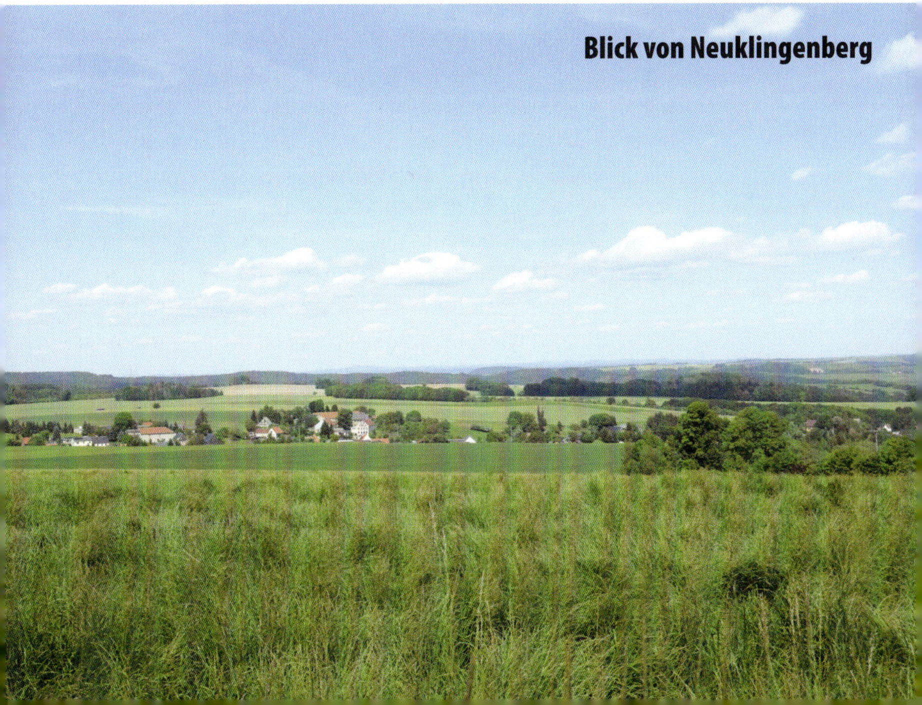

**Blick von Neuklingenberg**

# Verwöhntour 10

Leider kann man Senf und Essig nicht gleich vor Ort genießen, wer will schon ein Glas Senf auf die Hand und leer löffeln? Auch ein Schluck aromatisierter Essig, der durchaus ein Gaumenschmeichler sein kann, ist am Ende der Wanderung kaum verlockend. Indes: Mit Senf und Essig lässt sich später noch mehrfach an die Wanderung zurückdenken. Im Rucksack ist nach den Pausen zudem etwas Platz, sodass ein paar der Gläschen und Fläschlein hineinpassen.

Zum Bahnhof sind es nur noch 200 Meter, zunächst ein Stück die Straße zurück, dann links in die **Bahnhofstraße.** Wer an der Edlen Krone geparkt hat, nimmt nun den Zug dorthin, der uns in absurd anmutenden sechs Minuten an den Ausgangspunkt zurückbringt.

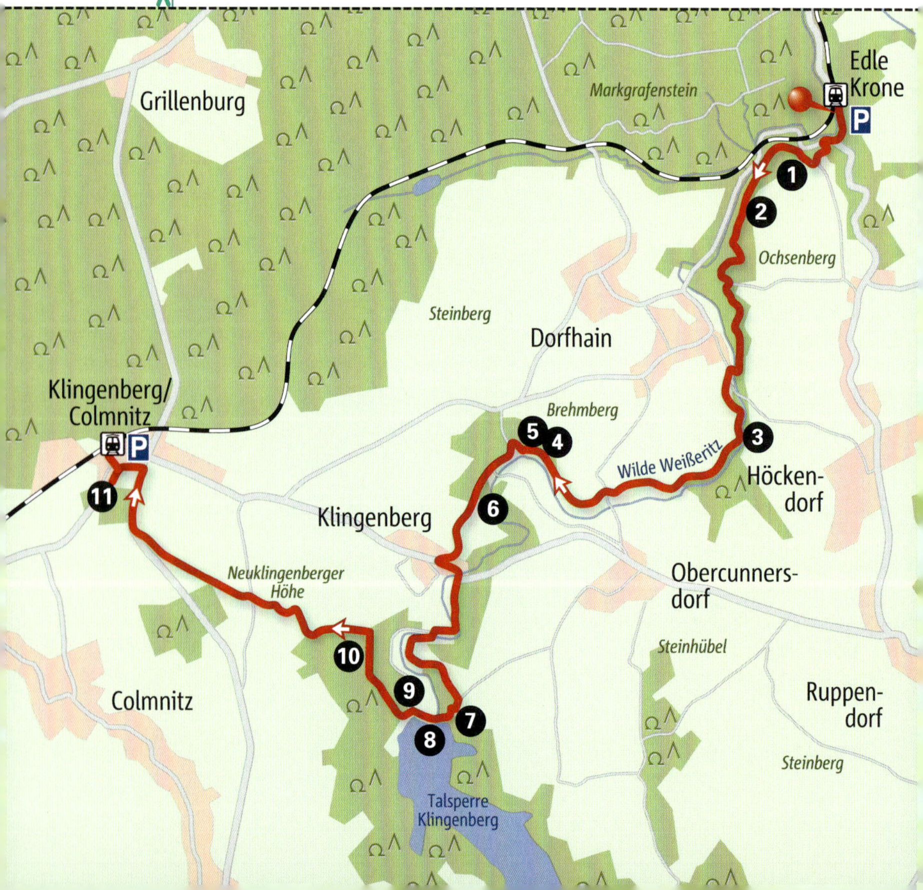

## Alles auf einen Blick

**WIE & WANN:**
**Einfache Wanderung mal über schmale Pfade, mal breite Forstwege, im hinteren Teil der Wanderung Asphalt und im Dorf Straße; ganzjährig möglich**

**HIN & WEG:**
**Auto:** P+R Klingenberg-Colmnitz, Bahnhofstraße, 01774 Klingenberg (GPS 50.925499, 13.501019)
**Alternativ:** Bahnhof Edle Krone, Bahnhofstraße, 01774 Klingenberg-Edle Krone (GPS 50.948837, 13.583910), nur wenige Plätze am Straßenrand
**Anreise zum Ausgangspunkt** ab Klingenberg-Colmnitz Bf.: RB 30 oder S 3 bis Edle Krone
**ÖPNV:** RB 30 oder S 3 bis Bf. Edle Krone; **Abreise ab Klingenberg-Colmitz** mit RB 30 oder S 3

**ESSEN & ENTSPANNEN:**
**Waldschänke** ❼ Dorfstraße 50, 01774 Klingenberg, Tel. (03 52 02) 5 02 15, www.waldschaenke-klingenberg.de

Entspannung ✱✱✱✱✱
Genuss ✱✱✱✱✱
Romantik ✱✱✱✱✱

**Hotel und Gaststätte Lindenhof** ❾ An der Talsperre 2, 01774 Klingenberg, Tel. (03 52 02) 5 02 11, www.lindenhof-klingenberg.de
**Essig-Schneider und Senfmühle** ⓫ Am Bahnhof 2, 01774 Klingenberg, Tel. (03 52 02) 20 40, www.essig-schneider.de

**ENTDECKEN & ERLEBEN:**
**Huthaus** ❶
**Pionierweg (Poetenweg)** ❷
**Wilde Weißeritz** ❸
**Aurora-Erbstolln** ❹ Tel. (03 51) 6 50 27 00
**ENSO-Energie-Erlebnispfad** ❺
**Damwildgehege Klingenberg** ❻
**Staumauer der Talsperre Klingenberg** ❽
**Streichholzbrücke** ❿

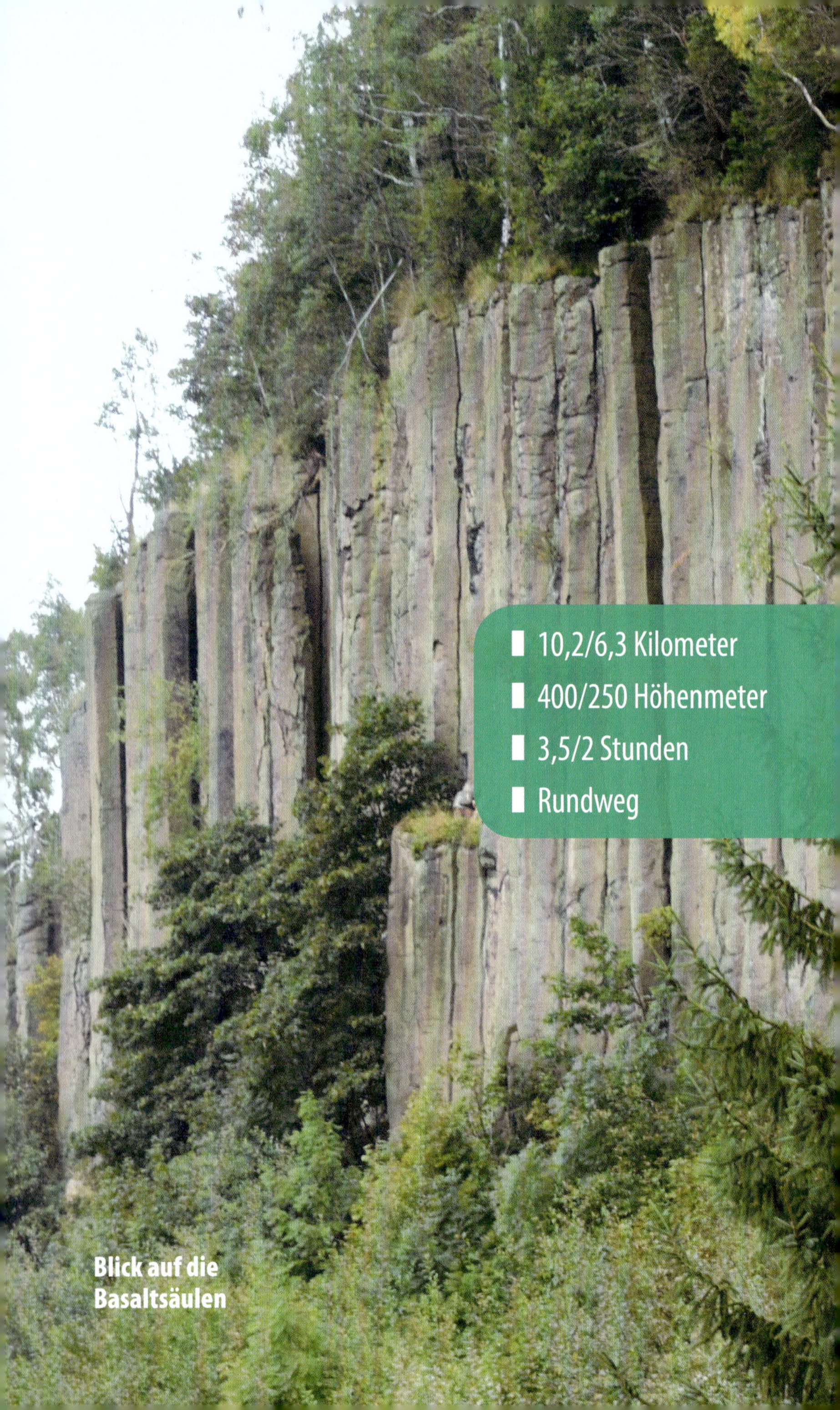

- 10,2/6,3 Kilometer
- 400/250 Höhenmeter
- 3,5/2 Stunden
- Rundweg

**Blick auf die Basaltsäulen**

Vom Parkplatz gehen wir die **Bergstraße** etwa 150 Meter weiter hoch, bis sie eine Rechtskurve beschreibt. Hier biegen wir links ab und folgen für die nächste Zeit der **grünen Diagonale,** zunächst Richtung **Basalt-Pfad.** Kurz danach kommen wir bereits zum ersten Höhepunkt der Wanderung, dem Areal mit den **Basalt-Orgelpfeifen ①;** ein Anblick, von dem man sich nur schwer losreißen kann.

Außerdem gibt es eine kleine Sprungschanze, die wir am Ende der Wanderung noch näher bestaunen können. Unser Weg führt vor den mächtigen Säulen entlang. An der nächsten Gabelung halten wir uns links abwärts und lassen eine weitere Abzweigung nach links durch eine verfallene Toreinfassung aus.

*Beim Erkalten von dünnflüssigem Basaltmagma entstehen senkrechte Risse, in die Luft oder Regenwasser eindringt und fünf- oder sechseckige Säulen ausbildet. Der heutige Anblick der **Basalt-Orgelpfeifen** entstand durch den Abbau der Basaltsäulen seit 1914.*

# Veredelte Natur

## Scheibenberg und der Liebenstein

An dem häufig etwas matschigen Abstieg liegen Reste ehemaliger Steinbruchanlagen.

Ab dem nächsten Querweg folgen wir den Schildern Richtung **Walthersdorf** oder **Weiß-Grün-Weiß** mal rechts, mal links durch den Wald. Im Sommer 2021 wurde hier an den Wegen gebaut, die möglicherweise in Teilen geschottert, damit auch trockener werden. Dann geht es über feste, verwurzelte Waldpfade. Wir wandern durch ein **Flächennaturdenkmal ②** in Gestalt zweier größerer Lichtungen: anmutige Wiesen, die ein wenig wie in sich geschlossene Welten wirken und die unsere Fantasie mit allem Möglichen füllen kann: äsendes Damwild, ein romantisches Schäferspiel, rastende Elben oder einfach: nichts als Ruhe.

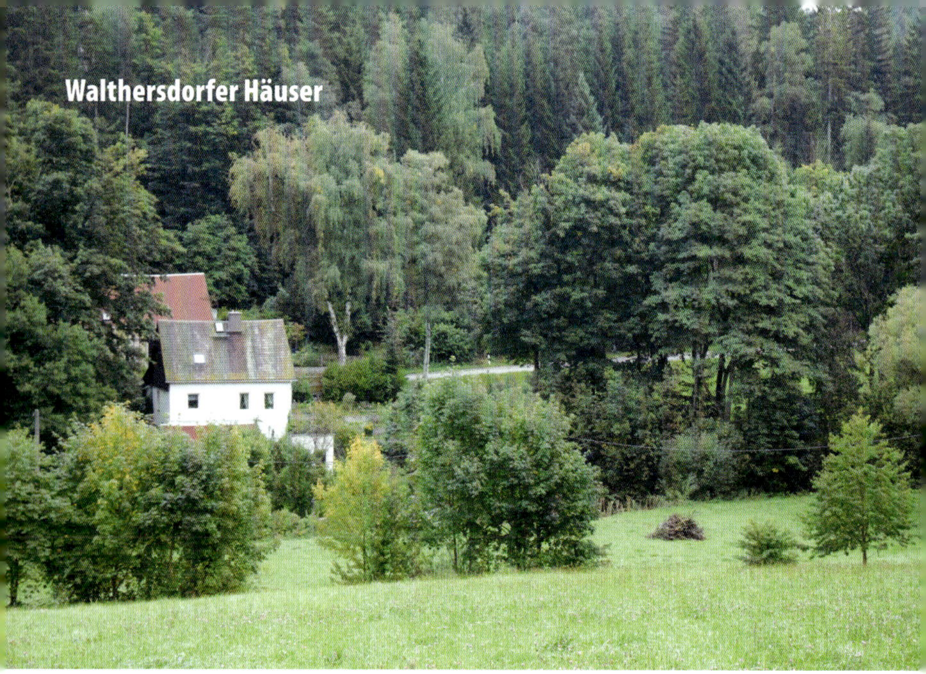

Walthersdorfer Häuser

Wir folgen nun **Weiß-Gelb-Weiß** bis nach Walthersdorf. Dabei treten wir bald aus dem Wald heraus, gehen an Feldern entlang, vorbei an einer **Schutzhütte,** und überqueren den dahinterliegenden Plattenweg. Kurz nachdem der Weg wieder in den Wald hinein- und über ein Bächlein hinwegführt, biegen wir mit Weiß-Gelb-Weiß rechts auf einen schmalen Pfad, der uns zu den Ausläufern von **Walthersdorf** und einem Asphaltweg bringt. Hier folgen wir dem Rundweg nach rechts und treffen hinter einer dunklen Fichtenallee auf eine **Erlebnisimkerei:** Vorbote unseres nächsten Ziels. Weiter geht es auf dem wenig befahrenen Asphaltweg. Bei der nächsten Abzweigung schwenken wir mit **Weiß-Grün-Weiß** links Richtung **Liebenstein** ein, queren einen Fahrradweg und kommen nach wenigen Schritten zum **Landhaus Bienentau ③.**

*Honig ist lecker – so viel ist klar. Neben den verschiedenen Sorten der eigenen Bienenvölker gibt es im **Honigladen** von **Landhaus Bienentau** aber auch die gesundheitsfördernden Produkte der Bienen wie Blütenpollen, Gelee Royal oder Propolis zu entdecken.*

Lohnend ist neben dem **Honigladen** auch der **Bienenlehrpfad**. Wer nur die **kurze Variante der Tour** gehen möchte, begibt sich zurück zum Fahrradweg und wandert anschließend gleich Richtung Scheibenberg, wie unten beschrieben. Eine weitere Variante wäre es, vorher noch links über den Fahrradweg einen Abstecher zur **Hofkäserei Fritzsch** zu machen (hin und zurück 1,2 Kilometer).

Die **volle Tour** führt uns weiter Richtung Liebenstein. Dazu kreuzen wir die Landstraße und gehen an den Kuhställen vorbei, zunächst noch auf Asphalt, dann auf einem Feldweg hinauf zum Waldrand. Es ist lohnend, sich hin und wieder umzudrehen und den Ausblick auf den Scheibenberg zu genießen. Kurz hinter einem Linksknick stoßen wir im Wald auf die gut ausgestattete und gepflegte **Wanderhütte Liebenstein ④,** die sich bestens für eine Rast eignet.

Gestärkt und mit leichterem Rucksack setzen wir den Weg fort. Er beschreibt zunächst einen Rechtsknick, und ca. 300 Meter weiter verlassen wir Weiß-

## Für die Seele

Ein Weg zu Produkten der Natur, die durch die Kräfte der Erde oder Handwerkskunst entstanden sind: zu wuchtigen Basaltsäulen, aber auch zu Honig und Käse.

Grün-Weiß nach rechts und steigen auf einem Forstweg direkt zum Liebenstein auf. Der Berg ist bewaldet, bietet also selbst keine Aussicht. Wir folgen immer dem Hauptweg, über eine Lichtung hinweg, an deren Rand zur Rechten die Spitze des namengebenden Steins verborgen ist, und treffen bald wieder auf den **weiß-grün-weißen Rundwanderweg Crottendorf,** dem wir nach rechts abwärts folgen. Nach Kurzem öffnet sich der Wald, und über die Wiesen hinweg bietet sich

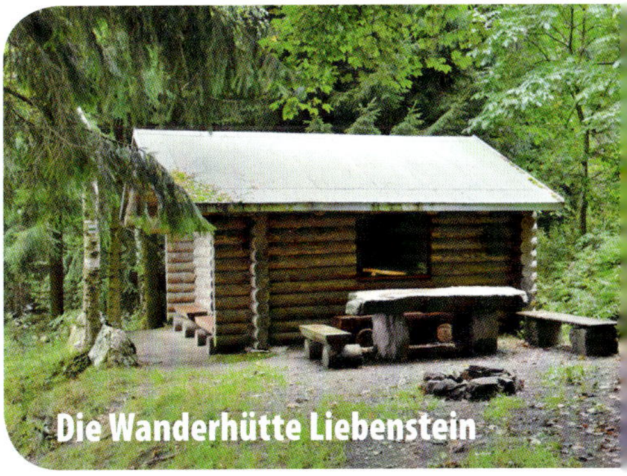

Die Wanderhütte Liebenstein

eine schöne **Aussicht auf Crottendorf** ⑤. In einer langen Linkskurve kommen wir durch die Weiden hinab in den Ort und müssen nach rechts 400 Meter den Fußweg an der Straße entlanggehen, um zur **Hofkäserei Fritzsch** ⑥ zu gelangen. Eine große Versuchung … Es gibt im Außenbereich Sitzgelegenheiten, allerdings ohne offene Restauration.

Hinter der Käserei spaltet sich der Fahrradweg von der Straße links ab. Er ist auch für Fußgänger nutzbar. Nach gut 600 Metern bequemen Gehens erreichen wir wieder die Kreuzung knapp oberhalb des **Landhauses Bienentau.**

Wir gehen links ein paar Schritte auf dem Weg, den wir zuvor schon in anderer Richtung beschritten hatten, und wenden uns bei der folgenden T-Kreuzung erneut nach links mit **Weiß-Grün-Weiß** Richtung **Scheibenberg.** Nach einer Rechtskurve kreuzen wir den Plattenweg, den wir zuvor weiter nördlich schon einmal gequert hatten. Bald beschreibt der unmarkierte

*Die noch junge **Hofkäserei Fritzsch** bietet eine breite Palette an Leckereien. Die Milch kommt von den eigenen Kühen, deren Futter ebenfalls selbst angebaut wird. Der Hof wird in elfter Generation seit 1595 bewirtschaftet.*

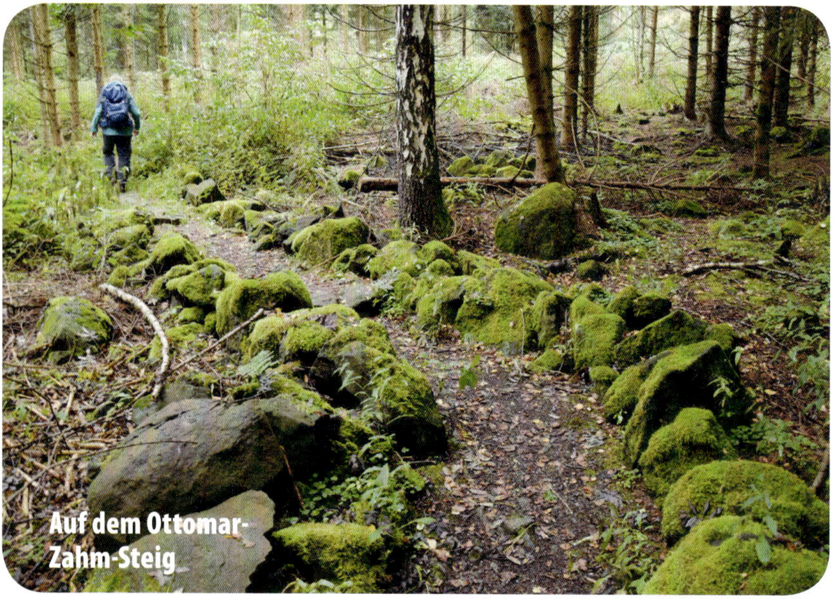

**Auf dem Ottomar-Zahm-Steig**

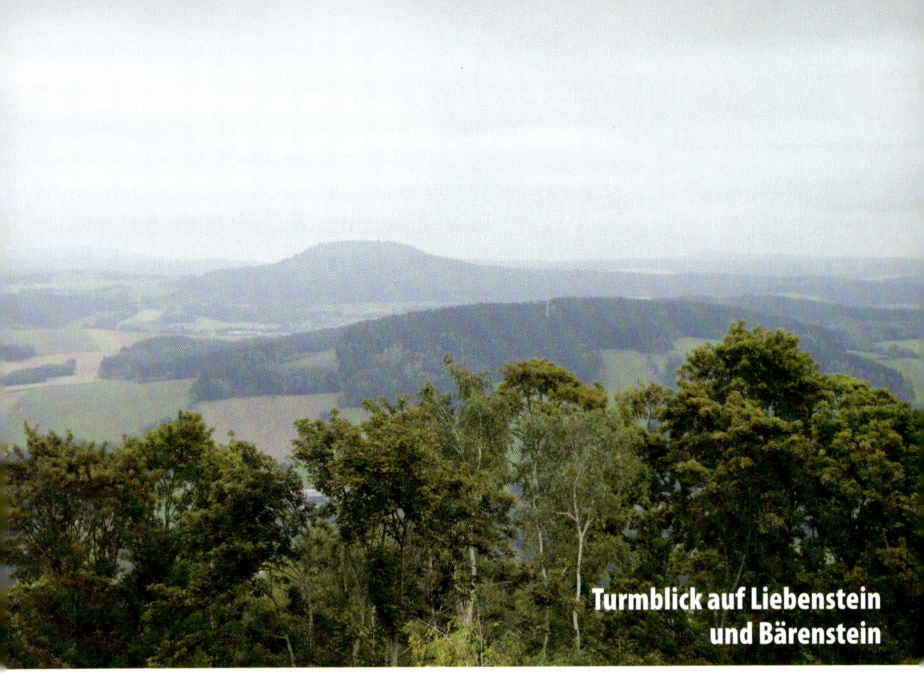

Turmblick auf Liebenstein und Bärenstein

Waldweg eine Linkskurve und führt auf den Waldrand zu. Etwa 30 Meter vor dem Waldrand halten wir uns rechts und steigen auf einem unscheinbaren Pfad immer knapp innerhalb des Waldes auf. Kurz darauf verläuft ein Zaun zu unserer Rechten, und wir treffen bei dem nächsten Querweg auf eine Hütte mit **Blick zum Fichtelberg** ❼. Weiter geht es auf dem Querweg für etwa 300 Meter nach links. Dann nehmen wir eine spitze Kehre nach rechts und wandern ein kurzes Stück wieder auf **Weiß-Grün-Weiß,** bis wir den Abzweig auf den **Ottomar-Zahm-Steig** ❽ erreichen. Auf diesem in vermooste Steinwällchen eingehegten, gewundenen Pfad gewinnen wir schnell Höhe, vorbei an Steinbänken und unterhalb der **Ottomar-Zahm-Hütte** bis auf das **Gipfelplateau des Scheibenbergs**. Dort treffen wir auf den Oberen Rundweg, wenden uns nach rechts und folgen den Schildern **Zum Aussichtsturm** an einem Ausblick vorbei bis zum **Bürger- und Berggasthof Scheibenberg** ❾ neben dem **Turm.** Im gemütlichen Gasthaus oder im Bistro am Turm können wir uns nochmals

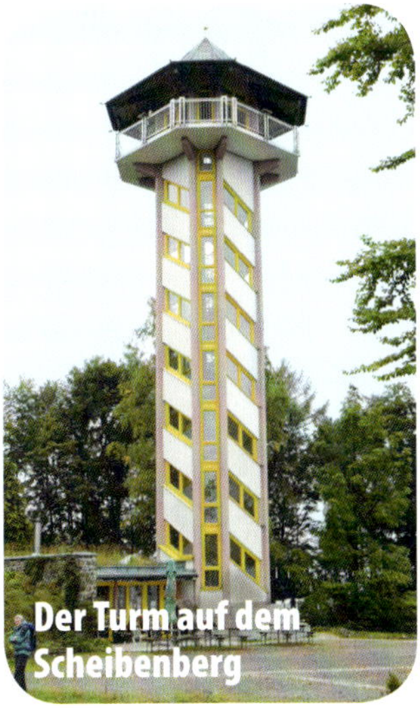

Der Turm auf dem Scheibenberg

stärken oder verweilen, ehe wir den Turm selbst besteigen. Danach nehmen wir den Waldweg Richtung **Orgelpfeifen** und zum Ort **Scheibenberg.** Dabei kommen wir wieder an der **Sprungschanze** vorbei, diesmal auf Höhe des Schanzentisches, sodass wir direkt in den Anlauf blicken oder zur anderen Seite nochmals die Basaltsäulen bewundern können.

Auf dem weiteren Abstieg passieren wir mehrmals die Straße, bis wir uns auf der **Bergstraße** wiederfinden, die wir zu Beginn vom Parkplatz hochgelaufen sind. Auf halber Strecke abwärts können wir noch links in den Wald abbiegen, das **Kriegerdenkmal im Stadtpark** besehen und von dort geradewegs zum Parkplatz hinuntergehen.

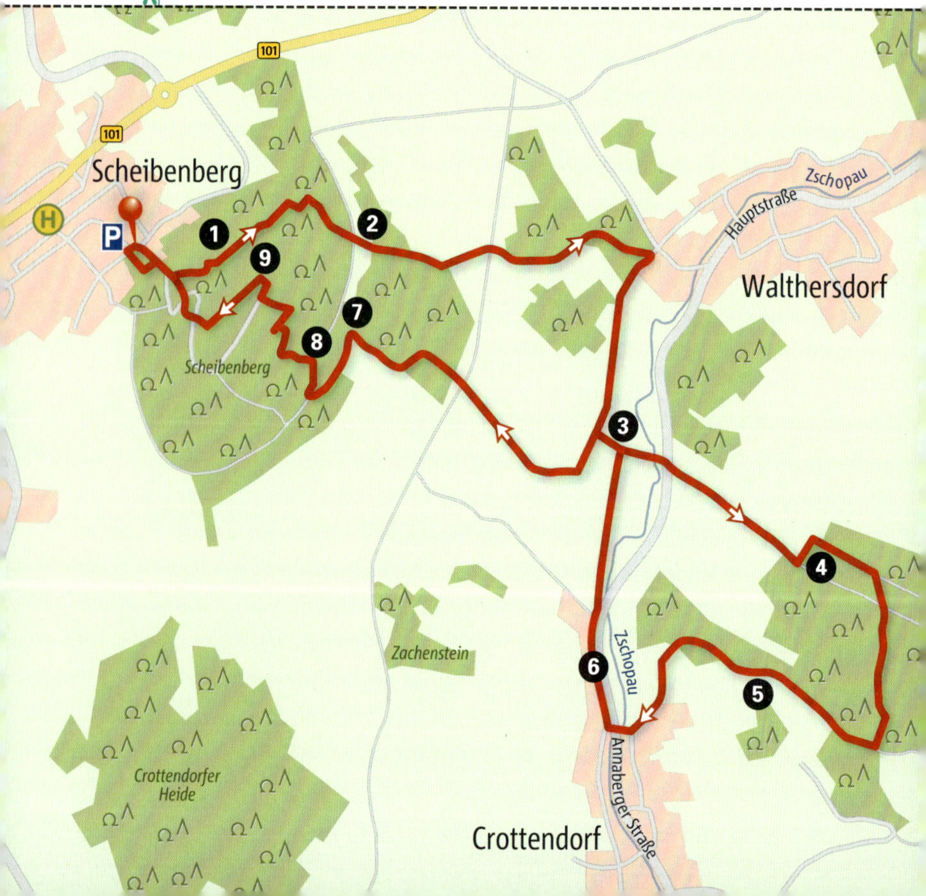

**WIE & WANN:**
**Wald-, Wiesen- und Schotterwege, in Walthersdorf erst ca. 1,1, dann 1,2 km Asphalt; ganzjährig möglich**

**HIN & WEG:**
**Auto:** Wanderparkplatz Bergstraße, Ecke Parksiedlung, 09481 Scheibenberg (GPS 50.539991, 12.918067)
**ÖPNV:** Von Annaberg-Buchholz oder Aue Bus 415 bis Scheibenberg Markt (Sa., So. kein Verkehr); zu Fuß über Silberstraße, Bergstraße zum Ausgangspunkt (ca. 500 m)

**ESSEN & ENTSPANNEN:**
**Landhaus Bienentau, Honigladen und Bienenlehrpfad** ❸ Hauptstraße 5, 09474 Crottendorf-Walthersdorf, Tel. (0 37 33) 6 73 60 67, www.bienentau.de

Entspannung ✱✱✱✱✱
Genuss ✱✱✱✱✱
Romantik ✱✱✱✱✱

**Hofkäserei Fritzsch** ❻ Annaberger Straße 158, 09474 Crottendorf, Tel. (03 73 44) 13 97 31, www.hofkaeserei-fritzsch.de; um einen Käseteller zu probieren, bitte unbedingt am Vortag anrufen und einen Termin vereinbaren!
**Bürger- und Berggasthof Scheibenberg** ❾ Auf dem Berg 1, 09481 Scheibenberg, Tel. (03 73 49) 1 33 44, www.buerger-berggasthaus.de

**ENTDECKEN & ERLEBEN:**
**Basalt-Orgelpfeifen** ❶
**Flächennaturdenkmal** ❷
**Wanderhütte Liebenstein** ❹
**Aussicht auf Crottendorf** ❺
**Blick zum Fichtelberg** ❼
**Ottomar-Zahm-Steig** ❽
**Aussichtsturm** auf dem Scheibenberg ❾

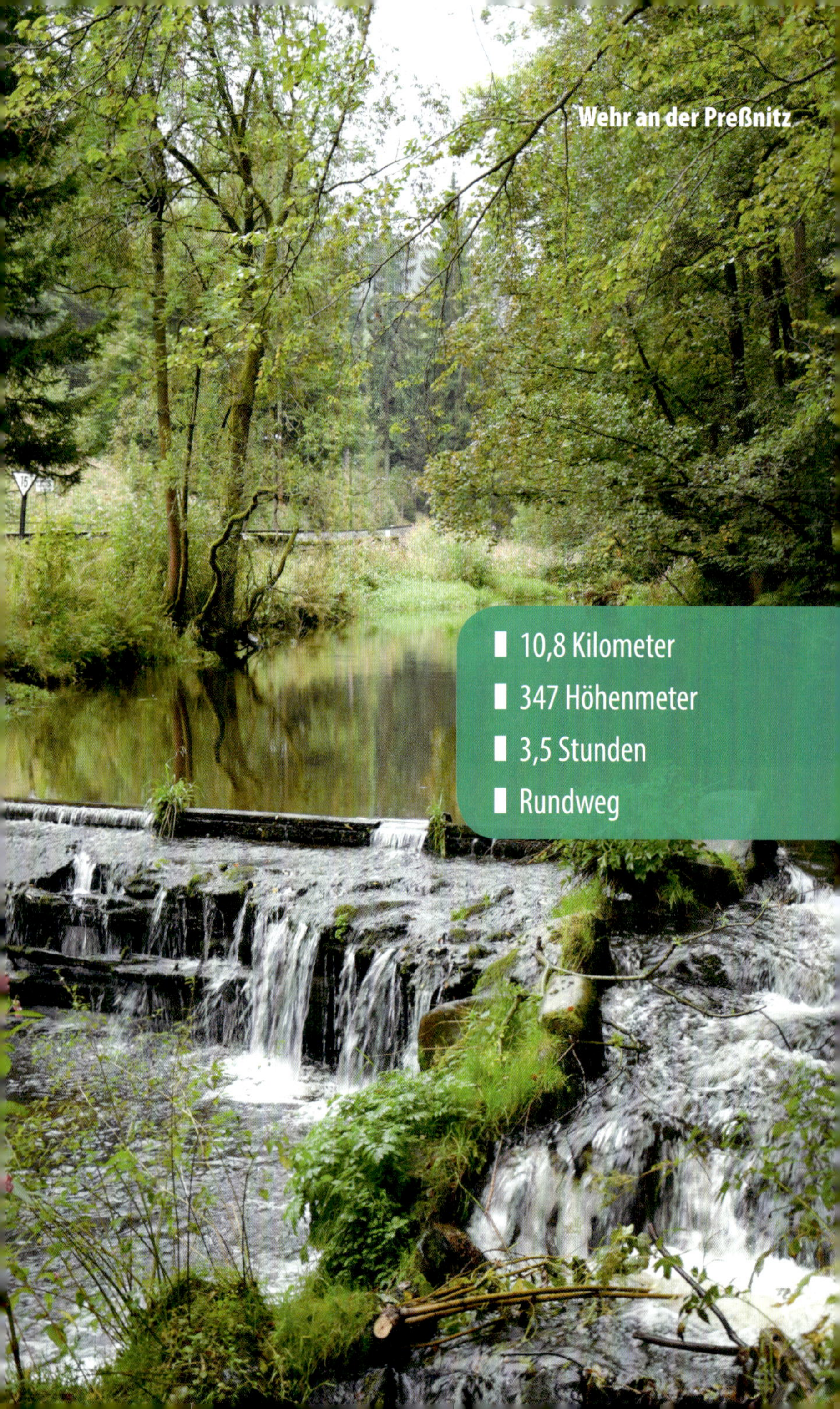

Wehr an der Preßnitz

- 10,8 Kilometer
- 347 Höhenmeter
- 3,5 Stunden
- Rundweg

Am Parkplatz befindet sich die Endstation der **Preßnitztalbahn** ①, einer heute als Museumsbahn betriebenen Dampflokstrecke. Mit etwas Glück steht dort eine Dampflok, mit noch mehr Glück ist sie unter Dampf.

Vom Parkplatz aus gehen wir zurück zur Schmalzgrubner Straße, direkt gegenüber den **Postberg** hinauf und folgen für einige Zeit mit **Weiß-Gelb-Weiß** dem **Großen Ringweg,** leider ein längeres Stück auf Asphalt. Noch bei den letzten Häusern passieren wir den Nachbau einer zweirädrigen Holzkutsche. Im Sommer 2021 war hier außerdem Heu in klassischer Weise zum Trocknen gehängt.

*Die **Preßnitztalbahn** ist eine der Schmalspurbahnen, mit denen Ende des 19. Jahrhunderts die Industrialisierung Sachsens vorangetrieben wurde. 1892 eröffnet, verband sie ursprünglich Wolkenstein mit Jöhstadt und überwand auf gut 24 Kilometern 300 Höhenmeter.*

## Fluss und Fisch

### Durch Steinbach und Schmalzgrube

Bevor es in den Wald hineingeht, lässt sich – mit dem Glück, das wir für die Dampflok brauchen – die fahrende Lok bewundern, allerdings nur indirekt: sie selbst fährt in einer Senke, sodass lediglich der Dampf zwischen den Bäumen aufsteigt.

Ein gutes Stück weiter treffen wir auf zwei **Gedenksteine** ② des Forstamts Steinbach: einen für die im Ersten Weltkrieg gefallenen Beamten und Waldarbeiter des Forstamts und einen für einen 1936 durch Blitzschlag umgekommenen Waldarbeiter; auch für uns durchaus eine Erinnerung, das Wetter im Auge zu behalten.

Immer mit Weiß-Gelb-Weiß ignorieren wir alle Abzweigungen, überqueren eine Brücke über den

Tiefenbach, passieren die Erinnerungstafel für einen Waldwärter, der 1888 durch die Kugel eines Wilderers starb – Förster war wirklich ein gefährlicher Beruf! –, und haben Zeit, Wurzelwerk, Moose, Felsentürme und mehr zu bestaunen.

Dann erreichen wir die **Schutzhütte am „SEXer" Berg ③:** Es bleibt unklar, wie es zu diesem Namen kam – der Fantasie sind keine Grenzen gesetzt. Wir verlassen hier für längere Zeit die markierten Wege und biegen links ein in den **Bettelmädelweg,** eine Bezeichnung, die zu nicht weniger Spekulationen einlädt, der wir aber nie wieder begegnen werden. Seit Längerem haben wir den Asphaltuntergrund hinter uns gelassen, nun wird der Boden noch einmal weicher. Riesige Ameisenhaufen ziehen unsere Aufmerksamkeit auf sich. Der Weg windet sich um den Alten Berg, der sich rechter Hand erhebt, bei feuchtem Wetter Wolken einfängt und den Wald vernebelt. Häufiger kommen wir an Schutzzäunen vorbei, begegnen Wild-

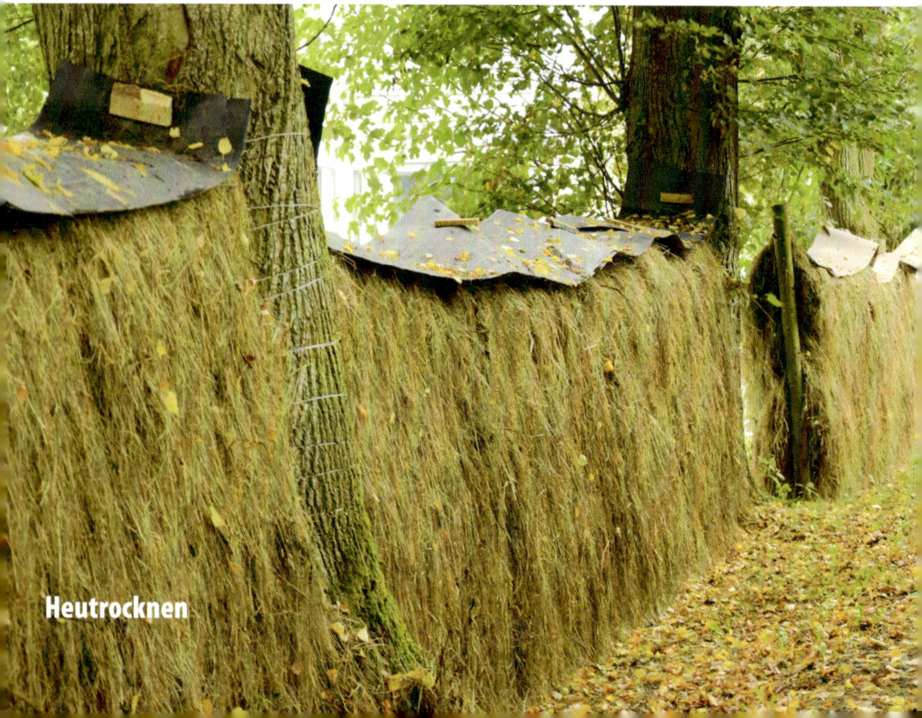

**Heutrocknen**

schweinspuren, die etwas unheimlich anmuten, wenn gerade auf beiden Seiten des Weges Schutzzäune sind.

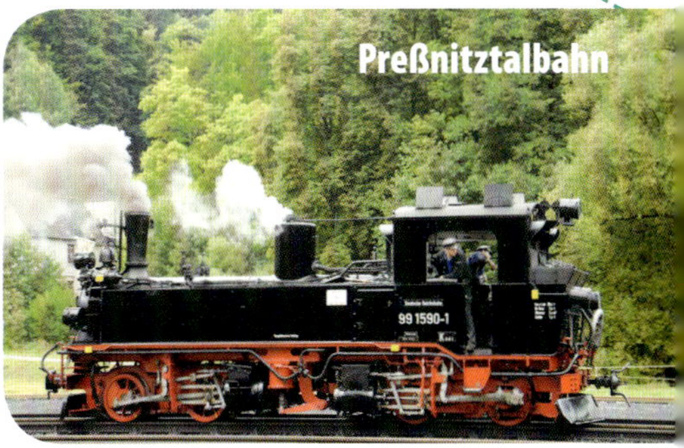

Preßnitztalbahn

Nach fast 1,5 Kilometern auf dem Bettelmädelweg erreichen wir einen lang gezogenen Forstpisten-Wendekreis. Gleich rechts zweigt ein Waldweg ab, den wir ignorieren. Am anderen Ende des Wendekreises gehen zwei Wege ab: die geschotterte Forstpiste links sowie rechts ein neben einem Hochstand aufsteigender Waldweg, den wir nehmen. Er führt bald in einer Rechtskurve den

## Für die Seele

Es geht mal mitten durch den Wald, mal entspannt am Fluss entlang, durch Pilzlande und vorbei an Fischseen. Diese Genüsse nehmen wir buchstäblich in uns auf.

Berg hinauf und stößt dann an einen geschotterten Forstweg, den wir überqueren und geradeaus weiter durch den Wald wandern. Nach etwa 200 Metern und einer erneuten Rechtskurve nehmen wir an einer Gabelung den linken Weg. Knappe 100 Meter dahinter, beim Hochstand an der nächsten Waldwegkreuzung, geht es geradeaus weiter. Der Weg ist teilweise durch Forstfahrzeuge tief aufgewühlt. Dafür sind wir mitten im Wald, und es gibt im Unterholz und am Boden einiges zu entdecken. Wir wandern stetig mehr oder weniger geradeaus abwärts und ignorieren alle Abzweigungen und Querwege, bis wir auf einen Schutzzaun stoßen, an dem es nicht mehr geradeaus weitergeht. Hier wenden wir uns nach links abwärts und

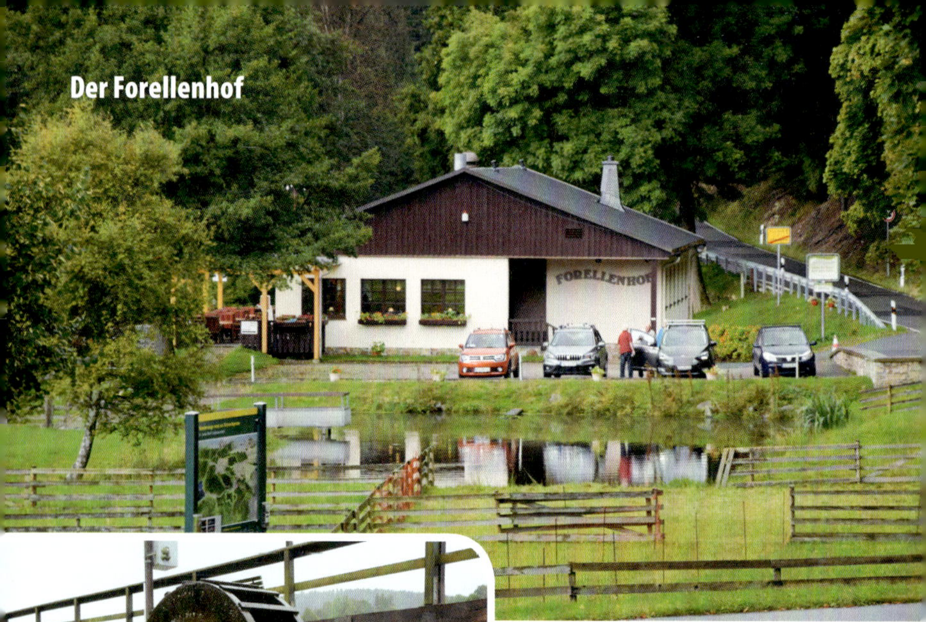

Der Forellenhof

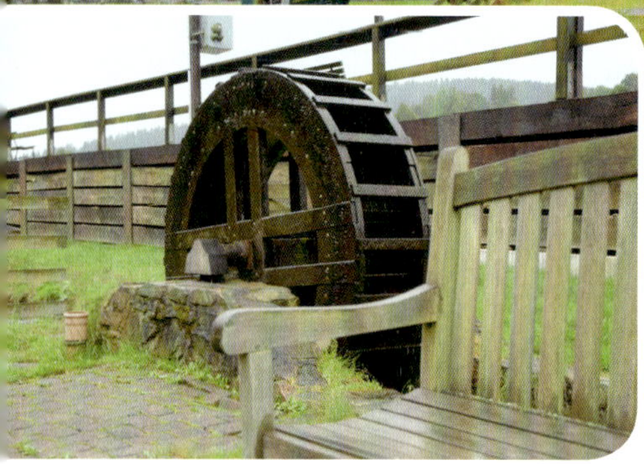

erreichen den Ort **Schmalzgrube** am **Schulberg.** Rechts hinunter geht es zur Talstraße. Wir überqueren sie leicht links versetzt und laufen vor einer Brücke über die Wiese Richtung **Forellenhof.** An den ersten Häusern müssen wir noch kurz an der Straße entlang, können dann aber den Weg zum Haltepunkt der Bahn nutzen und den Forellenhof über den Bahnsteig erreichen. Ziemlich genau die Hälfte der Tour liegt nun hinter uns. Da kommt der **Forellenhof** ④ mit seinen rustikalen Forellenklassikern gerade recht: genau das Richtige für den Hunger beim Wandern.

*Der **Forellenhof** hat eine wechselvolle Geschichte. Ende des 19. Jahrhunderts war er zunächst Sägewerk, dann Zwirnerei und später volkseigene Gaststätte, die 1991 als Forellenhof wiederbelebt wurde. Die Forellen kommen fangfrisch aus dem hauseigenen Teich.*

Gestärkt überqueren wir die Schienen, folgen einem Pfad nach rechts, queren die Preßnitz und schlendern ein wenig neben dem Fluss entlang. Bald macht der Pfad eine Linkskurve, steigt etwas an und trifft kurz danach auf eine Schotterpiste, auf die wir nach rechts einbiegen. Auf ihr können wir bequem mit **Weiß-Grün-Weiß** zunächst Richtung Grumbach spazieren, bis die breite Schotterpiste uns an eine Straße bringt – eine pilzreiche Gegend: Würde man sich bloß etwas besser auskennen, ließe sich mühelos eine leckere Mahlzeit sammeln.

Etwa 100 Meter müssen wir nun die wenig befahrene Straße nach rechts nehmen, ehe wir nach links weiter Richtung **Planie** einbiegen. Nach etwa 50 Metern auf Schotter nehmen wir rechts einen kleinen, halb überwachsenen Pfad Richtung **Bergbaulehrpfad/Andreas-Gegentrum-Stolln.** Dieser schmale Pfad führt direkt hinein ins verwunschene **Grumbachtal 5.** Wir hören den Grumbach rechts von uns murmeln und rauschen und stoßen bald in Gestalt der **Tafel 10** zu Mundloch und Halde des Heyn-Stollns auf den ersten Hinweis des Bergbaulehrpfads. An Felsen, kleinen Wasserfällen und lauschigen Waldecken vorbei führt uns der Pfad hinab bis zur Mündung des Grumbachs in die Preßnitz. Ihr folgen wir nun bis zurück nach Steinbach flussabwärts. Dabei passieren wir weitere Tafeln des Bergbaulehrpfads und erreichen zügig den schon wiederholt ausgeschilderten **Andreas-Gegentrum-Stolln 6.**

*Zwischen 1749 und 1841 wurden aus dem* ***Andreas-Gegentrum-Stolln*** *140 Kilogramm Silber und 1445 Zentner Kobalt gefördert. Heute wird er von Fledermäusen als Winterquartier genutzt, etwa vom Braunen Langohr, der Nord- und Wasserfledermaus oder dem Großen Mausohr.*

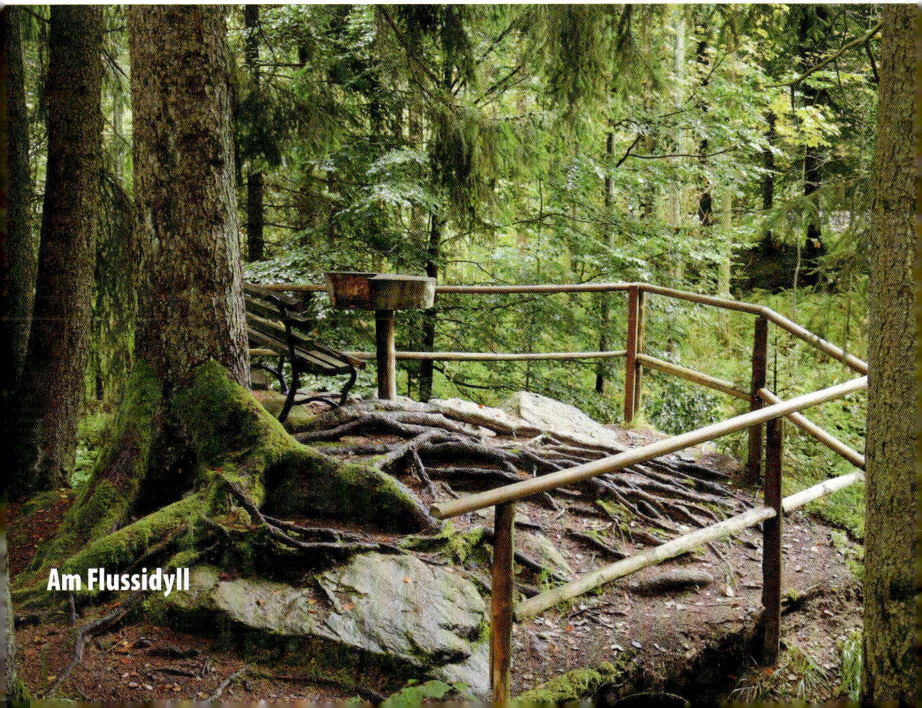
Am Flussidyll

# Verwöhntour 12

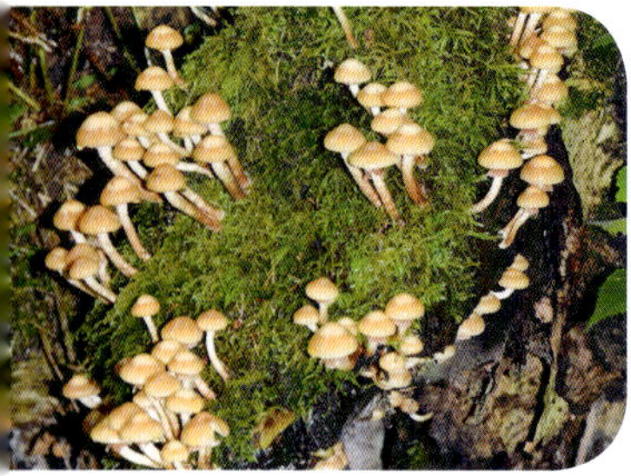

Wir verlassen den Platz mit seinen geschnitzten Figuren und bleiben auf dem Uferweg, der teilweise neben der Bahnlinie entlangführt. Bald gelangen wir zum **Flussidyll „Am Felseneck" 7**, wo man hoch über der Preßnitz thront und deren Rauschen lauschen kann. Später lockt ein nicht weniger idyllisches Wehr. Hier überqueren wir einen Mühlenzulauf und werden so zur **Raststätte Am Wildbach 8** geleitet, hinter der wir ein paar **bergbauliche Miniaturen** finden, so das Modell eines Pochwerks und kurz darauf eine Reihe alter Mühlsteine. Dann taucht rechts der **Bahnhof Steinbach** auf, und wir überqueren die Brücke, um zum Parkplatz zu gelangen.

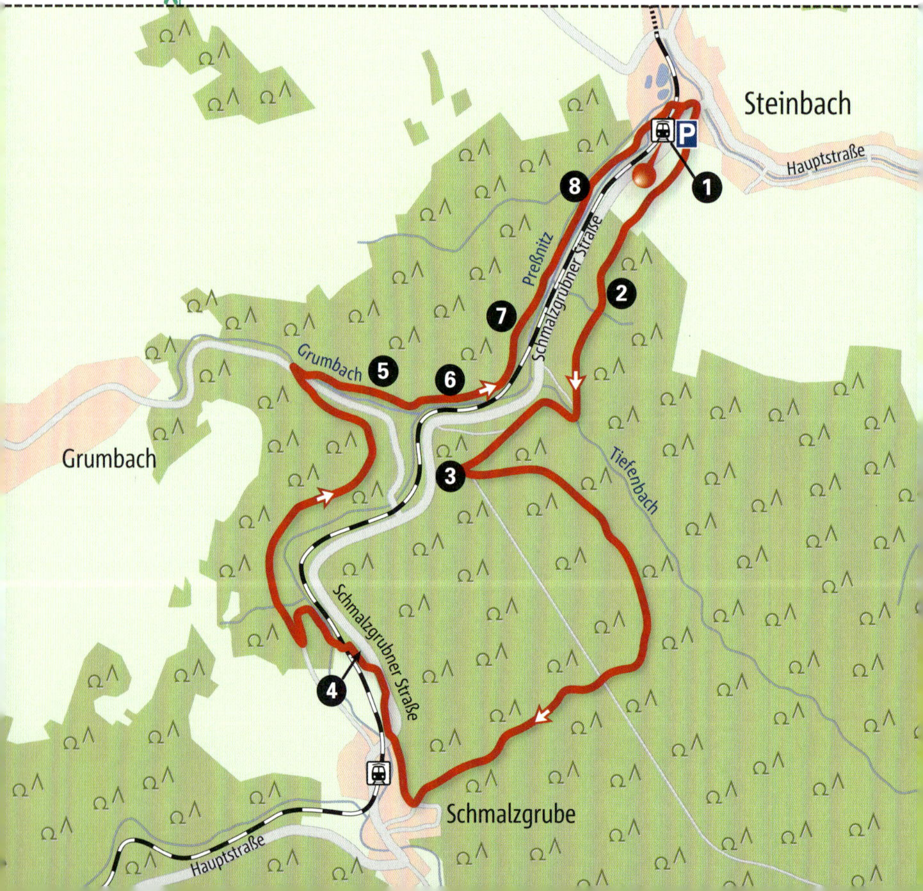

## Alles auf einen Blick

**WIE & WANN:**
**Eine Mischung aus Forstwegen und Schneisen, Asphalt, Schotter und kleinsten Pfaden; ganzjährig möglich**

**HIN & WEG:**
**Auto:** Parkplatz Bahnhof Steinbach, Bahnhofstraße 5, 09477 Jöhstadt-Steinbach (GPS 50.556725, 13.149290)
**ÖPNV:** Von Annaberg-Buchholz BusBf. Bus 430 oder 431 bis Steinbach Bf. (Sa., So. kein Verkehr); die Preßnitztalbahn von Jöhstadt (Museumsbahn) fährt nur an bestimmten Tagen, www.pressnitztalbahn.de

**ESSEN & ENTSPANNEN:**
**Forellenhof** ❹ Hauptstraße 2, 09477 Jöhstadt-Schmalzgrube, Tel. (03 73 43) 24 72, www.forellenhof.com

Entspannung ✱✱✱✱✱
Genuss ✱✱✱✱✱
Romantik ✱✱✱✱✱

**Raststätte Am Wildbach** ❽ Schmalzgrubner Straße 18, 09477 Jöhstadt Steinbach, Tel. (03 73 43) 8 87 38, www.raststaette-wildbach.de

**ENTDECKEN & ERLEBEN:**
**Preßnitztalbahn, Bahnhof Steinbach** ❶ www.pressnitztalbahn.de
**Gedenksteine** ❷
**Schutzhütte am „SEXer" Berg** ❸
**Grumbachtal** ❺
**Andreas-Gegentrum-Stolln** ❻
**Flussidyll „Am Felseneck"** ❼
**Bergbauliche Miniaturen** ❽

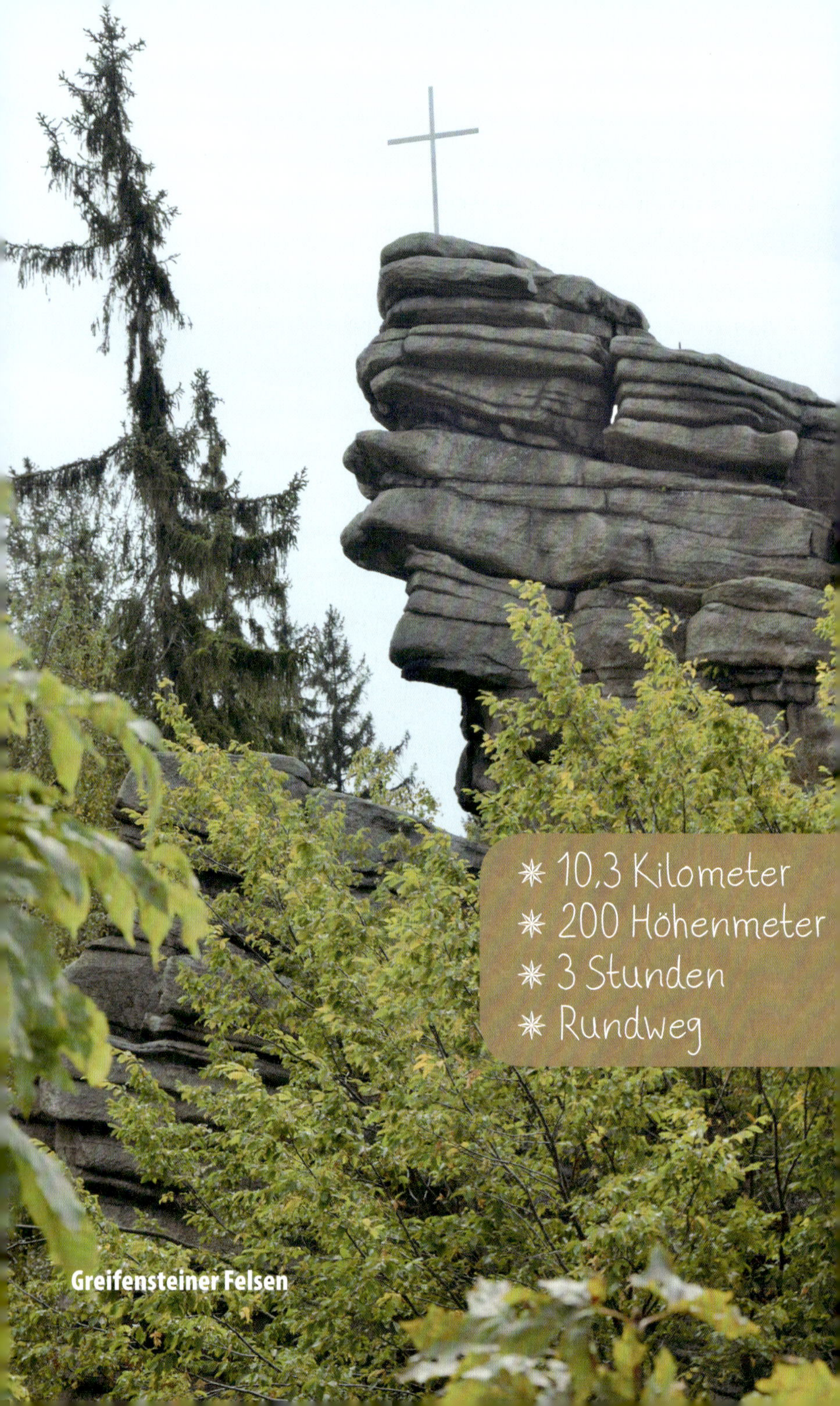


Greifensteiner Felsen

In der Nordostecke des Parkplatzes befindet sich eine Holzhütte, hinter der ein Weg mit **weiß-gelb-weißer** Markierung als angenehm schmaler Pfad Richtung Norden zu den Greifensteinen beginnt. **Leichenweg** heißt er hier. Ein unheimliches Gefühl will sich aber partout nicht einstellen. Stattdessen vergnügt uns ein gras- und pilzbesäumter Pfad durch Mischwald. Wir passieren einen Querweg, hinter dem es geradeaus auf nun etwas breiterem Weg weitergeht. Bald schwenkt dieser deutlich nach rechts und windet sich auf den Greifenbach zu, den wir auf einer steinernen Bogenbrücke überqueren – architektonisch ein deutliches Gegengewicht zu dem verputzten Betonbau einer Trinkwasseranlage. Hinweisschilder zum Bergbaulehrpfad und zum Goldenen-Adler-Stollen bezeugen die fast 500-jährige Bergbauvergangenheit. Hier werden wir auf dem Rückweg von rechts erneut vorbeikommen. An der größeren Waldkreuzung folgen wir weiterhin **Weiß-Gelb-Weiß** und steigen Richtung **Greifensteine** auf etwas schotterigem Weg bergan, bis uns Hinweisschilder an einem gegabelten Baumstamm auf

*Mit gut 40 Metern ist **Alma** die höchste und mit 150 Jahren auch die älteste Weißtanne im Greifensteingebiet. Weißtannen haben ihren Namen von der relativ hellen Borke und können bis zu 500 Jahre alt werden. Alma lässt sich zu zweit noch umfassen.*

# Gewerke in Stein

## Um die Greifensteine

**Alma** ❶ hinweisen, die sich nach wenigen Metern auf dem **Tannenweg** linker Hand im Wald findet.

Nach dem kleinen Abstecher zu ihr folgen wir, Alma nun im Rücken, nach links weiter dem Tannenweg, der sich rund 300 Meter auf weichem Boden durch den Wald zieht. Auf den nächsten, breiteren

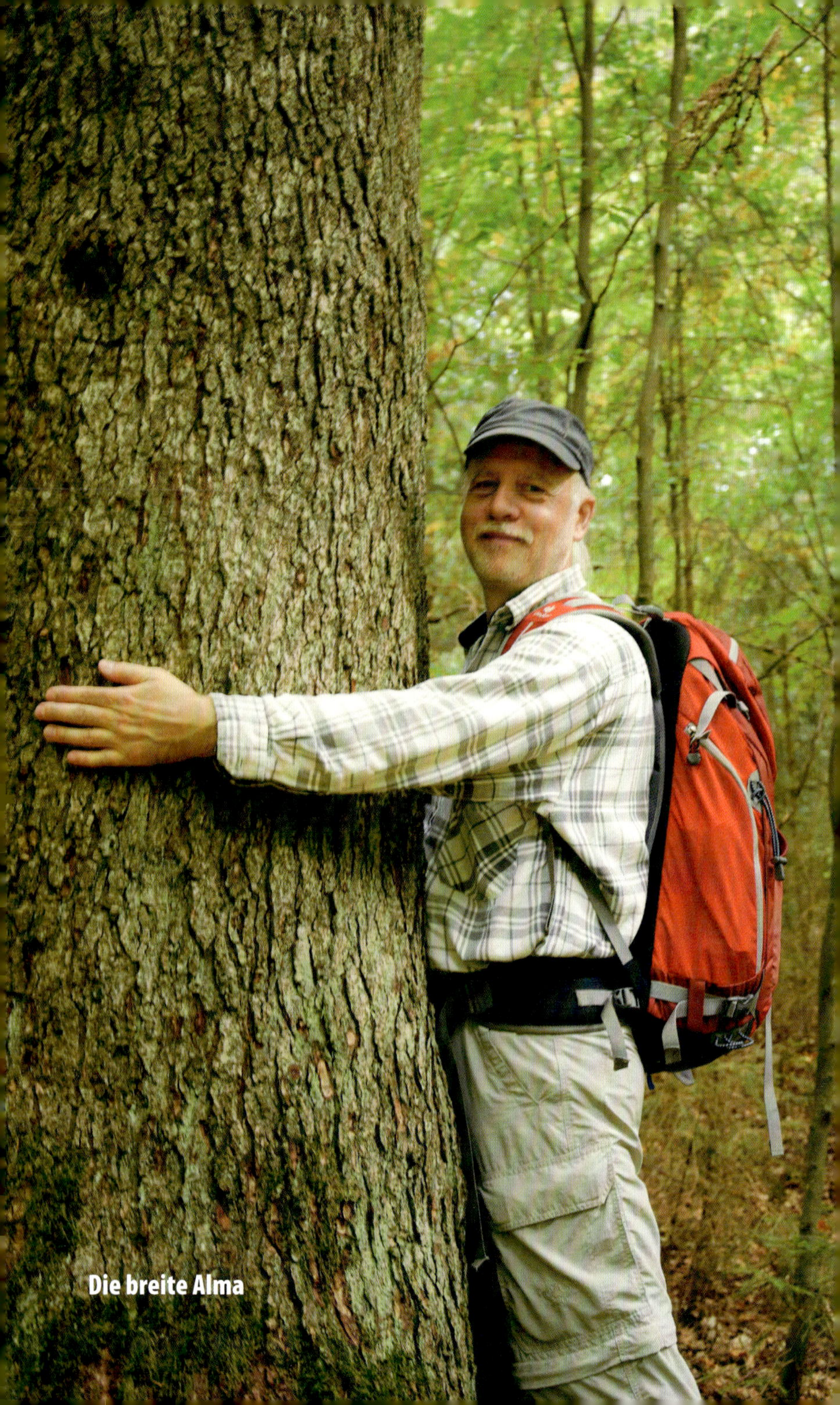
Die breite Alma

Forstweg biegen wir links ein, folgen dem **grünen Punkt** und erreichen kurz darauf wieder den **weiß-gelb-weißen** Weg, den wir bei Alma verlassen hatten und auf dem wir nun nach rechts zügig die **Greifensteine** ❷ erreichen. Vorbei an Berggasthof und Touristeninformation, die durchaus einen Besuch wert ist, treffen wir auf eine **Naturbühne,** den märchenumwobenen Geldkeller und die Kletterfelsen, an denen wir mit etwas Glück Kletterer an ihren Seilen beobachten können. Ein Muss ist der **Aussichtsfelsen.**

Hinter Aussichtsfelsen und Geldkeller geht es zum nächsten Zwischenziel, der nur 300 Meter entfernten **Stülpnerhöhle** ❸, zu der uns ein **diagonaler grüner Balken** führt. Wir treffen auf eine tiefe Senke, in die ein Pfad hinabführt und einen Blick in die ehemalige Bergbauhöhle erlaubt. Sie ist etwas abseits im Wald gelegen, aber durch eine überdachte Rastbank schon von Weitem erkennbar.

Wir folgen dem diagonalen grünen Balken weiter in den Wald und genießen den federnden Boden, bis der Weg an einer schmalen Schotterpiste endet. Wir

*Der **Aussichtsfelsen** ist einer von sieben (ursprünglich 13) bizarren Granitfelsen, die lange als Steinbruch genutzt wurden. Ehemals Teil der Felsenburg Grifenstein, ist er seit Mitte des 19. Jahrhunderts touristisch erschlossen und bietet eine beeindruckende Fernsicht.*

*Soldat, Deserteur, Wildschütz, Rebell, Schürzenjäger: Das Leben des Scharfensteiners **Carl Heinrich Stülpner** (1762–1841) scheint wildromantisch und filmreif. Ein Winterquartier in einer nassen Höhle, auf der Hut vor den Häschern, war jedoch kaum romantisch.*

## Für die Seele

Hier nagen der Zahn der Zeit und des Menschen Werk: Bizarr ausgewaschene Felsen, Bergbaugeschichte und Geisterwesen verzaubern den Weg.

biegen nach links ab, um nach 100 Metern wieder auf den breiten Weg direkt von den Greifensteinen her zu stoßen und dort nach rechts mit **Weiß-Rot-Weiß** Richtung **Waldgeisterweg** zu schwenken. An der Ecke finden wir den Gedenkstein für den Ratsoberförster Karl G. Rudolph (1881–1923). Hier, in der Nähe der Greifensteine, ist der Weg gesäumt von Gedenksteinen, Lehr-

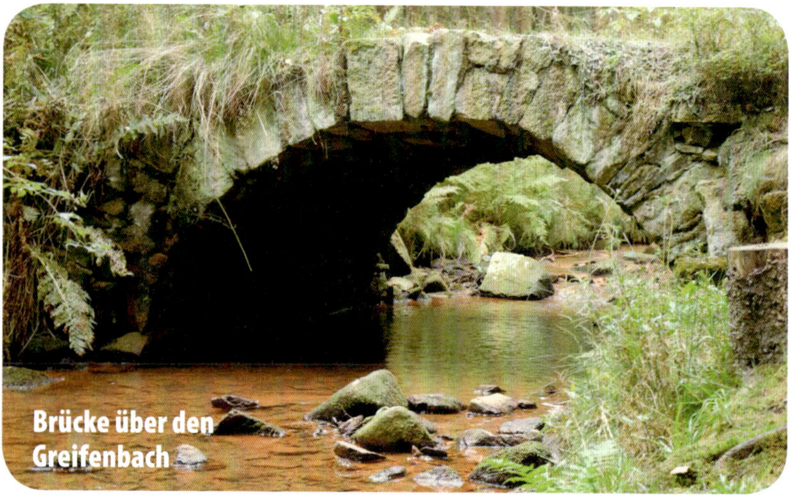

Brücke über den Greifenbach

pfaden und Hinweistafeln, die zum Verweilen verführen. Zu beiden Seiten des Weges tauchen jetzt die ersten **Waldgeister** ④ auf, die von Künstlern aus den Stümpfen abgestorbener Bäume geschnitzt wurden und allerlei merkwürdige, oft mannshohe Gestalten vorstellen: Kobolde, Tiere, der „lustige Rapolter", Hexen, Knubbelnasen; auch ET ist hier. Nach einiger Zeit erblicken wir den **Justitiarstein** zu Ehren des Amtsrichters Theodor Pinther mit der Aufschrift *labora et ora* – eine protestantisch anmutende Umkehrung des benediktinischen Wahlspruchs. Kurz dahinter führt unser Weg mit einem **gelben Punkt** nach rechts und knapp 100 Meter weiter wieder nach links. Der Ausbau des Gebiets mit Attraktionen hat zur Folge, dass wir kurze Strecken auf Asphalt durch den Wald gehen müssen.

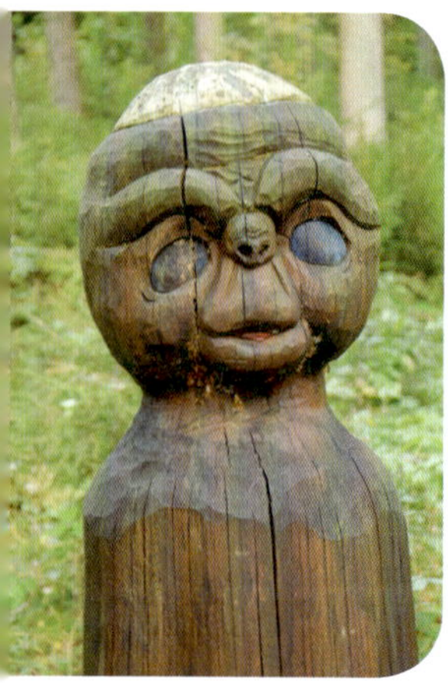

Wir folgen nun für längere Zeit dem gelben Punkt, schwenken nach rechts und passieren auf schnurgeradem Weg eine Quelle und einige weitere Waldgeister. An einer größeren Kreuzung mit **Schutzhütte** wenden wir uns nach links und treten bald aus dem Wald heraus auf das **Kalte Feld** mit Blick auf Ehrenfriedersdorf. Am gegenüberliegenden Hang erhebt sich ein

Fördergerüst der ehemaligen Zinngrube Ehrenfriedersdorf, das nun Teil eines Industriemuseums und im Anschluss an die Wanderung einen Besuch wert ist. Vorerst aber wandeln wir entlang einer Allee über das Kalte Feld hinunter zu einer Straße. Dort treffen wir auf einen kleinen Wanderparkplatz mit **Schutzhütte,** die auch bei einem heftigen Regenguss erprobterweise Schutz bietet. Dahinter führt uns der gelbe Punkt nach rechts durch das nächste Feld wieder auf den Waldrand zu.

Im Wald erreichen wir nach knapp 200 Metern den Röhrgraben und machen einen Abstecher zur Hahnenrück-Aussicht. Dafür nehmen wir vor einer Brücke den schmalen Pfad nach links, der uns ein Stück weit am Graben entlangleitet. Auf den ersten Blick ist deutlich, dass dieser künstlich angelegt ist. Ausgehoben zwischen 1396 und 1404, diente der rund 5 Kilometer lange **Röhrgraben** 5 dem Bergbau und beaufschlagte Wasserräder und Förderanlagen. Später werden wir ihm noch einmal begegnen.

Nach weiteren knapp 200 Metern weist uns der gelbe Punkt bei einer Bank links in eine Schneise. Wir

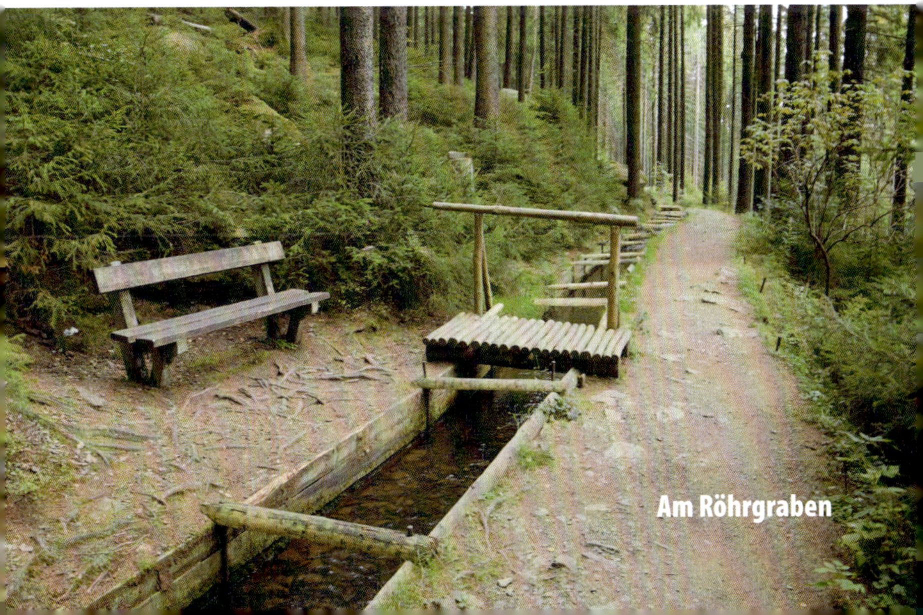

Am Röhrgraben

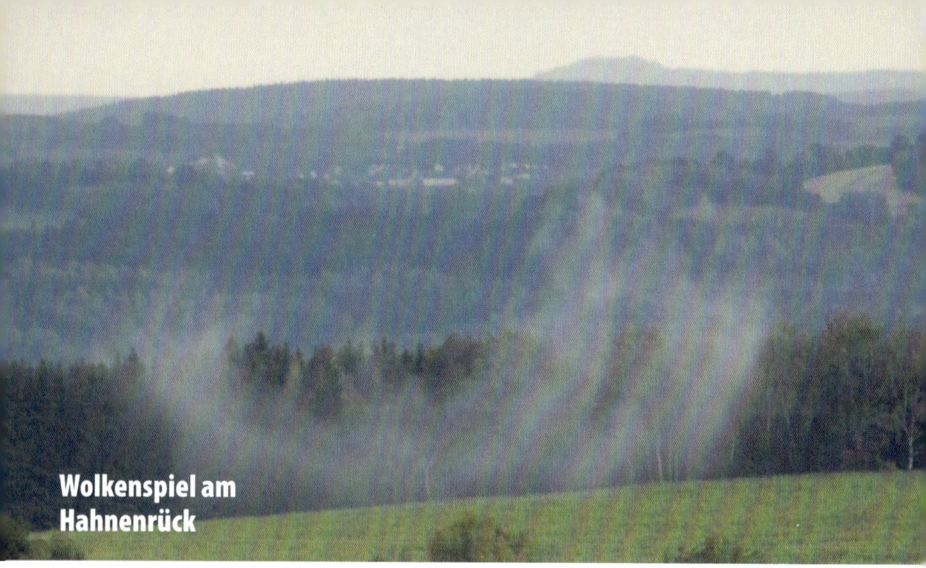

Wolkenspiel am Hahnenrück

steigen zügig Richtung Hahnenrück auf und ignorieren alle Querwege, bis wir an den Waldrand gelangen. Eine Schutzhütte und ein Rastplatz laden zu einer Pause nach dem Aufstieg ein, um in Ruhe die **Hahnenrück-Aussicht** ⑥ über die Hügel zu genießen, hinüber zur Franzenshöhe und nach Schönfeld, an klaren Tagen bis zum Pöhlberg bei Annaberg-Buchholz.

Anschließend geht es auf demselben Weg zurück zur Brücke über den Röhrgraben, den wir überqueren und **Weiß-Gelb-Weiß** folgen. Kurz darauf schimmert von rechts unten ein verträumter Tümpel durch die Bäume, an dem ein Schild Auskunft über die Insektenwelt an Teichen gibt. Bald senkt sich der Weg abwärts und trifft auf einen breiteren Schotterweg, den wir mit **Weiß-Grün-Weiß** nach rechts Richtung Sprungschanze nehmen und der nach einem halben Kilometer auf die **Schanzenanlage** trifft, deren erste Schanze 1924 in Bau ging. In der DDR-Zeit war dies eine Kaderschmiede für die nordischen Disziplinen; eine Tradition, die heutzutage etwa mit Eric Frenzel fortgeführt wird. Wer keine Erfahrung im Skispringen hat, schaut allerdings mit Beklemmung und Bewunderung die Schanzen hinauf. Da runter? Gute Güte!

Hinter den Schanzen umgehen wir die Schotterstraße ein Stück und biegen nach rechts Richtung

**Wassertretbecken** auf einen angenehmeren Pfad, der im Halbkreis am besagten Becken vorbei auf die Schotterstraße zurückführt. Dort gehen wir für wenige Meter nach rechts, um an einer nahe gelegenen Abzweigung nach links Richtung **Greifensteinstollen** abzubiegen. Etwa 100 Meter weiter weist uns ein Schild nach rechts den Hang hoch zum Schaustollen. Ein kurzes Stück steigen wir über Treppen steil hinauf und queren den Röhrgraben, ehe wir den **Greifensteinstollen** 7 und den **Imbiss** erreichen. Hier ist Zeit, sich bei einer längeren Pause zünftig zu versorgen. Mit etwas Glück gibt es besondere Angebote, wie einen lauwarmen Harzer in Olivenöl. Auch der Stolleneingang mit seinen Tafeln ist unsere Aufmerksamkeit wert.

Gestärkt geht es wieder etwas hinunter bis zum **Röhrgraben,** dem wir nach rechts gegen die Strömung auf dem **Bergbaulehrpfad** mit dem diagonalen **grünen Balken** folgen. Hier wird noch einmal deutlich, welche Plackerei, aber auch Kunst in der Anlage des Grabens steckt.

Nach einem guten halben Kilometer entspannten Wanderns treffen wir zunächst auf die Hinweisschilder zum **Garischstolln** und kurz dahinter auf das **Poch-**

*Um aus dem Gestein möglichst reines Roherz zu gewinnen, wurde es mechanisch zerkleinert (geschieden), danach zerstoßen (gepocht) und gewaschen. Auch außerhalb der Grube war **Erzgewinnung** eine gefährliche Knochenarbeit bei ohrenbetäubendem Lärm.*

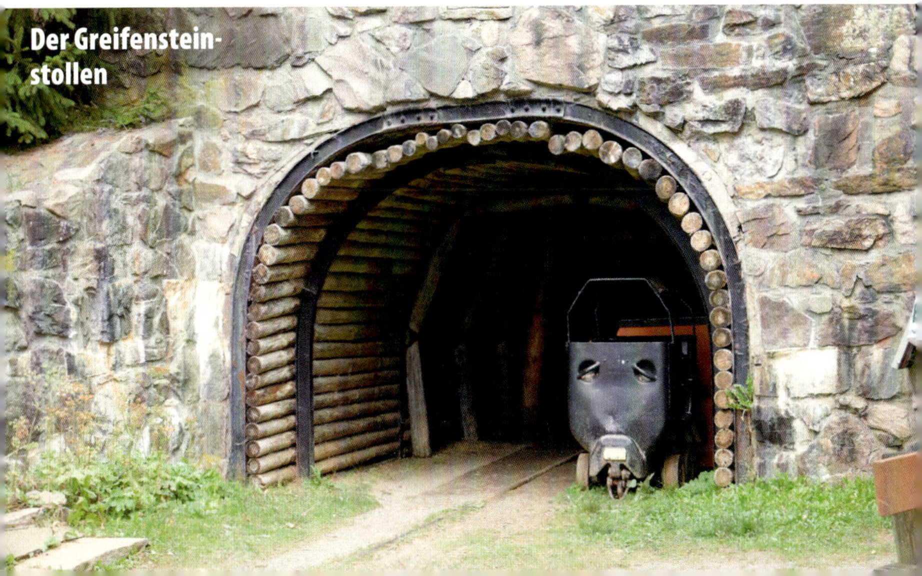
**Der Greifensteinstollen**

**und Wäschewerk** sowie die **Scheidebank** ⑧. Zu beiden führen kurze Abstecher.

Wir wandern den Röhrgraben entlang, bis sich der Weg auf den unteren Pochwaldweg hinabsenkt, kreuzen diesen, dem **Bergbaulehrpfad** folgend, und kommen zum **Röhrgrabenteiler,** mit dem seit 1567 der Wassereinlauf in den Röhrgraben geregelt werden konnte. Kurz dahinter treffen wir auf die uns schon bekannte Brücke über den Greifenbach und die Trinkwasseranlage. Ab hier folgen wir wieder dem **Leichenweg** mit Weiß-Gelb-Weiß Richtung Erlebnisbad zurück zum Parkplatz. Wer weiteres Interesse an der Bergbaugeschichte hat, kann am südwestlichen Ende des Parkplatzes Überreste des **Konstantinschachtes** bestaunen.

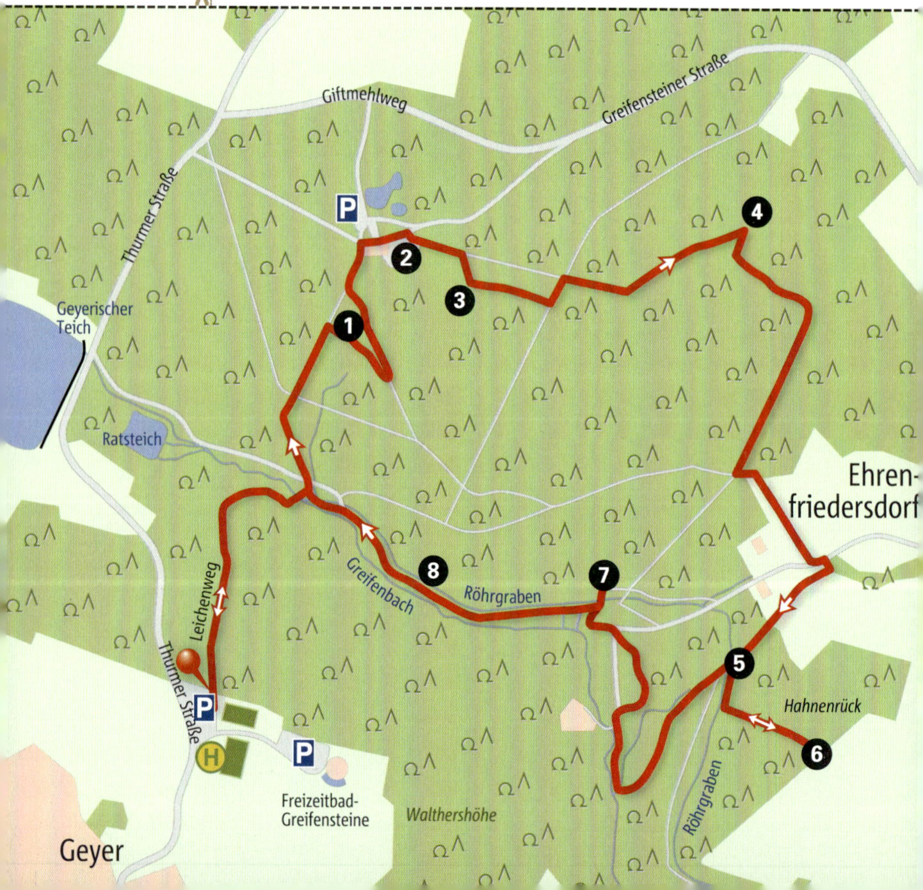

## Alles auf einen Blick

**WIE & WANN:**
**Meist Wald- und Forstwege bis auf ein kurzes Stück Asphalt; beste Zeit April bis November**

**HIN & WEG:**
**Auto:** Parkplatz Badstraße, 09468 Geyer (GPS 50.636081, 12.921657)
**ÖPNV:** Von Ehrenfriedersdorf Bus 441 bis Geyer Parkplatz

**ESSEN & ENTSPANNEN:**
**Imbiss am Greifensteinstollen ❼** Pochwaldweg, 09427 Ehrenfriedersdorf, Tel. (01 70) 2 36 31 51

**ENTDECKEN & ERLEBEN:**
**Weißtanne Alma ❶**
**Greifensteine: Aussichtsfelsen (Eintritt), Naturbühne ❷**
**Stülpnerhöhle ❸**
**Waldgeisterweg ❹**
**Röhrgraben ❺**
**Hahnenrück-Aussicht ❻**
**Greifensteinstollen ❼**
**Poch- und Wäschewerk und Scheidebank ❽**

Entspannung ✸✸✸✸✸
Genuss ✸✸✸
Romantik ✸✸✸✸

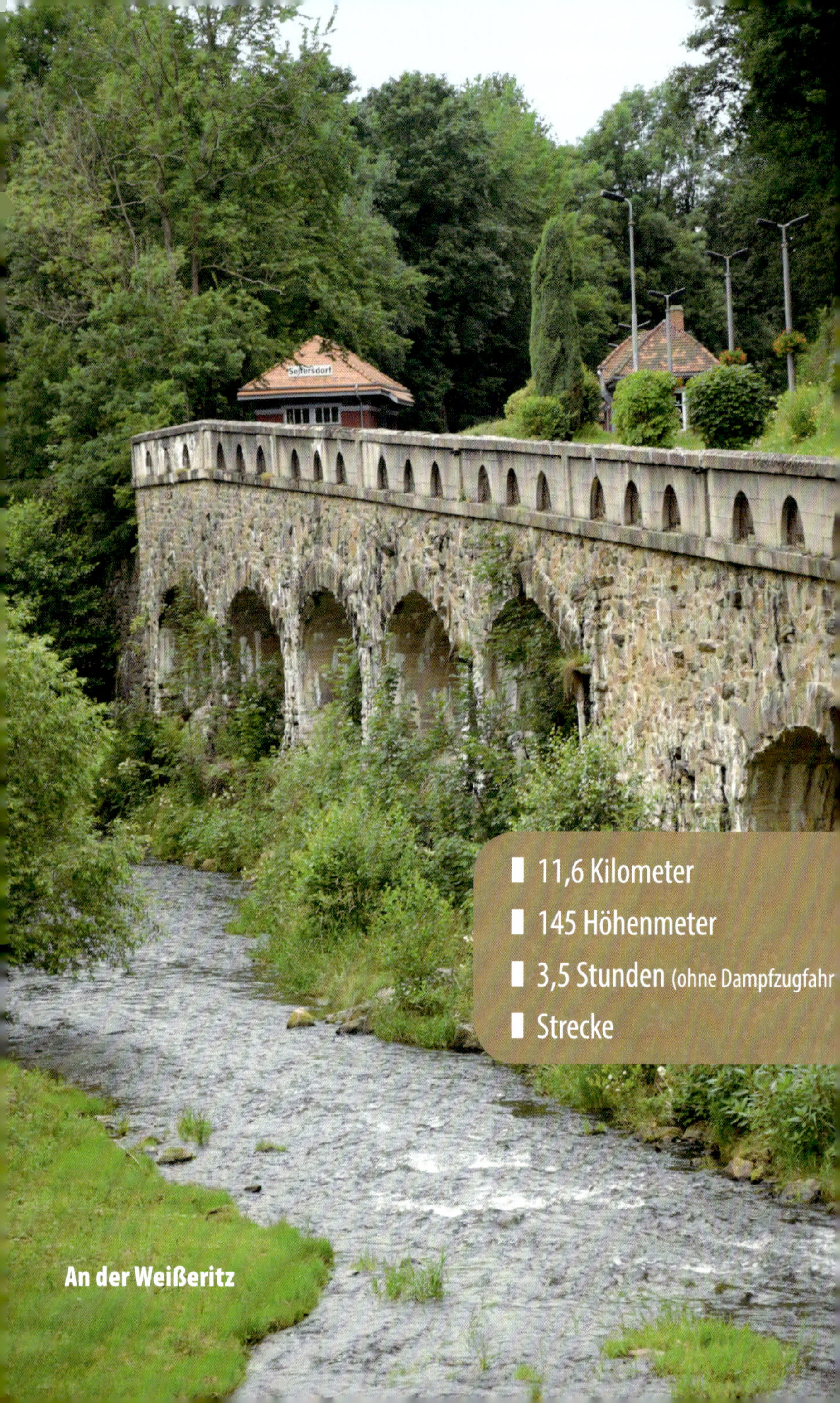


- 11,6 Kilometer
- 145 Höhenmeter
- 3,5 Stunden (ohne Dampfzugfahr
- Strecke

An der Weißeritz

Die Wanderung beginnt mit einer nostalgischen Bahnfahrt: Die **Weißeritztalbahn** ➊, eine seit 1882 betriebene Schmalspurbahn mit Dampflokbetrieb, bringt uns bis Malter. Mit etwas Glück sitzen wir im offenen Panoramawagen, dampfen durch das enge Tal der **Roten Weißeritz** und lassen uns von den Aussichten auf den Rückweg einstimmen. Kräftig schlagen Dampf und Ruß durch das Blätterwerk und zaubern in der Frühsonne Wolkengespinste über uns.

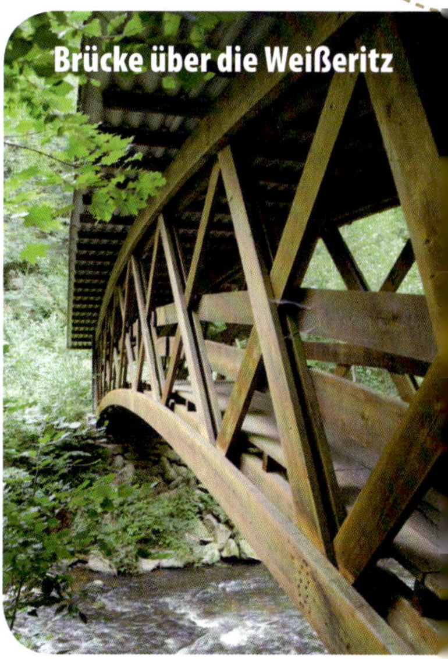
Brücke über die Weißeritz

Die eigentliche Wanderung startet am **Haltepunkt Malter.** Los geht es gegen die Fahrtrichtung der Bahn auf einem eingezäunten Weg bis zur Staumauer der Talsperre Malter. Vor der Staumauer zweigt auf der rechten Straßenseite der **Bahnrundwanderweg** ab und führt über eine kurze Stahltreppe in den Hang. Gleich hinter der Treppe links finden wir eine Rastbank, die einen guten Blick auf die Staumauer eröffnet.

# Einstmalen …

## Durch den Rabenauer Grund

Der meist schmale Pfad folgt mehr oder weniger den Bahnschienen, die wir immer mal wieder linker Hand durch das Gebüsch sehen, mal direkt neben ihnen wandern. Bald geht es abwärts in den Grund. Wir müssen aufpassen, eine schmale Abzweigung nicht zu verpassen, die der Bahnrundweg direkt hinter

*Am **Trompeterfelsen** sprang ein Trompeter auf der Flucht vor Soldaten mit seinem Pferd vom Felsen in die Weißeritz, ehe sein Instrument und er selbst durchbohrt würden. Da unklar bleibt, ob sein letztes Signal gehört wurde, ist dies eine Geschichte der Vergeblichkeit.*

einem Bächlein nach links nimmt. Zügig gewinnen wir die vorherige Höhe zurück. Nach Kurzem windet sich der Pfad von den Bahngleisen nach rechts weg und steigt weiter an. Wir halten uns links, gelangen aus dem Wald heraus und wenden uns, der Auszeichnung folgend, an einer größeren Wegekreuzung nach links auf **Müllers Torweg.** Vor uns liegen die Ausläufer der Siedlung Seifersdorf. Bei den Schienen stoßen wir auf einen Schotterweg, biegen nach rechts, passieren ein paar Weideflächen und erreichen bald **Seifersdorf,** wo wir Bahnstrecke und Weißeritz queren. Hinter der Brücke über das Flüsschen verlassen wir die Straße nach rechts Richtung **Rabenauer Grund** und folgen nun bis Rabenau einem gut ausgebauten Weg. Schienenstrang und Weißeritz begleiten uns mal rechts, mal links. Zunächst durchschreiten wir den Seifersdorfer, dann den Mittelgrund. Bald ragen rechts hinter der Weißeritz beeindruckende Felsen auf, unter ihnen der **Trompeterfelsen ❷.**

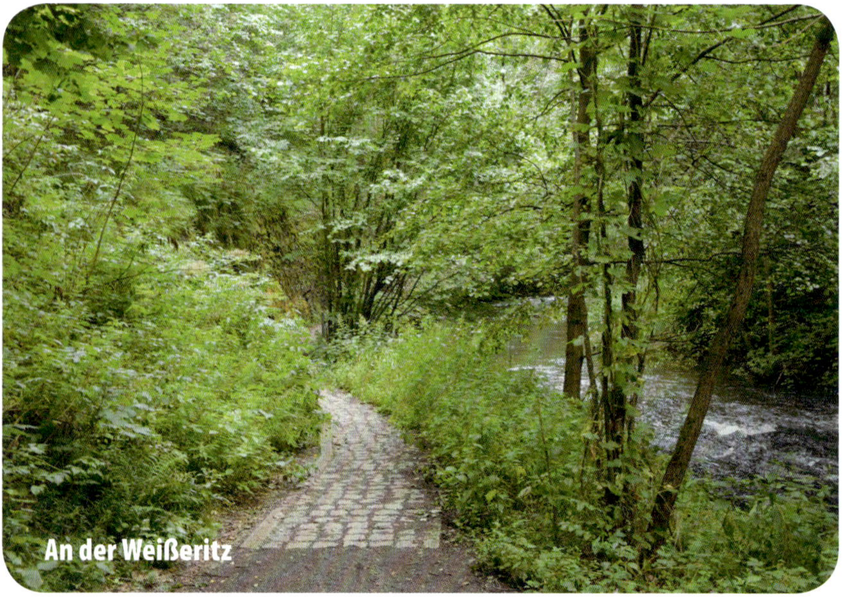

An der Weißeritz

Blick auf Rabenau

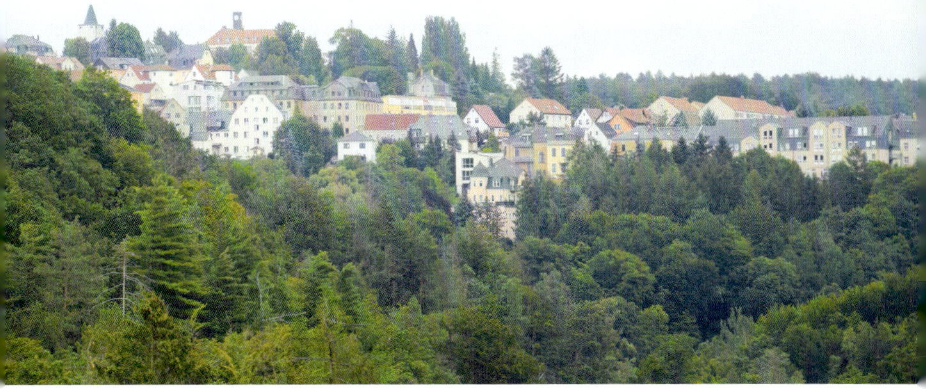

So erreichen wir den **Haltepunkt Spechtritz der Weißeritztalbahn,** überqueren den Bahndamm, die Weißeritz und kurz darauf auch eine Straße, wandeln aber zumeist weiter unter einem schützenden Blätterdach. Hier lässt sich ebenso zügig Strecke machen wie – und das ist deutlich schöner – gemütlich bummeln. Gemauerte Bahnbrücken beeindrucken uns, wir freuen uns über Schmetterlingstreiben, verzierte Steine, Bänke, in der

## Für die Seele

Eine Fahrt mit der Dampflok, ein Sagenweg und eine verwunschene Klamm: ein Pfad durch Vergangenheit, Nostalgie und Sehnsuchtswelten …

Sonne glitzernde Bachschnellen oder Mühlengräben. Vögel zwitschern, ein Falke meckert, die Weißeritz gurgelt einmal gefährlich und lädt dann wieder zum Spielen ein. Ein Füllhorn an Eindrücken, die man gar nicht alle festhalten kann. Im aktuellen Erleben ist die unbezähmbare Vielzahl der Eindrücke, die nichts weiter als sich selbst bedeuten, ein schieres Sinnenfest.

*Wenn wir wie beschrieben über den Sagenweg gehen, müssen wir vor der Himmelsleiter die Arthur-Lohse-Brücke überqueren; sie war bei Redaktionsschluss wegen Einsturzgefahr gesperrt. Die **Alternativstrecke** verläuft ab der Semmelsteigbrücke am linken Flussufer weiter.*

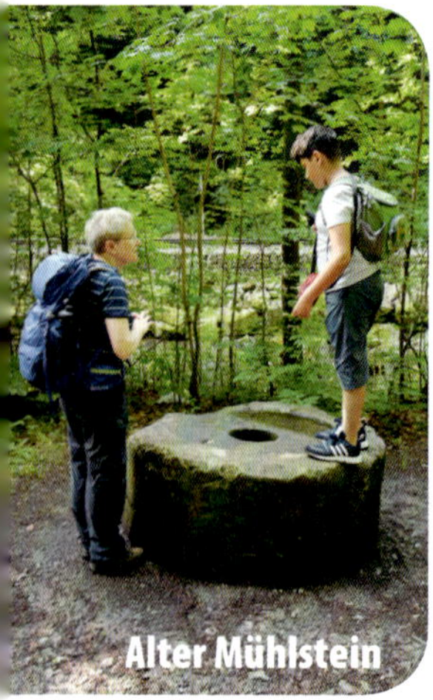

Alter Mühlstein

In **Rabenau** angekommen, wird uns zunächst an einer Station des **ENSO-Energie-Erlebnispfads** ❸ (siehe auch Tour 10, Kasten S. 96) die Stromgewinnung aus Wasserkraft erläutert. Etwa die Hälfte der Wanderung liegt hinter uns, und wer nicht ein mitgebrachtes Picknick eingeplant hat, kann sich im **SB-Restaurant Zum Wanderer** ❹ stärken. Unterhalb des **Hotels Rabenauer Mühle** geht der Weg weiter, zunächst an einer weiteren Station des ENSO-Energie-Erlebnispfades vorbei, ehe wir an der **Semmelsteigbrücke** ❺ auf dem gleichnamigen Pfad die Weißeritz überqueren.

Am Schild links hinter der Brücke quert der Weg die Schienen und steigt in den Wald hinein. Wir folgen der Ausschilderung **Sagenweg** ❻ in Richtung **Siedlung** auf einem schmalen und weichen Pfad nach links den Hang empor und gelangen zum **Aussichtspunkt Paul-Stephan-Platz.** Hinter dem Platz nehmen wir den unteren und schmaleren der beiden parallel verlaufenden Pfade, queren den Kanonenweg und gelangen in einem weiten Linksschwenk an die Gärten der **Siedlung Waldfrieden.** Nachdem bislang die oft verschroben wirkenden, knorrigen Wurzeln am ehesten an Sagenwelten gemahnten, passieren wir nun mit der **Weißen Bank** den ersten von zahlreichen Erlebnispunkten, die alle auf Tafeln von Sagen künden. Gegenüber erblickt man die Silhouette von Rabenau.

Rund 200 Meter weiter, am Ende der Gärten, führt ein kurzer Abstecher nach links zur **Vogelstellige,** einem Ort, an dem früher Vogelsteller heimische Vögel mit Leimruten für den Dresdner Markt fingen. Danach geht es an der Querseite des letzten Gartens entlang, immer geradeaus, bis uns Schilder die nächste Attraktion, das **Brautbett,** ankündigen. Mit etwas Glück können wir an einem der Ausblicke tief unten die Talbahn entlangziehen sehen, wenn auch kaum auszumachen durch den Dampf, sondern eher zu hören. Kurz hintereinander weisen Schilder auf sehr kurze Abstecher hin: erst zum **Brautbett,** dann zum **Predigtstuhl.**

Direkt hinter dem Abstecher zum Predigtstuhl führt uns der Weg in engen und steilen Serpentinen hinab zur **Arthur-Lohse-Brücke,** auf der wir die Weißeritz wieder einmal überqueren. Die Brücke im Rücken, wenden wir uns links, unter der nächsten Bahnbrücke hindurch und steigen unmittelbar hinter ihr über eine Steinplattenschräge rechts hinauf, in das Unterholz hinein. Dort finden wir einen nach links führenden, anfangs unscheinbaren Pfad, der schnell steil ansteigt und uns zur **Himmelsleiter** ⑦ bringt. Nach den bisherigen einfachen Wegen wartet nun ein wenig Abenteuer auf uns. Achtung: Hier ist Trittsicherheit nötig!

*Die romantische Geschichte von der Ritterstochter und dem edlen Junker, die sich gegen den Willen ihres Vaters im sagenhaften Brautbett vermählten, hat auf dem* ***Sagenweg*** *eindeutig das größte Potenzial. Historisch oder sagenhaft: Die wahre Liebe gewinnt.*

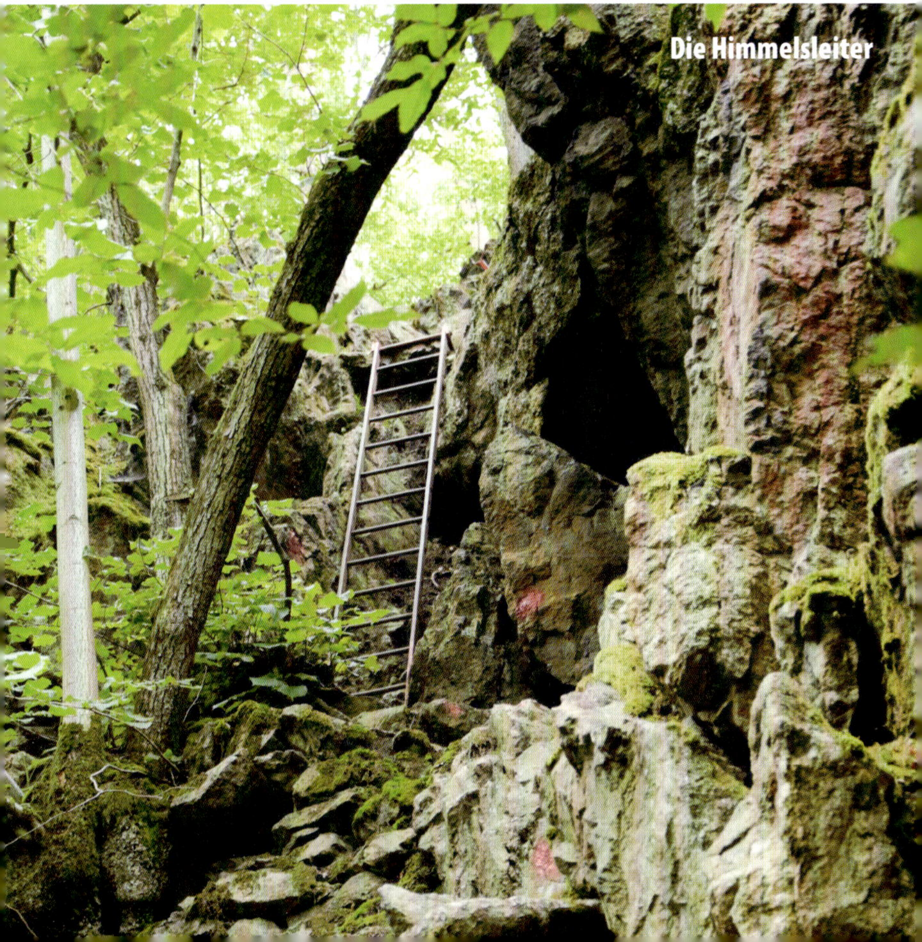

**Die Himmelsleiter**

## Teuflisch schöne Aussicht

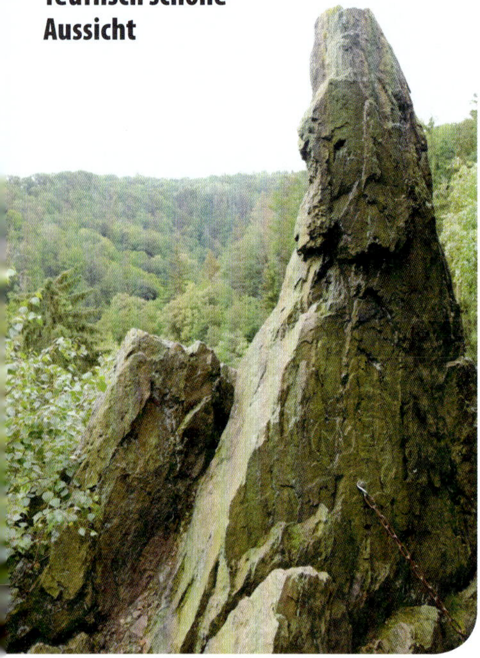

Ungeübte oder ermüdete Wanderer gehen auf dem Talweg weiter flussabwärts bis zum Abzweig Somsdorfer Klamm.

Alle anderen steigen über mit roten Punkten markierte Felsen, die manchmal erklettert werden müssen, und eine Leiter auf einem Steig, der zu beiden Seiten steil abfällt, weit empor über das Tal der Weißeritz. Dort finden wir zwei Bänke, von denen die eine direkt am Abgrund mit der Rückenlehne zum Steilhang steht, als wolle sie uns vor der Verführung der Tiefe bewahren.

Nach rechts geht es weiter, den Hang ins Tal stets zu unserer Rechten. Zunächst wandern wir über ein Hochplateau, bald wenige Höhenmeter unterhalb, und werfen immer wieder einen Blick in den grünen Grund. Zwischen Buchen und Eichen hindurch führt dieser Pfad, bis er hinter einem Hochstand, durch den wir fast hindurchlaufen, in die **Somsdorfer Klamm** (8) hinunterführt. Nach einer Rechtsbiegung treffen wir unten auf den **Buschbach,** der die Klamm über die Jahre ausgewaschen hat. Wir folgen dem Pfad bachabwärts, zunächst direkt am Wasserlauf, dann etwas oberhalb. Hier müssen wir aufpassen, um die Abzweigung nach links hinunter nicht zu verpassen. Leider ist sie nicht markiert, aber die Stufen sind mit Holzbohlen und Eisenstangen gesichert. Nun geht es auf der anderen Seite des Baches weiter in die Klamm hinein, die man ruhigen Gewissens als wildromantisch beschreiben kann.

*Die **Somsdorfer Klamm** mit ihren Felsen, Steinbildern, dem Dämmerlicht, dem sprudelnden, stürzenden Bach, den Steiganlagen und Engstellen ist wahrlich sagenhaft. Halb erwartet man, auf Hagen von Tronje zu treffen.*

Vor einer Stahlbrücke zweigt links eine verwunschene Steintreppe ab, die sich, mit einer Eisenkette gesichert, an einem hoch aufragenden Felsen steil hinaufzieht. Das ist der Weg zur **Teufelskanzel.** Um sie zu erreichen, biegen wir vor dem letzten Abschnitt der Treppe nach rechts ab. Nach wenigen Metern stehen wir vor einem Felsen, den wir nur mithilfe einer Eisenkette besteigen können. Von der **Teufelskanzel** bietet sich ein eindrucksvoller Blick. Aber: Es muss geklettert werden – hinunter ist das meist schwieriger als hinauf. Wer sich unsicher ist oder nicht schwindelfrei, sollte sein Glück nicht herausfordern.

Wieder unten am Felsen, führt uns der Weg weiter durch den engsten Teil der **Somsdorfer Klamm,** die sich später wieder leicht weitet. Wir stoßen auf den Talweg. (Wer den Weg über die Himmelsleiter ausgelassen hat, kann von hier einen Abstecher in die ausgeschilderte Klamm machen.)

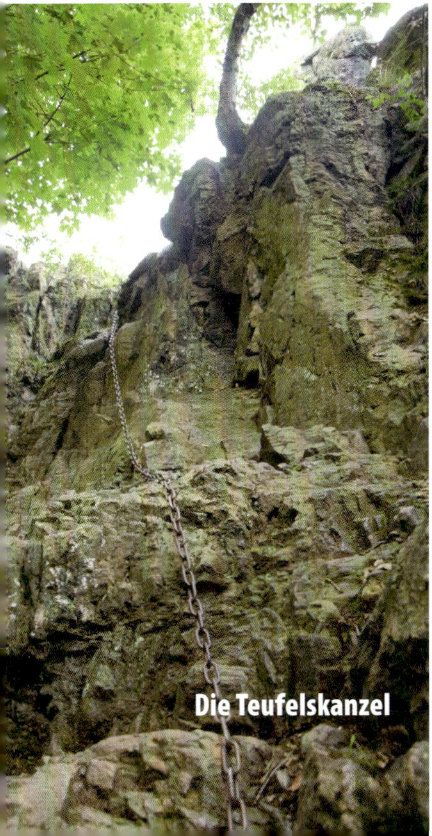

Die Teufelskanzel

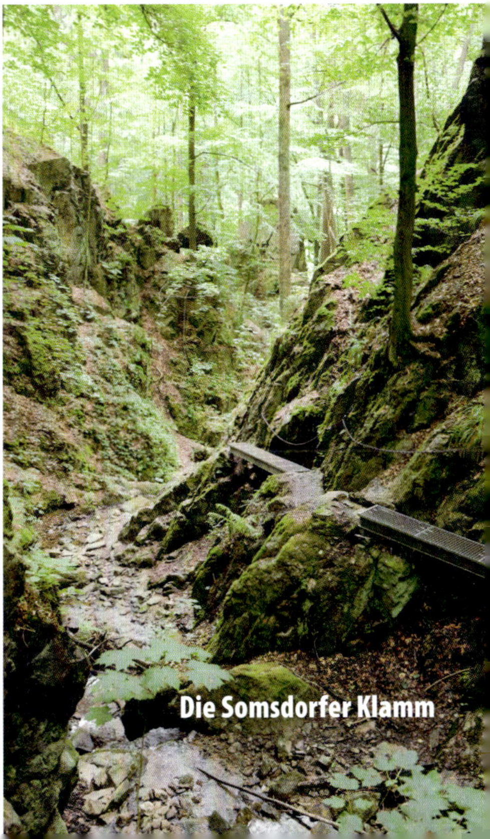

Die Somsdorfer Klamm

# Entschleunigungstour 14

Wieder auf breitem Weg folgen wir der Weißeritz flussabwärts. Etwa 100 Meter weiter führt rechter Hand die nächste Brücke über den Fluss.

Wer das Auto am Parkplatz Weißeritzpark geparkt hat, überquert den Fluss und folgt am anderen Ufer einer Straße ca. 600 Meter bis zum Parkplatz.

Wer mit dem ÖPNV angereist ist, setzt die Wanderung auf der linken Seite der Weißeritz fort. Nach 600 Metern wird die **Somsdorfer Straße** zunächst gequert. Bald treffen wir erneut auf sie und biegen nach links auf sie ein. An der nächsten großen Kreuzung bleiben wir auf der Somsdorfer Straße, die hier nach links abbiegt, und erreichen nach weiteren 300 Metern den **Bahnhof Hainsberg-West.**

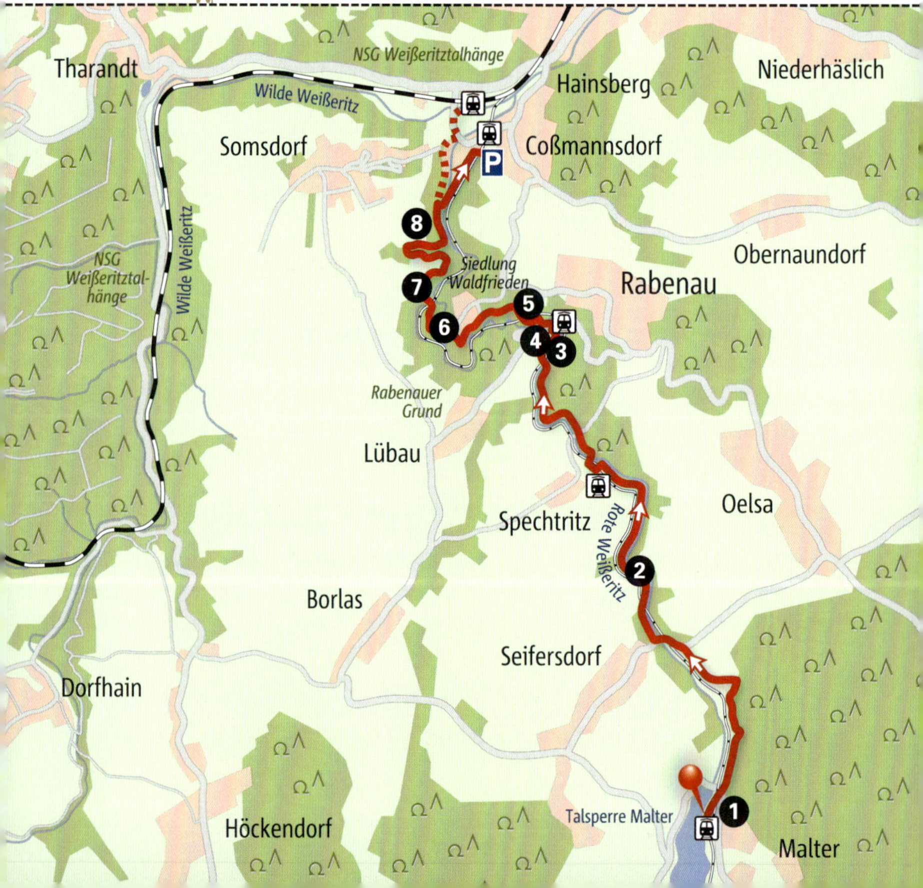

# Alles auf einen Blick

**WIE & WANN:**
**Größtenteils weiche Waldpfade und bequeme Forstwege, in den Dörfern sehr kurze Abschnitte Asphalt. An der Himmelsleiter und der Teufelskanzel Leitern und andere Steighilfen; beide erfordern Trittsicherheit und Schwindelfreiheit; sie sollten bei großer Nässe und bei Glätte gemieden werden; beide können umgangen werden. Tour ganzjährig möglich.**
**Die Arthur-Lohse-Brücke war bei Redaktionsschluss wegen Einsturzgefahr gesperrt. Bitte prüfen Sie, ob sie zugänglich und damit die Tour wie beschrieben durchführbar ist; ansonsten ab der Semmelsteigbrücke im Rabenauer Grund weitergehen bis zum Abzweig Himmelsleiter**

**HIN & WEG:**
**Auto:** Parkplatz Weißeritzpark, An der Kleinbahn, 01705 Freital (GPS 50.975519, 13.623839); zum gebührenfreien Teil des Parkplatzes die Schienen überqueren; zu Fuß vom Parkplatz 200 Meter nach rechts die Straße zurück bis zum Haltepunkt Coßmannsdorf der Weißeritztalbahn; Anreise zum Ausgangspunkt ab Coßmannsdorf: Weißeritztalbahn bis HP Malter, www.weisseritztalbahn.com
**ÖPNV:** RB 30 oder S 3 bis Freital-Hainsberg, ab hier Weißeritztalbahn bis HP Malter; Abreise ab Hainsberg-West mit RB 30 oder S 3

**ESSEN & ENTSPANNEN:**
**SB-Restaurant Zum Wanderer ❹** Bahnhofstraße 23, 01734 Rabenau, Tel. (03 51) 4 60 20 61, www.rabenauer-muehle.de/zum-wanderer.html

Entspannung ★★★★☆
Genuss ★★★☆☆
Romantik ★★★★★

**ENTDECKEN & ERLEBEN:**
**Weißeritztalbahn, Haltepunkt Malter ❶** SDG Sächsische Dampfeisenbahngesellschaft mbH, Am Bahnhof 1, 01468 Moritzburg, Tel. (03 52 07) 8 92 90, www.weisseritztalbahn.com
**Trompeterfelsen ❷** **ENSO-Energie-Erlebnispfad ❸**
**Semmelsteigbrücke ❺** **Sagenweg ❻**
**Himmelsleiter ❼** **Somsdorfer Klamm** und **Teufelskanzel ❽**

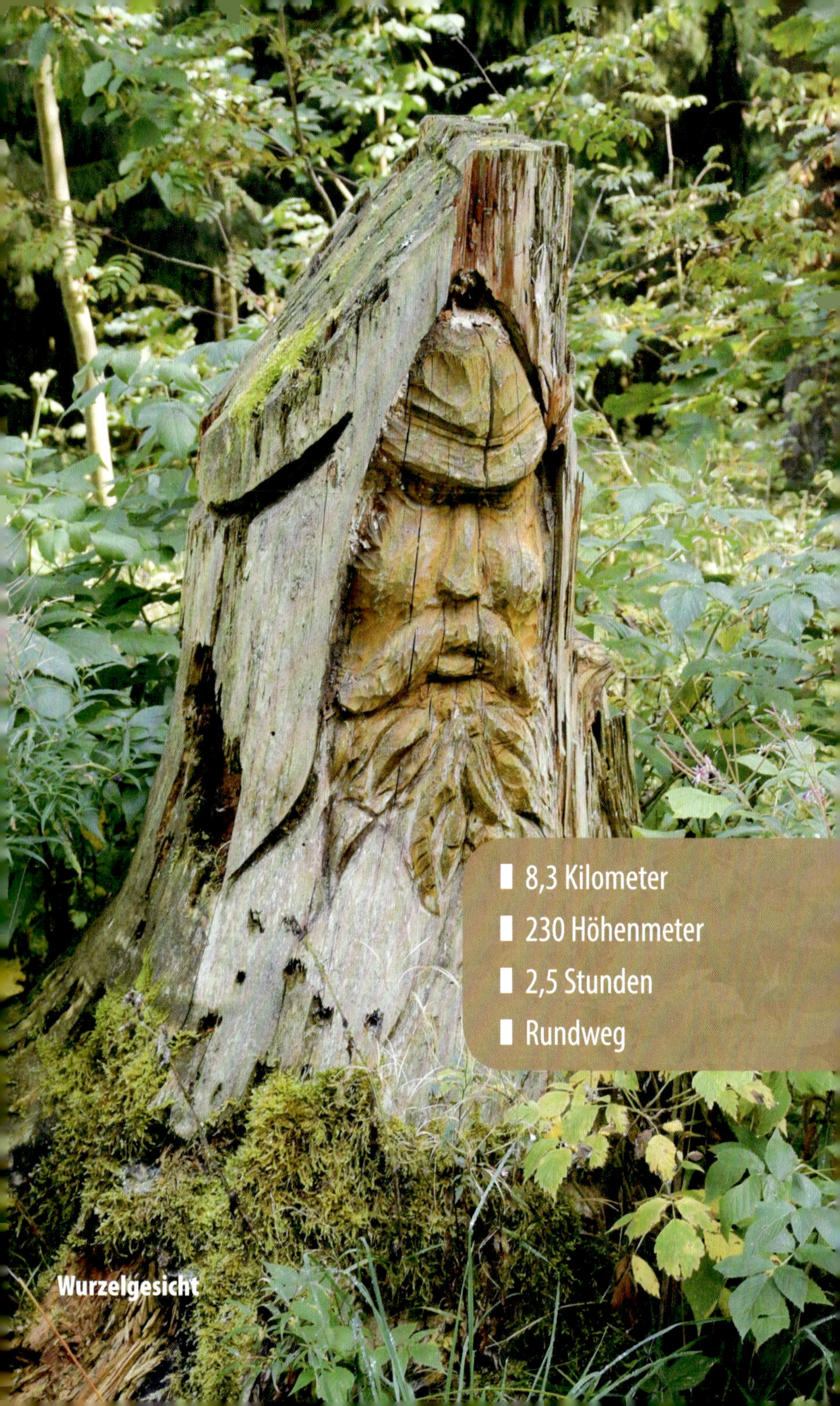

Wurzelgesicht

- 8,3 Kilometer
- 230 Höhenmeter
- 2,5 Stunden
- Rundweg

Direkt gegenüber der Einfahrt zum Parkplatz hinter dem Sportplatz nehmen wir den Kräuterlehrpfad in den Wald hinein. Bald öffnet sich der Blick nach rechts über Wiesen nach Schönheide, und wir treffen auf eine Hinweistafel zum **Kräuterlehrpfad ①.** Sie stellt uns 14 verschiedene Wiesenkräuter vor, angefangen bei bekannteren, wie Löwenzahn, Brennnessel oder Gänseblümchen, die wohl jeder erkennt. Bärwurz, Gundermann oder Engelwurz hören sich schon eher nach „Kräutern" an – vielleicht weil man sie eben nicht sogleich erkennt und die Kräuterlehre heutzutage schon einen – wenngleich modischen – Hauch des Exotischen hat. Es lohnt sich, etwas Fotodokumentation zu betreiben: Unterwegs lässt sich so der eine oder andere Fund am Wegesrand abgleichen und bestimmen.

Wir folgen für die erste Hälfte des Rundwegs den Ausschilderungen des **Kräuterlehrpfads,** der mit einem **diagonalen grünen Balken** gezeichnet ist. Wer allerdings einen beschilderten Lehrpfad erwartet, sieht sich getäuscht.

## Waldbummeln

### Auf den Kuhberg

Zunächst geht es am Waldrand nach rechts, bis wir auf eine Schotterpiste stoßen und dieser nach links in den Forst folgen. Schotterpisten sind, was das Gehen anbelangt, schnell langweilig. Hier aber führen sie durch relativ feuchtes Gelände, sodass die Wegesränder zu allerlei Beobachtungen einladen: Blüten,

Flechten an den Fichtenästen, unterschiedlichste Formen von Spinnweben – lauter Kleinode, für die wir Zeit haben. Nach einer Reihe von Abzweigungen, die wir ignorieren, erreichen wir eine größere Wegkreuzung mit **Schutzhütte ②.** Hier fanden sich im Sommer 2021 vier Holzschemel aufgereiht, alle gleich groß. Wir biegen nach rechts. Leider fehlt direkt an der Kreuzung der Hinweis zum Kräuterlehrpfad, sodass wir mit **Weiß-Rot-Weiß** der Richtung **Kuhberg** folgen, nur um kurz darauf an einem Baum den diagonalen grünen Balken wieder zu entdecken.

Der Weg schlängelt sich in langen Windungen am Kuhberg vorbei. Er bleibt einfach zu gehen und gibt uns Gelegenheit, uns weiterhin den kleinen Beobachtungen am Wegesrand hinzugeben. Dichtes Moos zieht sich über den Waldboden und umfängt Bäume wie Söckchen; frühmorgendlicher Regen hinterlässt Myriaden kleiner Tropfen, die die Fichtenzweige fast weihnachtlich erscheinen lassen. Rechter Hand ist ein geschnitztes Eichhörnchen zu entdecken. Hinweistafeln geben Auskunft über Waldumbau und Buchenverjüngung, anschaulich im Areal dahinter auszumachen. An einer Gabelung treffen wir auf eine neue

**Schönheide im Blick**

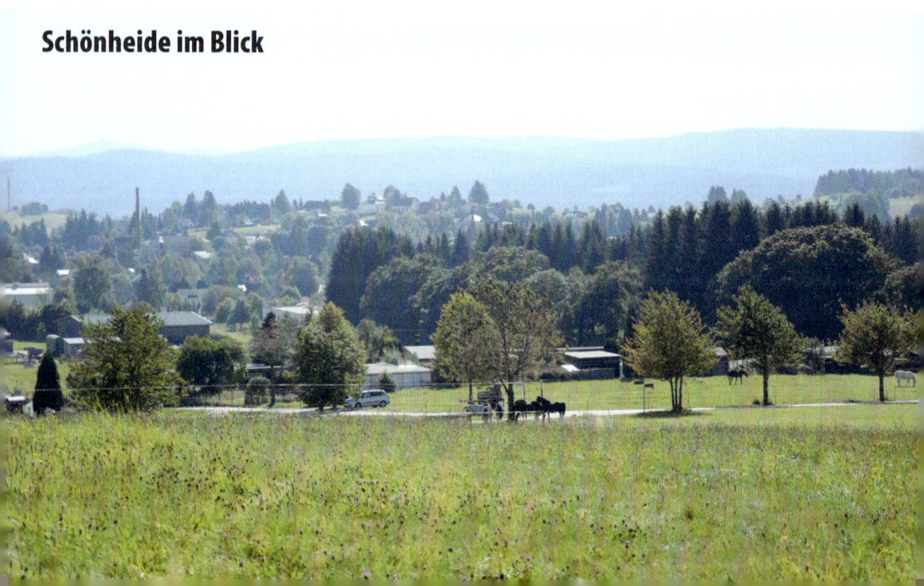

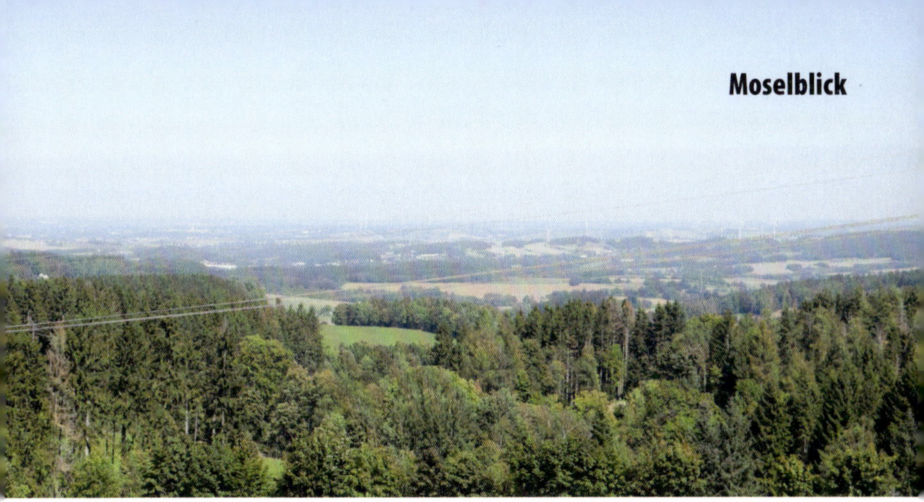

Imbissbank. Wir folgen dem Weg mit **Weiß-Gelb-Weiß** Richtung **Stützengrün** weiter, erreichen bald die Häuser der Ortschaft und werden am dortigen Wanderparkplatz mit weiteren interessanten Tafeln zur Waldwirtschaft belohnt.

So intellektuell gestärkt, folgen wir immer weiter dem Kräuterlehrpfad, der vom Parkplatz aus oberhalb eines Hauses auf halb pistenartigem, halb sandigem Weg weiterführt. Hinter dem letzten Haus unterqueren wir eine Hochspannungsleitung und folgen auf einem angenehm weichen Wiesenweg dem Waldrand. Wo der Weg wieder in den Wald hineinführt, findet sich rechts etwas versteckt der Hinweis nach **Bärenwalde,** dem wir sozusagen innen am Waldrand entlang abwärts folgen. Schon 100 Meter weiter erreichen wir den unteren Waldrand, biegen nach links und stehen vor einer Picknickbank mit dem **Moselblick ③.** Mosel?

## Für die Seele

Bummeln, bestaunen, bewundern: Am einfachen Weg locken hier die kleinen Dinge, die sonst so leicht übersehen werden.

Von hier? War der kurze Waldweg ein Shortcut durch die vierte Dimension? Es wird wohl doch das Örtchen Mosel bei Zwickau gemeint sein. Uns bietet sich jedenfalls eine schöne Aussicht über die Hügel nordwärts ins Zwickauer Land.

Wir folgen dem Pfad am Waldessaum entlang, bis er auf einen breiteren Weg stößt. Der Kräuterlehrpfad biegt nach rechts ab, wir aber wenden uns nach links und nehmen wenige Meter weiter an einer Gabelung erneut den linken, unmarkierten Weg. Er steigt im Wald an und stößt nach etwa 300 Metern auf eine Schotterpiste, der wir nach rechts folgen. Wir befinden uns wieder auf dem **Kuhbergrundweg,** dessen Schilder wir bereits zuvor gesehen haben. Ihm folgen wir, bis uns an einer Kreuzung ein Wegweiser nach links hoch auf den **Kuhberg** schickt. Nun geht es geradewegs hinauf auf den Gipfel; allerdings haben wir die meisten Höhenmeter längst hinter uns und müssen nur noch deren 30 bewältigen. Der **Berggasthof Kuhberg** ④ kommt gerade recht für eine Pause. Das SB-Restaurant offeriert selbst gemachte Suppen und Eintöpfe: genau das Richtige für Wanderer. Mit etwas Glück ist auch eine erzgebirgische Spezialität zu bekommen, der Schieböcker Käse.

*__Schieböcker Käse__ ist ein wild anmutendes Gemisch aus miteinander verkochtem Harzer, Camembert, Bier, Butter und Kümmel, serviert mit Zwiebeln und Gewürzgurke. Eines jener Gerichte, bei denen jeder Haushalt auf das eigene, althergebrachte Rezept schwört.*

Nach der Stärkung lockt noch eine Besteigung des **Prinz-Georg-Turms** ⑤. Der kleine Obolus, um das Drehkreuz zu überwinden, lohnt sich. Im Eingangsraum wird herzergreifend geknittelverst: „Nur dummer Narren Hände/beschmier'n im Turm die Wände." Nun denn: Steigen wir also ausnahmsweise die Treppen hoch, ohne dabei die Wände zu beschmieren. Für die Aussicht muss man mittlerweile durch die Fichtenspitzen lugen. Es lohnt aber dennoch.

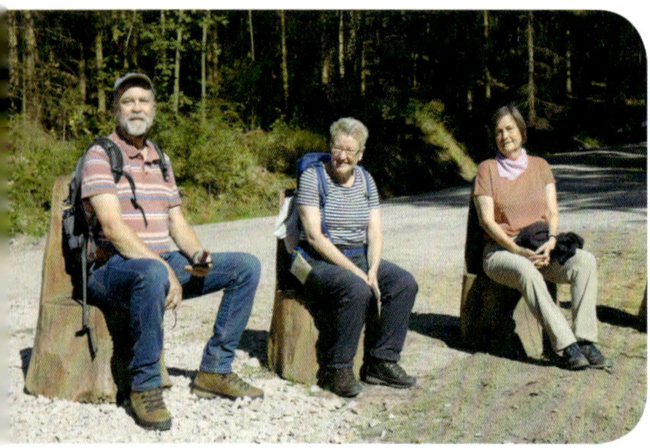

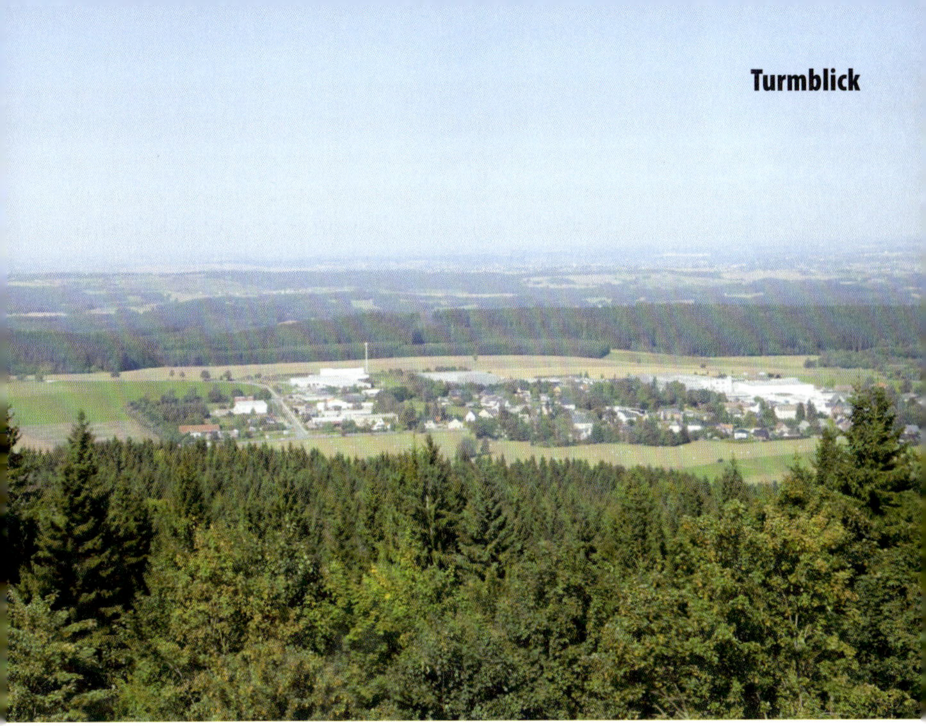

Neben dem Turm steht eine Vermessungssäule von 1876, errichtet im Zuge der Triangulierung des Königreichs Sachsen zwischen 1862 und 1890 mit dem Ziel wissenschaftlicher Erfassung des Staatsgebietes und der Herstellung von Kartenwerken. Die Säule am Kuhberg gehört zu den 122 Säulen zweiter Ordnung, neben 36 Säulen erster Ordnung. 1894 wurde eine zweite Säule errichtet, die sich heute im Mittelgeschoss des Turmes befindet.

Vom Turm aus gehen wir mit **Weiß-Rot-Weiß** weg vom Parkplatz und der Straße einen Waldweg abwärts, passieren einen Sendemast und treffen nach kurzer Zeit auf die Schotterpiste, die wir als **Kuhbergrundweg** schon genutzt haben. Dieses Mal biegen wir nach links ein und folgen ihr bis zu der größeren **Kreuzung mit Schutzhütte,** die wir schon kennen und an der wir zuvor, aus jetzigem Blickwinkel, links abgebogen waren. Nach rechts zweigt eine weitere Schotterpiste ab, Richtung Hahnenhäuser, sowie ein unmarkierter Waldweg, der sich bereits nach wenigen

*Der **Prinz-Georg-Turm** ist nach dem sächsischen Kronprinzen und späteren König Georg (1832–1904) benannt. 1894 errichtet, wurde er mehrfach erhöht und ist heute über 99 Stufen zu ersteigen.*

Metern erneut gabelt in einen rechten breiteren und einen linken schmaleren. Am Eingang zu diesem unmarkierten Waldweg steht linker Hand im Unterholz ein Baumstumpf, in den das **Gesicht eines Wurzelmannes** geschnitzt ist. In diesen Waldweg biegen wir ein, nehmen an der Gabelung den linken Pfad und genießen erneut den weichen Waldboden. Nachdem wir eine Schotterpiste überquert haben, erreichen wir bald den Waldrand, an dem wir am Anfang der Wanderung die Hinweistafel zum Kräuterlehrpfad passiert haben. An warmen Tagen ist die Verlockung groß, auf der Wiese eine Zeit lang zu ruhen. Wenige Minuten später erreichen wir auf schon bekanntem Pfad den Parkplatz.

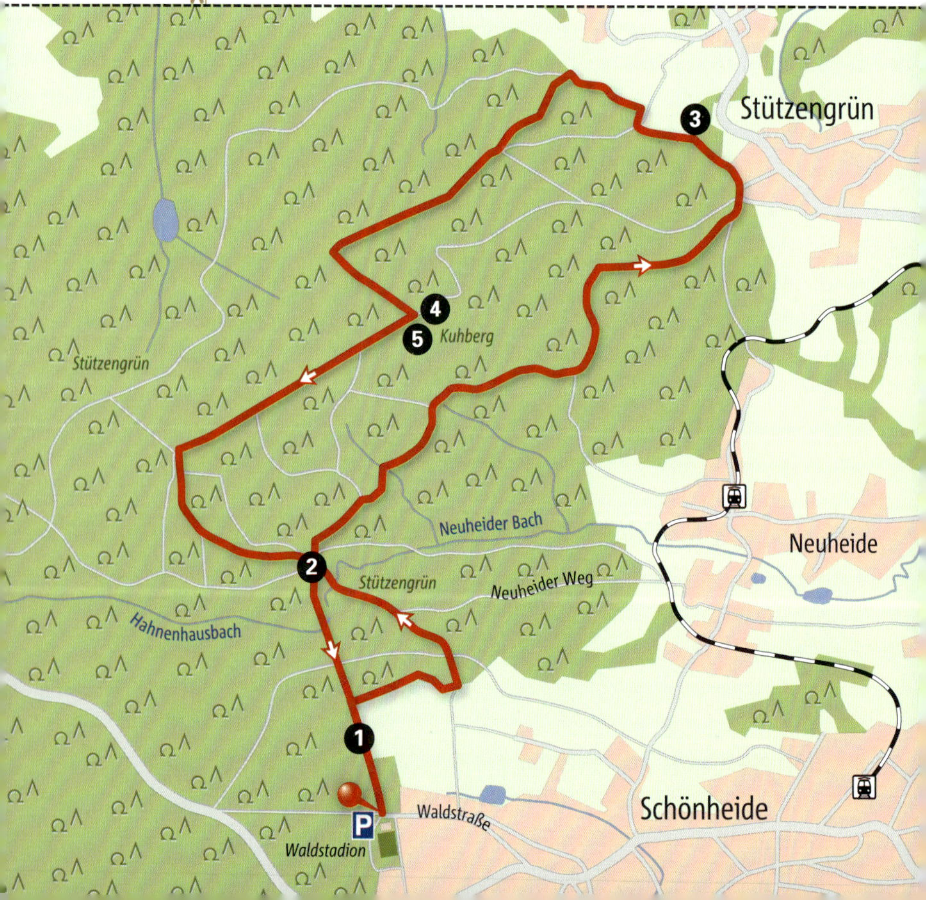

# Alles auf einen Blick

**WIE & WANN:**
**Leichte, bequeme Forstpisten und Waldwege. Beste Zeit ist April bis November; in der Wintersaison sind bei Loipenbetrieb Streckenteile für Wanderer gesperrt; seine Anmut entfaltet der Weg nach Regen**

**HIN & WEG:**
**Auto:** Parkplatz am Waldstadion Schönheide, Alte Schnarrtanner Straße, 08304 Schönheide (GPS 50.505449, 12.497555)
**ÖPNV:** Keine direkte Anbindung an die Strecke

**ESSEN & ENTSPANNEN:**
**Berggasthof Kuhberg** (SB) ❹ Schönheider Straße 90a, 08328 Stützengrün, Tel. (03 77 55) 24 90, www.berggasthof-kuhberg.de

**ENTDECKEN & ERLEBEN:**
**Kräuterlehrpfad, Infotafel ❶**
**Schutzhütte mit Holzschemeln ❷**
**Moselblick ❸**
**Prinz-Georg-Turm ❺**

Entspannung ★★★★☆
Genuss ★★★★☆
Romantik ★★★☆☆

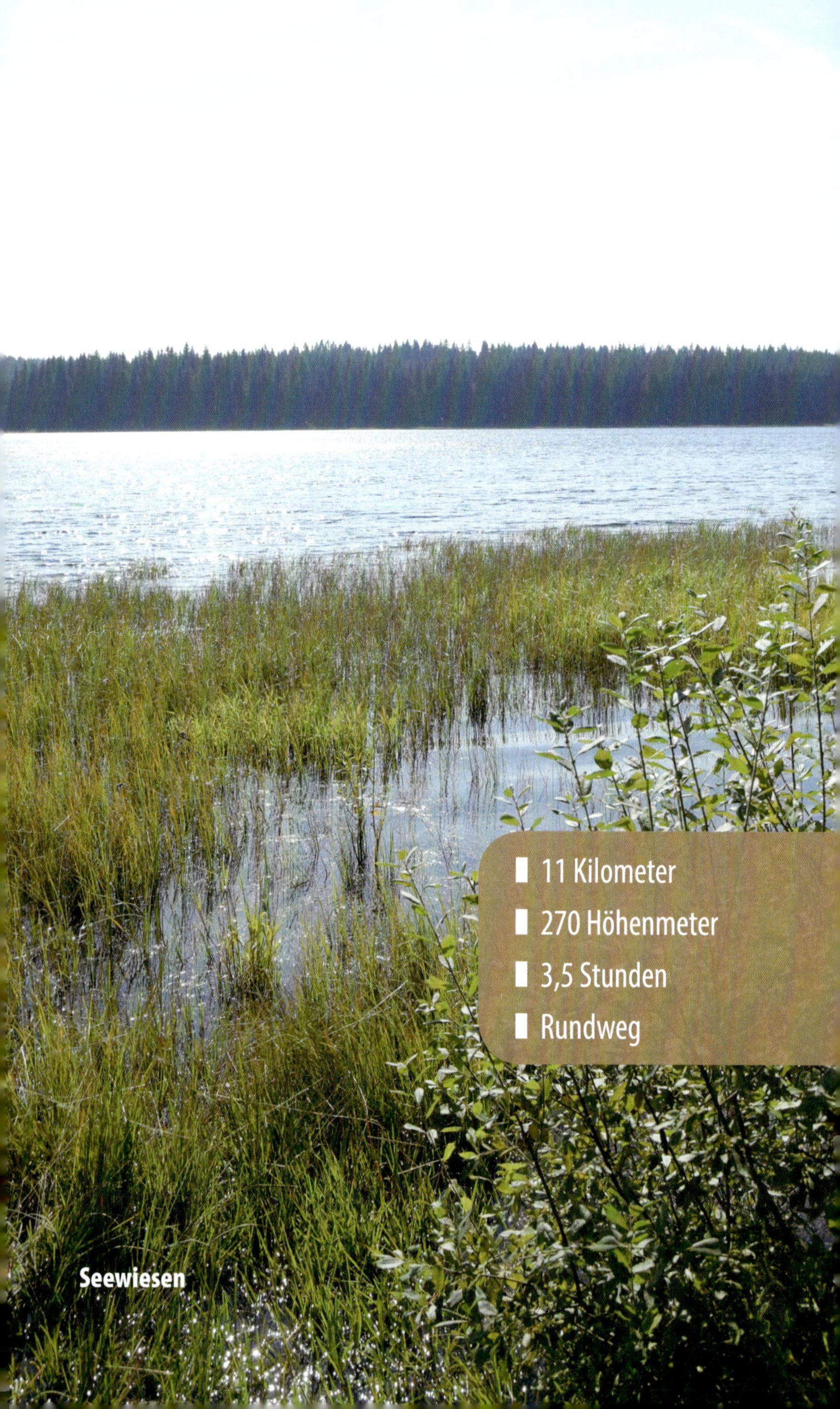
11 Kilometer
270 Höhenmeter
3,5 Stunden
Rundweg
Seewiesen

Vom Parkplatz starten wir abwärts zum **Gasthaus Talsperre** und biegen vor den ersten Häusern nach links ein. Auf weichem Grasboden führt uns der **Kammweg** Richtung **Morgenröthe** oberhalb von Carlsfeld stetig aufwärts, vorbei an Weiden, Bänken, einer Quelle und schließlich unter einem Skilift hindurch. Eine schöne **Aussicht** ❶ reiht sich an die nächste. Gegenüber erhebt sich hinter dem Dorf der Brückenberg, den wir später besteigen. Hinter dem Skilift auf den Hirschkopf, etwa 30 Meter im Wald, führt uns ein Pfad mit **Weiß-Rot-Weiß** nach rechts abwärts, bis wir die Häuser erreichen und auf der Straße **Neue Welt** – sie heißt tatsächlich so! – weiter abwärts nach **Carlsfeld** gehen. Am unteren Ende der Straße finden wir einen kleinen Aussichtspunkt mit ersten Hinweisschildern zur **Kirche St. Trinitatis** ❷ und zur ehemaligen Schmalspurbahn. Das markante Oktogon der Kirche ist bereits zu unserer Rechten in den Blick gekommen, und wir statten der Kirche, die von außen und innen ein Kleinod ist, einen Besuch ab.

Auf der anderen Seite der Hauptstraße setzen wir die Tour fort und beginnen allmählich mit dem Aufstieg zum Brückenberg. Zunächst geht es mit **Weiß-Rot-Weiß** den **Schnorr-von-Carolsfeld-Weg** hinauf, vorbei am **Hammerherrenhaus** des gleichnamigen Unternehmers und Gründers von Carlsfeld. Stetig bergauf lassen wir bald die letzten Häuser hinter uns und gehen durch Wiesen zunächst noch auf einer Straße, bald

*Die 1688 geweihte, prächtig ausgestattete Barockkirche **St. Trinitatis** ist der früheste Achteckbau mit zentraler Kuppel in Sachsen. Sie wurde zum Vorbild der Dresdner Frauenkirche, deren Baumeister Georg Bähr vermutlich als junger Zimmerer hier tätig war.*

# Zu den Seewiesen

## Carlsfeld und der Brückenberg

aber auf Schotter auf den oberen Waldrand zu. Hinter uns bietet das Tal weitere schöne Blicke. Mehrere Hinweistafeln zum Vogelschutzgebiet lassen uns die Augen in den Himmel erheben, wo mit etwas Glück ein Greifvogel seine Kreise zieht.

Kaum im Wald, entdecken wir die Ausschilderung zum ehemals höchstgelegenen Fußballplatz der DDR auf 923 Metern. Das Schild ist kurios genug; wir lassen den Abstecher dorthin aber aus und halten uns auch nicht lang mit den verschiedenen Hinweisen auf die Bergbaugeschichte und dem Gedenkstein für den 1866 von einem Wilddieb erschossenen Förster Klähr auf. Stattdessen wandern wir durch den lichten Fichtenwald weiter bis zur **Spinne,** einer Kreuzung von sechs Wegen. Hier verlassen wir unseren geradeaus weiterführenden Weg und nehmen stattdessen einen im Winkel von 45 Grad nach rechts abzweigenden, unmarkierten Schotterweg, genau zwischen dem weiß-rot-weißen nach Eibenstock und

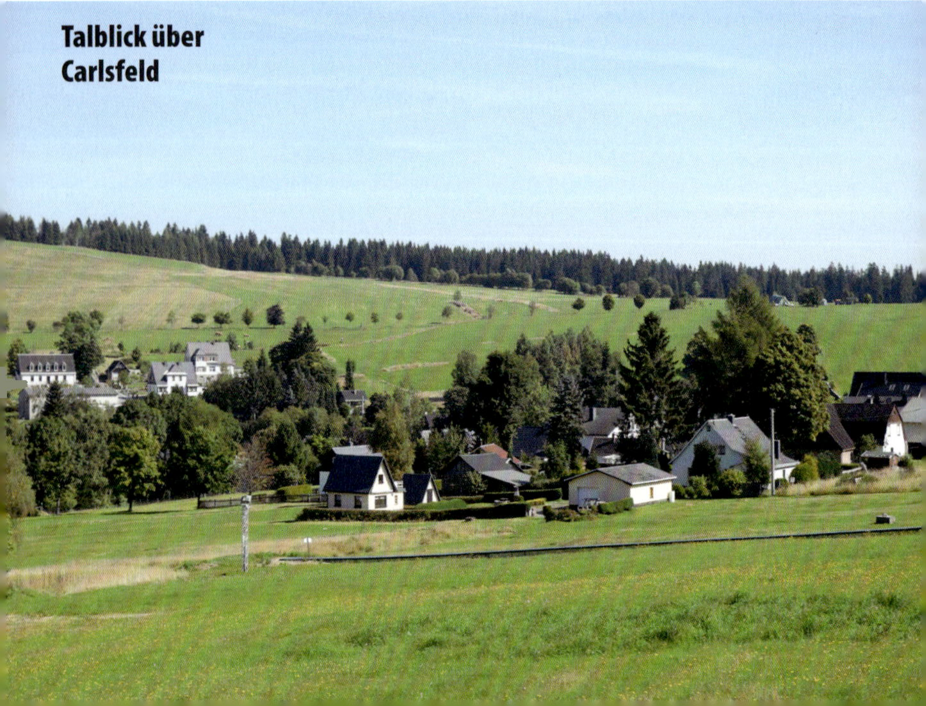

**Talblick über Carlsfeld**

dem fast rechtwinklig abzweigenden nach Wildenthal über den Teichweg. Am Rand sehen wir Reste ehemaliger Elektroinstallationen. Ansonsten bietet die gemächlich weiter ansteigende, zunächst schnurgerade Forstpiste Muße, um rechts und links im Unterholz Insekten, Kräuter und dergleichen zu entdecken. Nach rund 600 Meter gerader Strecke macht der Weg einen Rechtsknick. Kurz dahinter nehmen wir einen nach links abbiegenden Weg, der einen etwas weicheren Untergrund bietet und sich nach erstem Linksdrall allmählich in weitem Rechtsbogen um den Brückenberg windet. Die Vegetation ist hier etwas vielfältiger. Für die Leckermäulchen unter uns: Neben den allgegenwärtigen Heidelbeeren findet man zur entsprechenden Jahreszeit auch wilde Himbeeren.

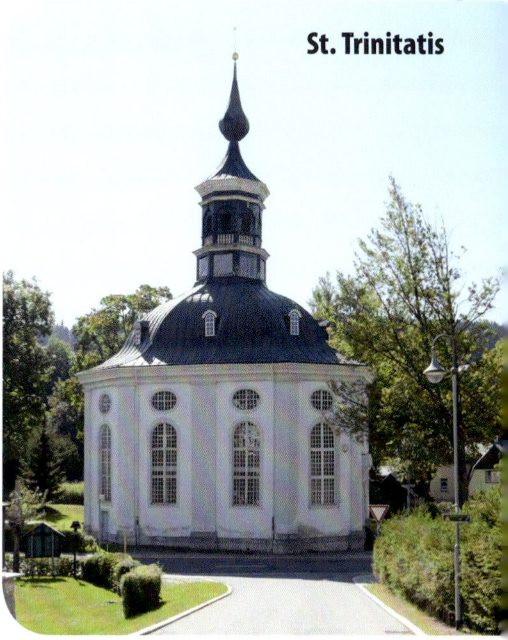

**St. Trinitatis**

## Für die Seele

Auf beschaulichen Wegen laben wir uns an Beeren und genießen Blicke ins Tal und über das Wasser. Außerdem warten ein Hochmoor und ein Hauch von Dresden.

Nach weiteren 800 Metern mündet der Weg in eine Schotterpiste, und wir steigen nach rechts die letzten Meter auf den Brückenberg hinauf, die in praller Sonne durchaus anstrengend sein können. Die Spitze des **Brückenbergs** ③ ist bewaldet: Wir merken an der leichten Kuppe im Weg, dass wir oben sind. Kurz hinter der Kuppe steht links eine Bank, und da knapp die Hälfte des Weges geschafft ist, kommt sie gerade recht für eine Imbisspause.

Anschließend folgen wir dem Weg weiter, nun abwärts, bis er auf einen breiten Querweg trifft. Geradeaus, zwischen den Jagenzahlen 80 und 81 – Jagenzahlen kennzeichnen verschiedene Abteilungen eines Forstes –, führt eine Schneise weiter abwärts. Auf den ersten Metern wurde sie von Forstmaschinen eingefahren, dann läuft ein zunächst kaum erkennbarer Weg weiter. Diesen nehmen wir, teilweise durch mannshohes Gras, aber auf immer deutlicherem Pfad. Unwillkürlich vermeint man mitten in der Natur zu sein. Das Surren von Insekten füllt die Luft, die Töne scheinen tönender, die Gerüche ruchhafter, die Farben farbiger. Immer wieder erstaunlich, mit wie wenig der Stadtmensch bezirzt werden kann.

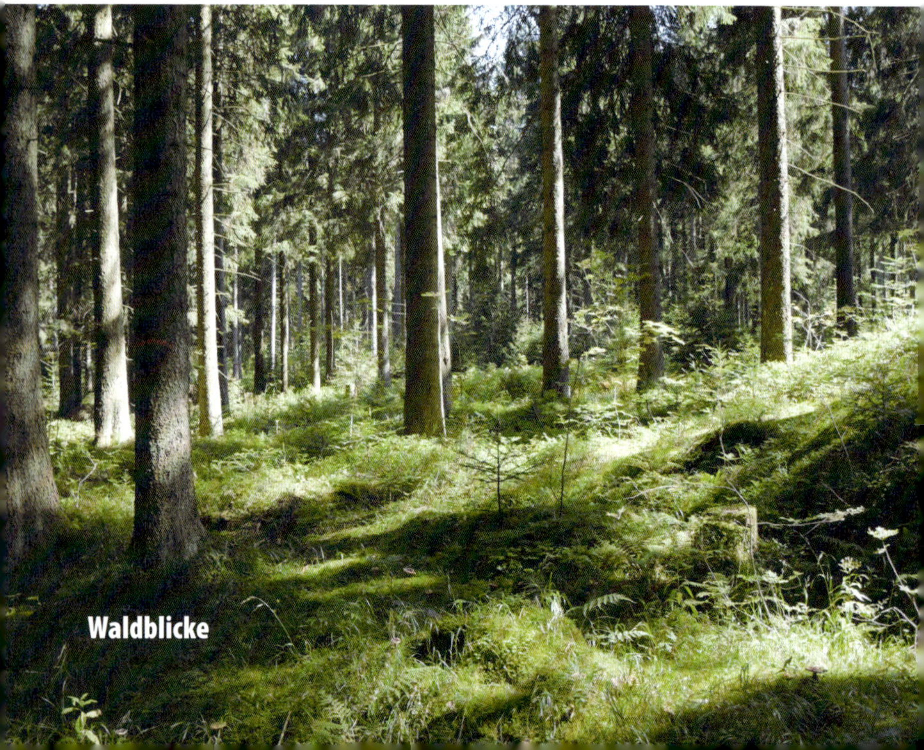
Waldblicke

Am Ende der Schneise stoßen wir auf einen Schotterweg, auf den wir nach links einbiegen. Bereits nach knapp 200 Metern verlassen wir ihn wieder nach rechts und gehen zum **Schulmeisterbächel** hinunter, steigen auf der anderen Seite des Bächleins die gegenüberliegende Flanke wieder hinauf und stoßen in spitzem Winkel auf den mit **diagonalem grünen Balken** markierten **Bergbaulehrpfad.** Diesem folgen wir nach links, südwärts, nun wieder auf breiter Forstpiste. Bald stoßen wir auf die Landstraße S 276. Hier befand sich einst eine der ertragreichsten Zinngruben, das **Bergwerk Fletzschmaul**, vom dem eine **Pochsohle** ④ erhalten ist. Heute ist alles aufgegeben. Die Binge, der Einsturz einer ehemaligen Abbaustrecke, liegt versteckt im Gelände. Es fällt schwer, sich die Jahrhunderte währende Betriebsamkeit vorzustellen.

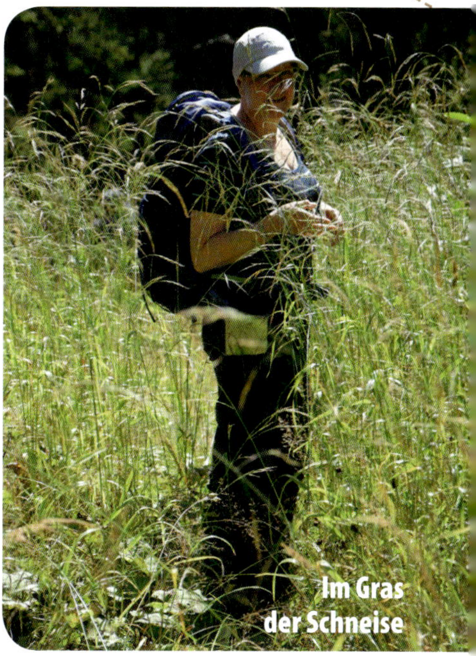

**Im Gras der Schneise**

Wir ignorieren an dieser Stelle alle Wanderschilder, überqueren die Straße und nehmen einen Forstweg, der am linken hinteren Ende des dortigen kleinen Parkplatzes südwärts führt. Jetzt geht es eine Zeit lang relativ eben durch lichten Fichtenwald, bis sich rechts eine Lichtung öffnet, zu der eine kleine Holztreppe hinaufführt. Hier biegen wir rechts ab, gehen am Waldrand entlang und finden auch wieder die **weiß-blau-weiße** Markierung des **Kammwegs,** der wir die 200 Meter bis zu einer Straße folgen. Links geht es weiter, auf der Straße durch **Weitersglashütte** ⑤, benannt nach einer 1624 gegründeten Glashütte, in der bis 1907 Glas produziert wurde. Die Straße endet hinter dem Dorf an einem Parkplatz; Verkehr gibt es also kaum. Wir gehen am Parkplatz geradeaus weiter eine leicht ansteigende Forstpiste hinauf, Richtung **Gast-**

*Die 300 Jahre alte **Pochsohle des historischen Bergwerks Fletzschmaul** verdeutlicht, wie arbeitsteilig Erzabbau war. Edelmetalle fanden sich meist nur in geringen Anteilen im Gestein und mussten ausgetrennt werden, zunächst durch manuelles Zerkleinern, das Pochen.*

**haus Talsperre.** An der nächsten Kreuzung folgen wir dem hier recht ebenen, aber leicht geschwungenen **Kammweg** nach rechts zur **Talsperre.** Hier gibt es Preiselbeeren zu entdecken. Bei einer Hütte mit mehreren Tafeln zur Klimaveränderung kommt von links ein weiterer, breiter Weg hinzu. Ebenfalls linker Hand führt ein Trampelpfad zur Talsperre, die wir uns nicht

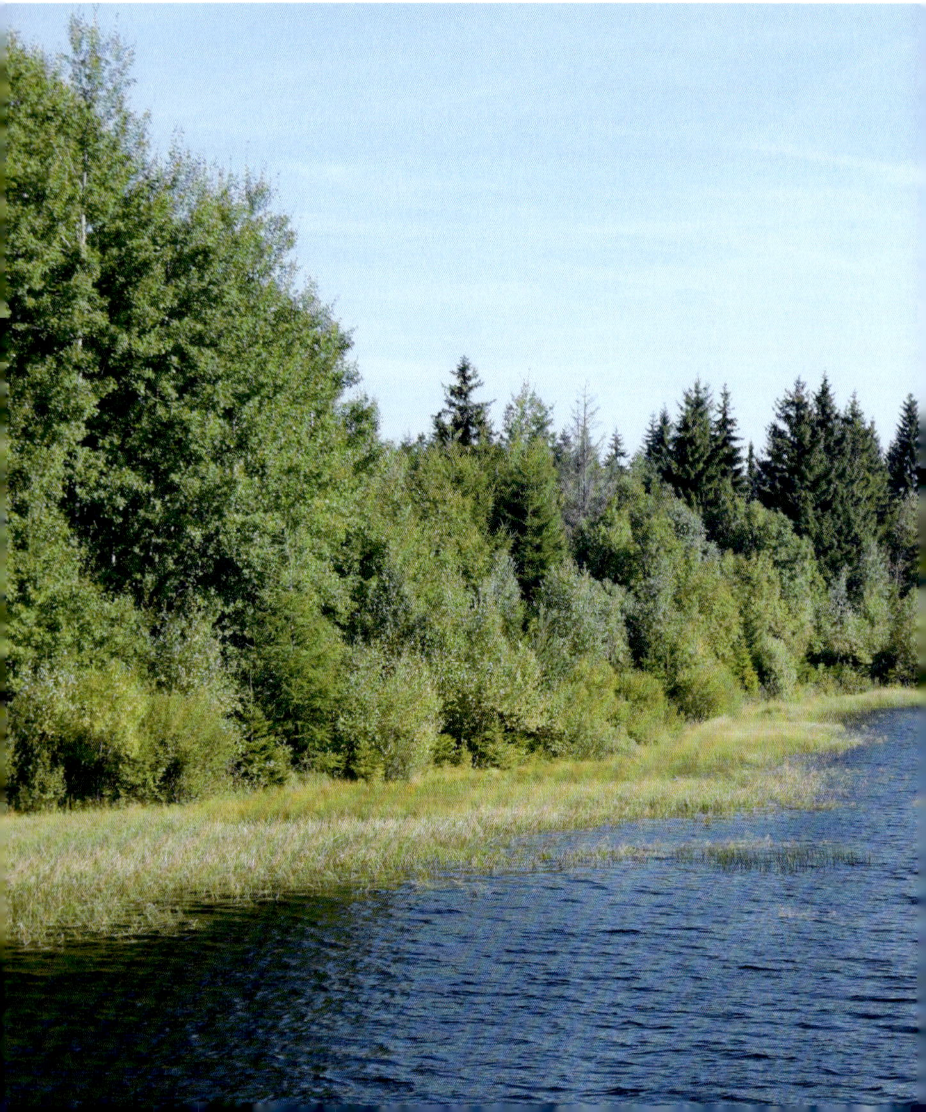

entgehen lassen. Hinter einem schmalen Waldstreifen öffnet sich der Blick auf die **Talsperre Carlsfeld** und ihre **Uferwiesen** ❻. Obwohl die Talsperre Carlsfeld auch der Trinkwasserversorgung dient, ist hier ein Wiesenstück zugänglich. Entweder auf der Wiese oder auf ein paar Bänken lässt sich der idyllische Blick über das Wasser genießen. Nachmittags kommt die

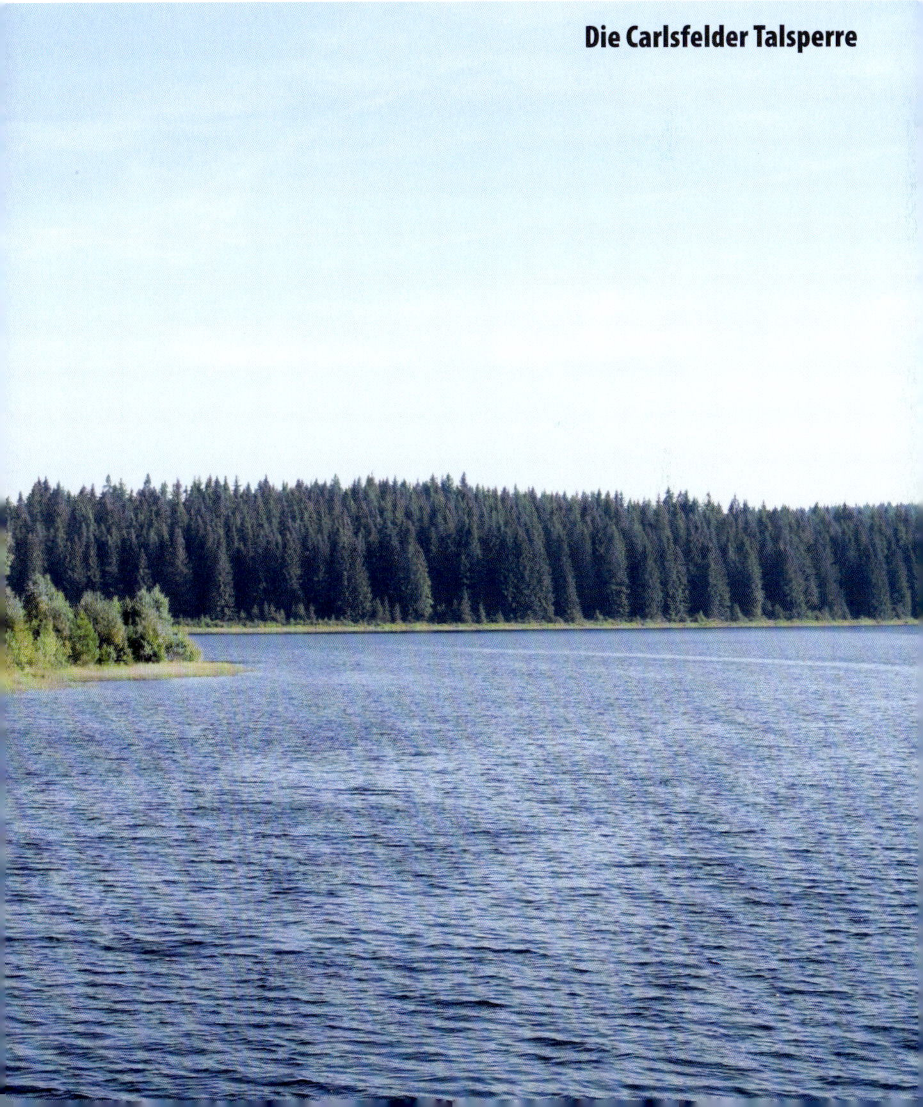

**Die Carlsfelder Talsperre**

# Entschleunigungstour 16

*Das 5,47 Quadratkilometer große Einzugsgebiet der* ***Talsperre Carlsfeld*** *besteht weitgehend aus Moorböden. Deren Huminstoffe, aus Abbauprodukten toter Lebewesen gebildet, liefern das typische braune und doch durchsichtige Moorwasser.*

wärmende Sonne von vorne, das Wasser glitzert, ein paar Schwäne gleiten vorbei. Hier kann man die Zeit vergessen.

Wieder im Jetzt aufgetaucht, geht es nach rechts am Ufer entlang, bis der Weg einen Rechtsknick zurück auf den Kammweg beschreibt, dem wir nach links zur **Staumauer** ❼ folgen. Der Weg über die Mauer eröffnet erneut weite Blicke über den anmutigen See mit seinem braunen Wasser.

Hinter der Staumauer finden wir eine Sammlung alter Grenzsteine. Danach folgen wir der **Talsperrenstraße,** die uns nach rund 600 Metern zurück zum Parkplatz und zum **Gasthaus Talsperre** ❽ bringt, wo wir die Wanderung ausklingen lassen.

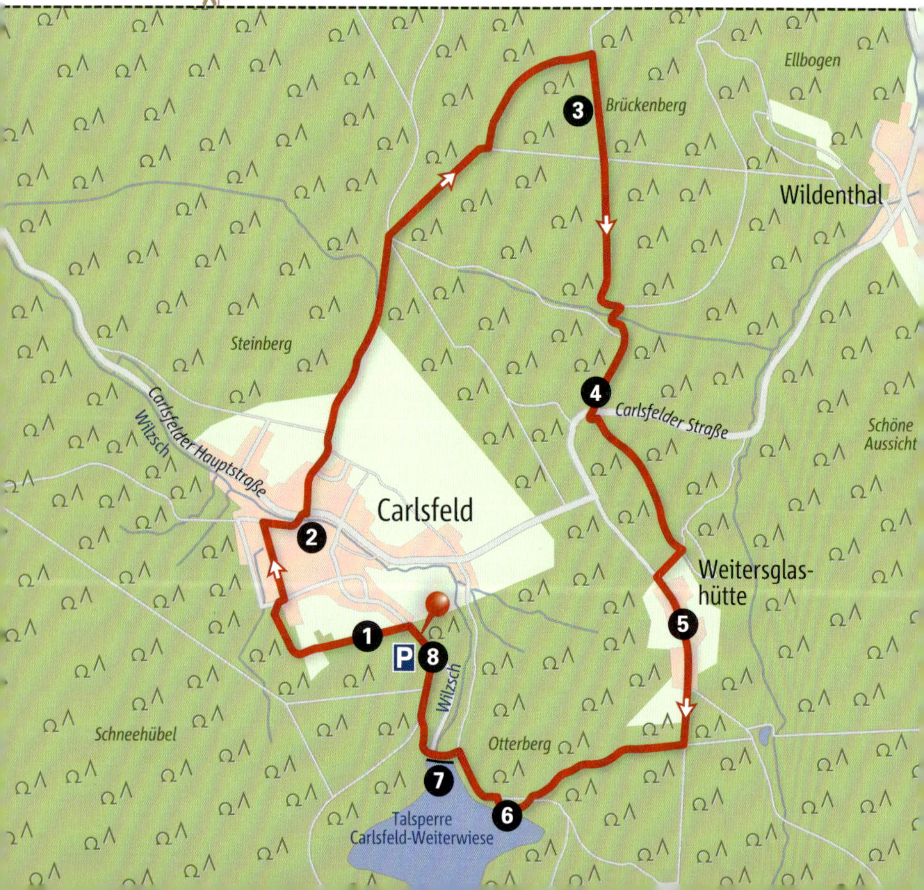

## Alles auf einen Blick

**WIE & WANN:**
**Oft befestigte Forstwege, zwischendurch Waldwege und Schneisen; in den Dörfern Asphalt. Beste Zeit April bis November; wegen des Loipenbetriebs sind Teilstrecken der Wanderung vom 1. Dezember bis 31. März für Wanderer gesperrt**

**HIN & WEG:**
**Auto:** Wald- und Wanderparkplatz Talsperre Carlsfeld, Talsperrenstraße (hinter der Gaststätte), 08309 Eibenstock, gebührenpflichtig (GPS 50.429916, 12.595203)
**ÖPNV:** Keine direkte Anbindung an die Strecke

**ESSEN & ENTSPANNEN:**
**Gasthaus Talsperre** ❽ Talsperrenstraße 45, 08309 Eibenstock, Tel. (03 77 52) 34 60, www.gasthaus-talsperre.de

**ENTDECKEN & ERLEBEN:**
**Aussicht über Carlsfeld** ❶
**Kirche St. Trinitatis** ❷
**Brückenberg** ❸
**Pochsohle des historischen Bergwerks Fletzschmaul** ❹
**Weitersglashütte** ❺

Entspannung ✱✱✱✱✱
Genuss ✱✱✱✱✱
Romantik ✱✱✱✱✱

**Talsperre Carlsfeld mit Uferwiesen** ❻
**Staumauer** ❼

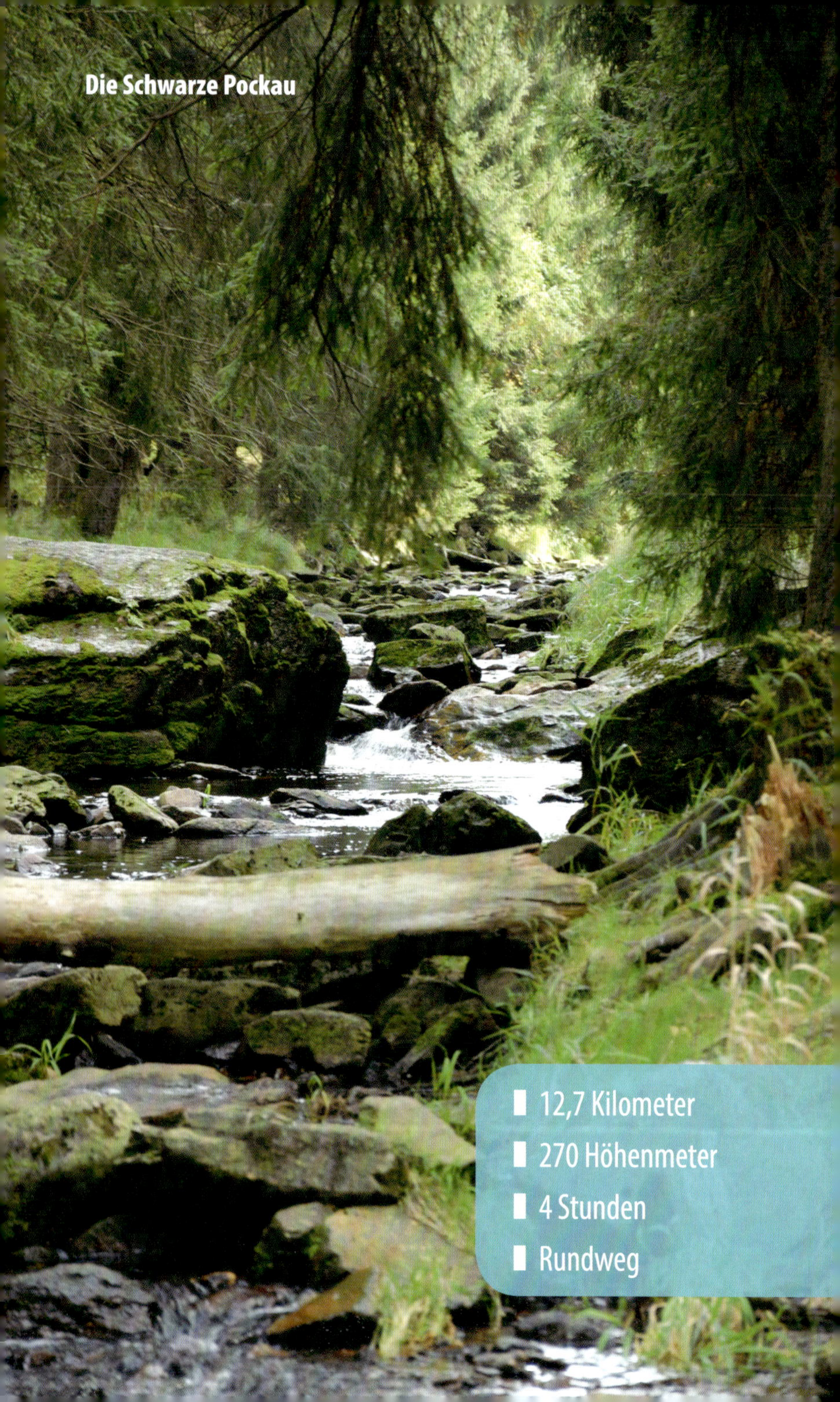
Die Schwarze Pockau
12,7 Kilometer
270 Höhenmeter
4 Stunden
Rundweg

Vom Parkplatz geht es zunächst ein Stück die Straße weiter ins Tal, vorbei an der nächsten Brücke, bis die Asphaltdecke endet und ein Wirtschaftsweg beginnt. Er führt zu den letzten Häusern. Bei der Gabelung am vorletzten Haus nehmen wir den oberen Grasweg, der nur ein paar Meter ansteigt und dann relativ eben durch den Wald entlang der Schwarzen Pockau verläuft. Bald zieht sich der Pfad hinunter zum Fluss, der Blick bleibt an den ersten Felsen mit ihren Gesteinsschichten und Schattenspielen hängen. Der Rest der Welt scheint schon Meilen hinter uns zu liegen.

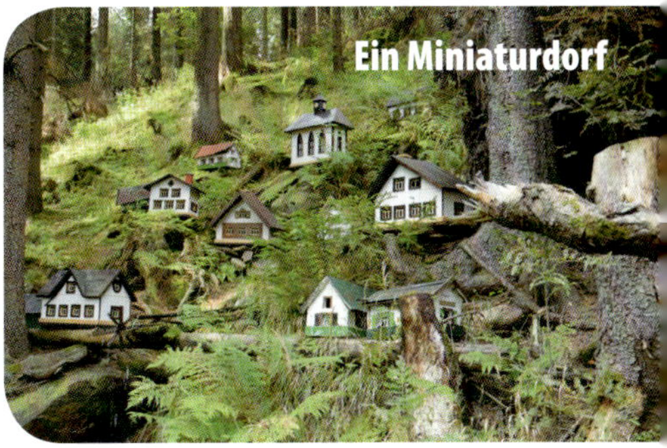
Ein Miniaturdorf

Nachdem wir einige anmutige, durch Haine getrennte Wiesen hinter uns gebracht haben, stößt der manchmal etwas unscheinbare Pfad auf den deutlich sichtbaren **Arnoldweg.** Wenige Meter links führt eine Brücke über die Pockau; dort finden wir auch die Auszeichnung als Arnoldweg. Wir wenden uns aber nach rechts aufwärts, ein Stückchen über die Weide, dann hinauf in den bewaldeten Hang, und beginnen den Aufstieg zum Katzenstein. Immer den Arnoldweg entlang, ignorieren wir ein paar, meist nach rechts führende Abzweigungen und erreichen bald den Höhenzug über dem Schwarzwassertal. Durch die Bäume erspähen wir eine große Lichtung, an deren gegenüberliegender

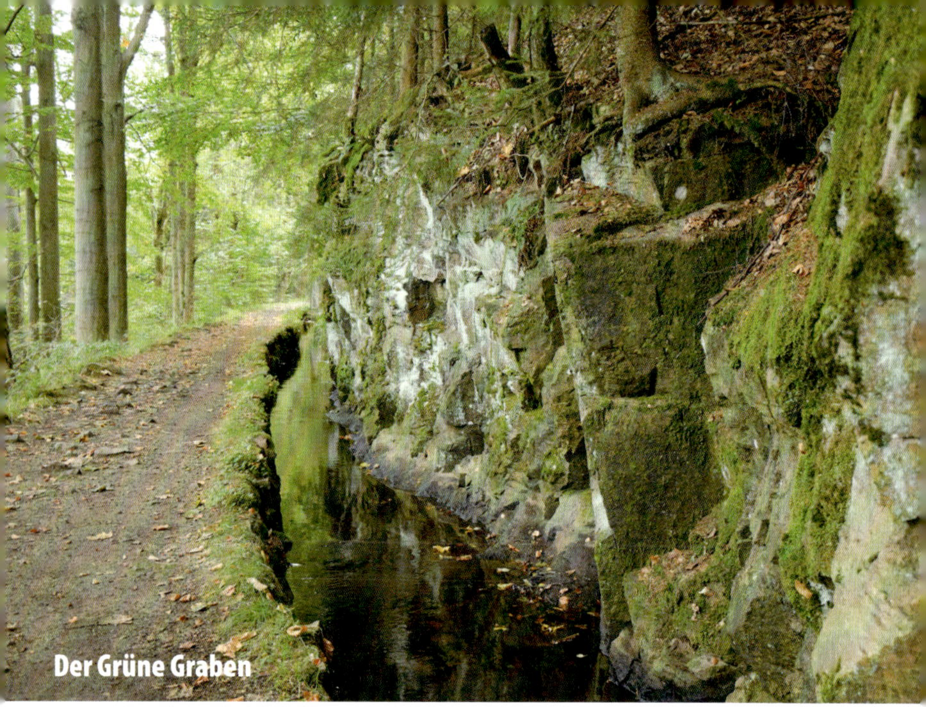


*Erbaut ab 1678, diente der 8,2 Kilometer lange, in nur 57 Wochen Bauzeit fertiggestellte **Grüne Graben** der Wasserzufuhr für den Bergbau, um beispielsweise Förderanlagen mit Wasserkraft zu betreiben. Über 700 Meter musste der Graben durch Fels geschlagen werden.*

Seite ein paar Häuser liegen. Der Arnoldweg führt uns nach links vor der Lichtung vorbei und zieht sich nach wenigen weiteren Höhenmetern eben durch den Wald. Die Lichtung noch zu unserer Rechten, treffen wir auf eine spitze Gabelung. Rechts geht es in der Nähe des Waldrands weiter. Wir nehmen indes den linken Weg, der tiefer in den Wald führt. Nach 200 Metern zweigt links der Zugang zur **Katzenstein-Aussicht** ❶ ab, wo wir Schilder zum Thema Forstwirtschaft und eine Schutzhütte finden. Vor allem aber lockt die Aussicht in das steile Schwarzwassertal und auf die gegenüberliegenden Hänge. So hoch sind wir gestiegen? Jedenfalls geht es vor uns ordentlich hinunter. Zahlreiche Felsen treten aus dem Baumbewuchs hervor und verleiten unsere Fantasie zu allerlei Bildspielereien. Links ragt imposant eine Felswand mit dem passenden Namen Ringmauer auf.

Wir gehen ein Stück auf dem gleichen Weg zurück, biegen aber dann mit **Weiß-Grün-Weiß** links ab in Richtung des **Grünen Grabens,** den wir nach 300 Metern erreichen. Gefühlt verkürzen uns die Infotafeln zur heimischen Vogelwelt das Wegstück. Am **Grünen Graben** ❷ stoßen wir auf eine Steintafel zu Ehren des Sächsischen Forstvereins.

Für längere Zeit folgen wir nun einem bequemen Waldpfad mit den Markierungen **Weiß-Blau-Weiß** und **Weiß-Grün-Weiß** Richtung **Kühnhaide** immer entlang des Grünen Grabens. Das Wasser fließt uns sachte entgegen, folglich geht es sanft aufwärts. Hier wurde seinerzeit gerade genug Gefälle eingebaut, um das Wasser in Bewegung zu halten. Wir können frohgemut ausschreiten und doch mit genug Muße, um zu bestaunen, woran man sonst oft allzu schnell vorbeigeht: Farne, bemooste Steine, hin und wieder in den Felsen gehauene Durchlässe, die wir umgehen müssen. Beeindruckend ist eine gut 20 Meter hohe **Rotbuche** ❸, die in vier Stämmen gewachsen ist.

Hinter dem nächsten Aussichtspunkt hinab in das Schwarzwassertal ist irritierendes Geklapper zu vernehmen. Wir treffen auf ein rechts in den Hang gebautes Miniaturdorf, in dem ein kleines Wasserrad munter vor sich hin klopft.

So geht es immer den Graben entlang, bis wir den Abstieg zum Pockautalweg und ein paar Meter weiter einen Rastplatz finden, an dem mit etwas Glück **Kurt, der Kaffeemann** ❹ seinen Kaffee und selbst gebackenen Kuchen anbietet. Er ist bei den Einheimischen als

*Die hundertjährige **Rotbuche** am Grünen Graben ist ein wahres Wunder. Das bis zu 20 Kilometer lange Wurzelwerk versorgt den Baum jährlich mit rund 30.000 Liter Wasser. Bis zu 13 Kilogramm Sauerstoff kann er an einem einzigen Tag produzieren.*

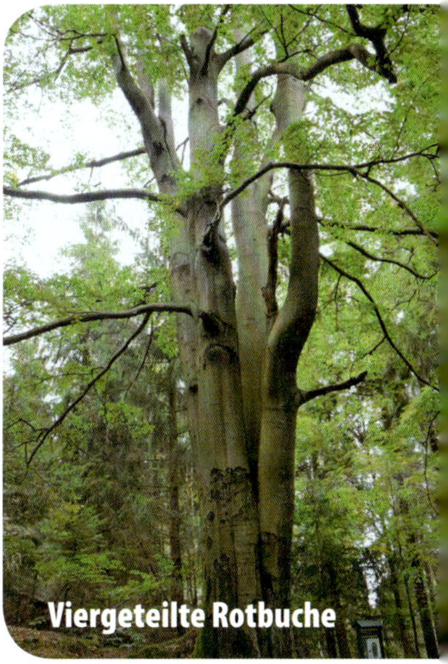
**Viergeteilte Rotbuche**

## Für die Seele

Auf der Anhöhe des Katzensteins und in der erquickend kühlen Tiefe der Pockauklamm entkommen wir den Kinkerlitzchen des Alltags.

Kaffee-Kurt bestens bekannt, aber bei Bedarf auch im Netz schnell auffindbar.

Doch selbst ohne dieses Extra ist es angesichts der zahlreichen Bänke der ideale Platz für eine Rast, auch weil fast die Hälfte der Wanderung geschafft ist – und vor allem aufgrund der fantastischen Aussicht ins Tal hinein.

Nach der Rast bewältigen wir gestärkt den Abstieg zum **Pockautalweg.** Wir überqueren die Schwarze Pockau, wenden uns hinter der Brücke links und folgen einem breiten Weg flussabwärts.

Nach mehr als 2 Kilometern mit einer nicht endenden Abfolge romantisch-lieblicher Ansichten erhebt sich rechts zunächst die **Teufelsmauer ⑤,** dann ragt in einer Kurve der **Nonnenfelsen** hoch auf. Weiß der Teufel, warum dieser Felsen „Nonne“ heißt. Und in der Tat: Er weiß es. Der Sage nach hatte ein Graf Iso von Isenberg eine Wette gegen den Teufel verloren und musste als Preis seine Tochter in ein Kloster geben – wahrhaft teuflisch! Der Vater entführte (oder befreite?) sie aber wieder. Auf ihrer Flucht vor den Klosterknechten sprangen sie von dem Felsen herunter.

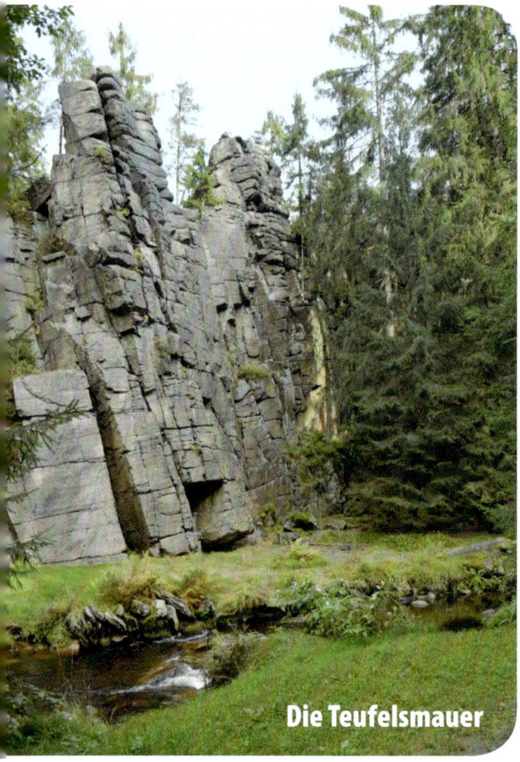
Die Teufelsmauer

Hinter dem Nonnenfelsen erhebt sich die **Goldkrone,** die wir hinter der nächsten Kurve beim Blick zurück in Augenschein nehmen können. Zunehmend auf Schotter folgen wir beständig der mal glucksenden, mal gluckernden, dann gurgelnden Pockau. Unser Weg ist gesäumt von allerlei Blickfängen:

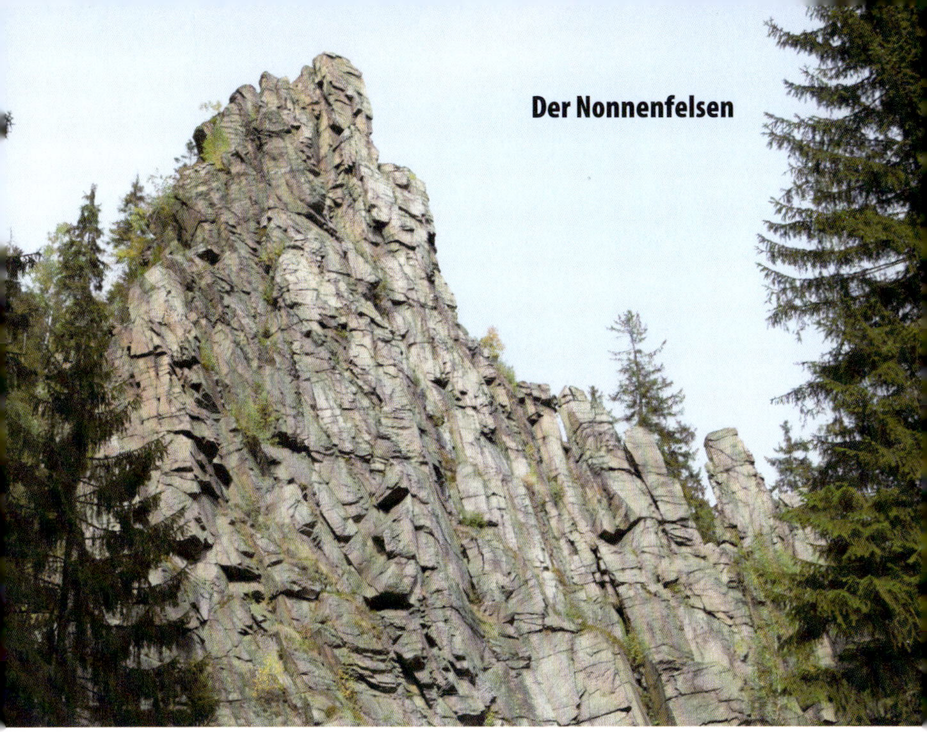

## Der Nonnenfelsen

über Stock und Stein tanzendes Wasser, knorriges Wurzelwerk, silbrige Baumflechten. Auf einem Wanderschild lesen wir einen Hinweis auf Kniebreche, was irgendeine Ulknudel erweitert hat zu „Kniebrechen tun". Indes, „Kniebreche" ist im Mitteldeutschen eine Bezeichnung für einen steilen Höhenweg. Aber auch das führt hier in die Irre. Hier ist der Ortsname Kniebreche in Rittersberg gemeint, wo die Rote Pockau in die Schwarze mündet.

Bald passieren wir den Fuß des Katzensteins und können oben den Aussichtspunkt ausmachen. Rund 1,3 Kilometer dahinter treffen wir auf eine Abzweigung, die in spitzem Winkel rechts aufwärts auf einen Waldweg **zum E 3**-Fernwanderweg führt. Die aufgemauerte Wegbefestigung wird malerisch von Fichtenstämmen und Wurzeln durchdrungen.

Wer ermattet ist oder schon nach einer Einkehr lechzt, geht an dieser Stelle einfach den Talweg weiter. Die Abenteuerlustigen unter uns biegen ab, um das Massiv des Vogeltoffelfelsens zu erkunden, was Tritt-

*Der **Nonnenfelsen** und der **Katzenstein** bestehen aus erosionsbeständigem, langflaserigem Riesengneis oder Zweiglimmergneis, der von Muskovitadern durchzogen ist. Dadurch erscheinen die Felsen etwas fragil, wie lose aufgeschichtet.*

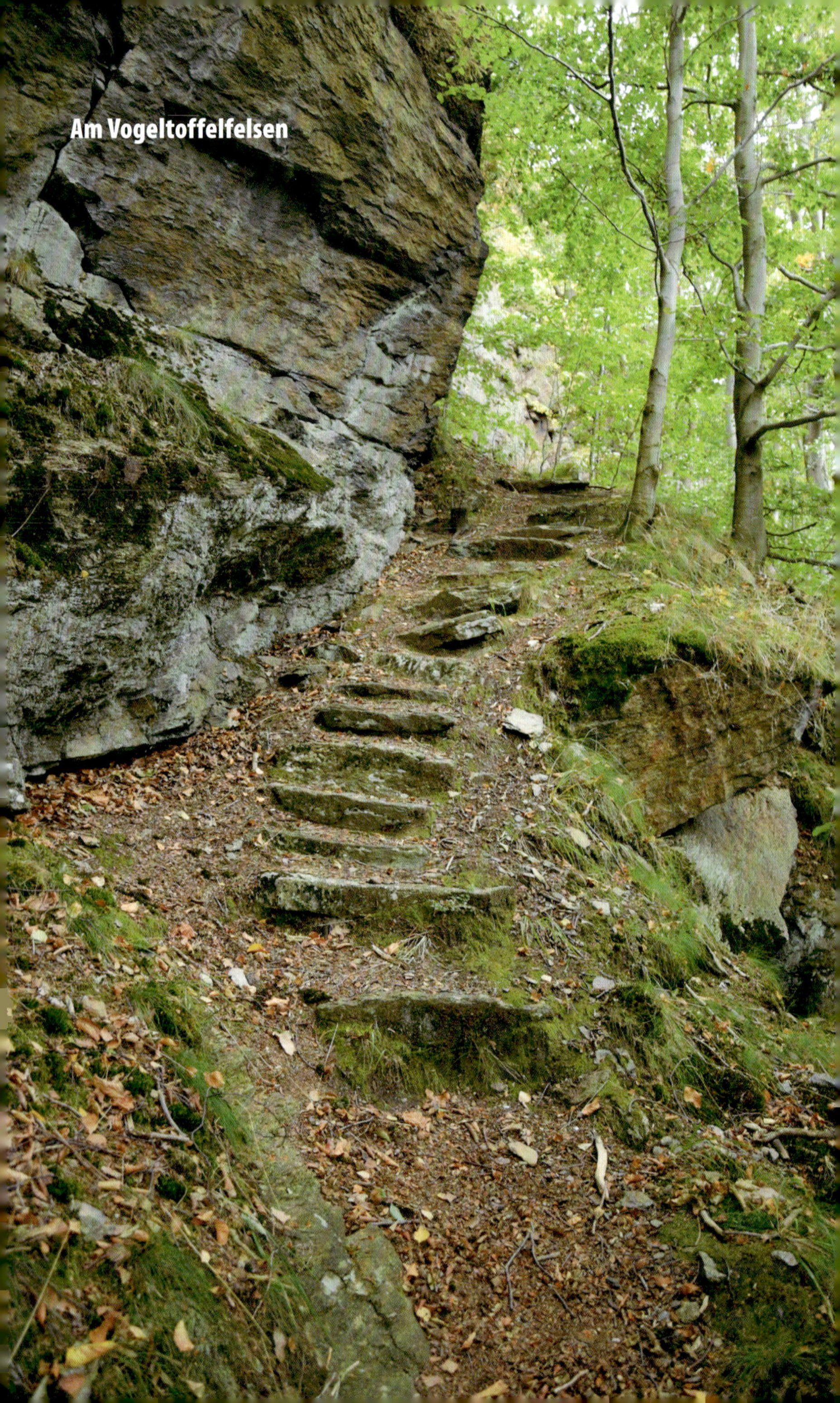

Am Vogeltoffelfelsen

sicherheit, Schwindelfreiheit und vor allem Orientierungssinn erfordert.

Zunächst steigen wir auf gut ausgebautem Waldweg in vier Serpentinen 70 Höhenmeter hinauf, ehe wir auf einen Weg treffen und uns nach links wenden. Hinter einem Steg über einen Bach verläuft der markierte Weg weiter aufwärts. Genau hier beginnt das Abenteuer: Wir nehmen einen unmarkierten Weg nach links, der sich eine Zeit lang relativ eben und bequem den Hang entlangzieht. Nach einiger Zeit verengt er sich zu einem Pfad. Hin und wieder müssen wir gefallene Baumstämme überklettern und nach ausgetretenen Stellen oder angelegten Steinstufen Ausschau halten. Einen unscheinbaren Pfad steil die Flanke hoch ignorieren wir; dort geht es zur Vogeltoffel-Aussicht. Wir aber winden uns auf immer schmalerem Pfad vor dem **Massiv des Vogeltoffelfelsens** 6 vorbei; dabei geht es abwärts, meist gemächlich, manchmal hurtig. Hinter dem Massiv verläuft der in Abschnitten etwas fadenscheinige Pfad weiter die

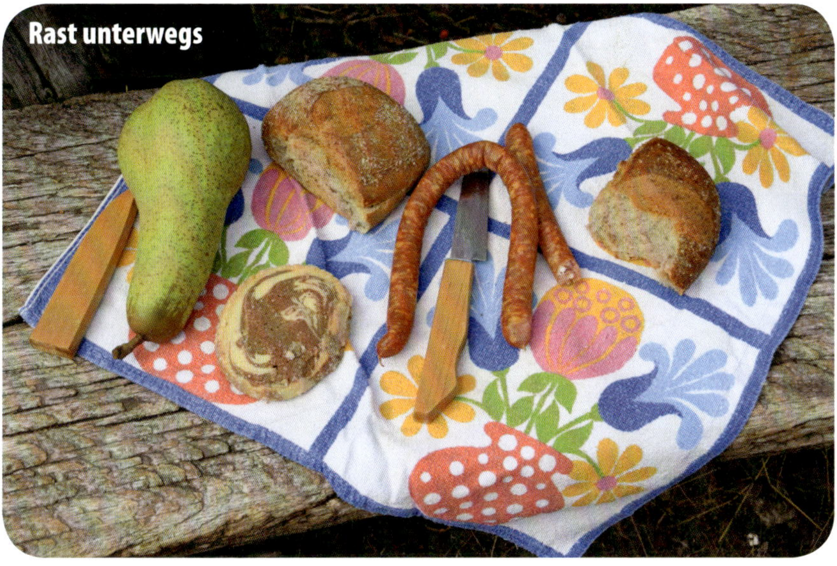

Ein Heilpflanzenpfad mit seinen Kräutern, ein Bauerngarten in der Tradition von Klostergärten, ein Gehege mit Uhus, Insektenhäuser und in der Nähe gelegene alte Obstbaumanpflanzungen lohnen unbedingt das Verweilen im **Natur- und Lehrgarten Pobershau**.

Flanke entlang, bis er – und hier bedarf es aller Aufmerksamkeit, um die Stelle nicht zu verpassen – eine Kehre macht und sich zum Pockautalweg hinabsenkt.

Wir folgen dann wieder dem Talweg flussabwärts und erreichen bald die Ausläufer des Hinteren Grundes und die ersten Häuser. Links lockt noch der **Natur- und Lehrgarten Pobershau** 7 des Landschaftspflegeverbands.

Anschließend folgen wir der Straße weiter bis zu einer Brücke und müssen uns entscheiden: direkt zurück zum Parkplatz oder erst noch nach rechts die 250 Meter zum Hotel **Schwarzbeerschänke** 8? Jedenfalls kann man dort bestens den Tag Revue passieren lassen.

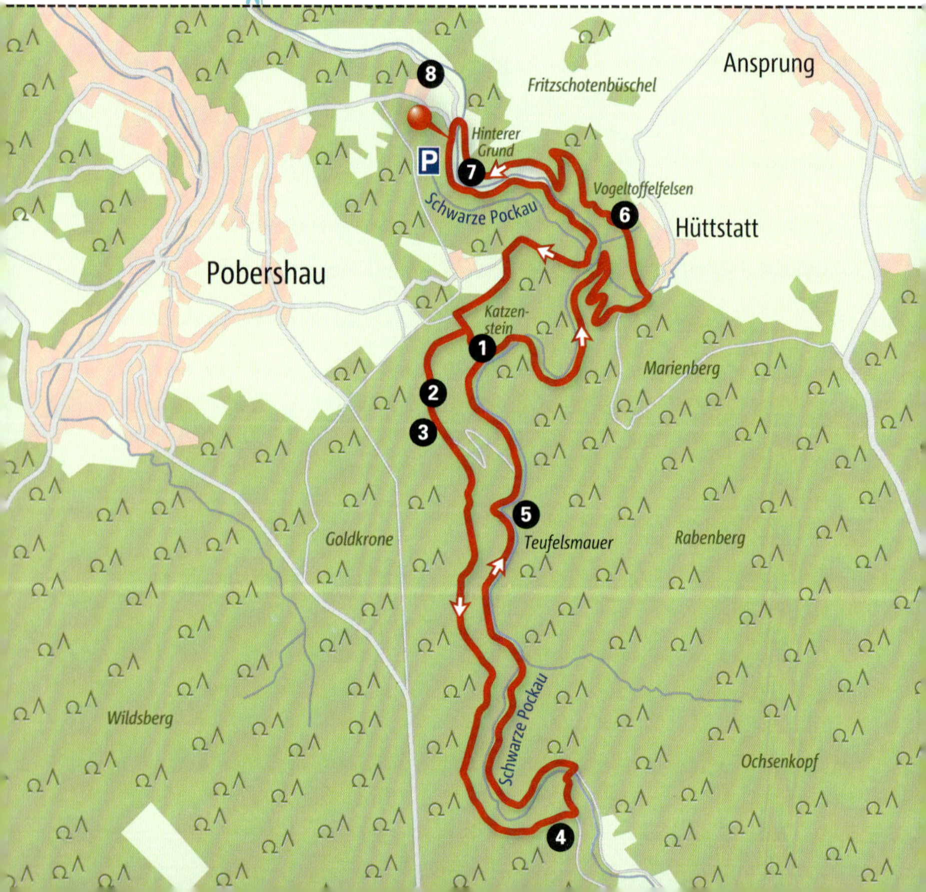

## Alles auf einen Blick

**WIE & WANN:**
**Wald-, Wiesen- und Forstwege, im Dorf Asphalt; im Abschnitt zum Vogeltoffelfelsen (kann auf dem Talweg umgangen werden) sind Trittsicherheit, Schwindelfreiheit und Orientierungssinn gefragt; beste Zeit April bis Oktober**

**HIN & WEG:**
**Auto:** Wanderparkplatz, Amtsseite-Hinterer Grund, Pobershau, 09496 Marienberg (GPS 50.640513, 13.235620)
**ÖPNV:** Keine direkte Anbindung an die Strecke

**ESSEN & ENTSPANNEN:**
**Kurt, der Kaffeemann** ❹ am Wanderweg Grüner Graben, Abzweig zum Schwarzwassertalweg, 09526 Olbernhau
**Hotel Schwarzbeerschänke** ❽ Amtsseite-Hinterer Grund 2, 09496 Marienberg, Tel. (0 37 35) 9 19 10, www.schwarzbeerschaenke.de

**ENTDECKEN & ERLEBEN:**
**Katzenstein-Aussicht** ❶
**Grüner Graben,** technisches Denkmal ❷
**Rotbuche** ❸
**Teufelsmauer und Nonnenfelsen** ❺
**Massiv des Vogeltoffelfelsens** ❻
**Natur- und Lehrgarten Pobershau** ❼ www.lpv-pobershau.de/natur-und-lehrgarten

Entspannung ✱✱✱✱✱
Genuss ✱✱✱✱✱
Romantik ✱✱✱✱✱

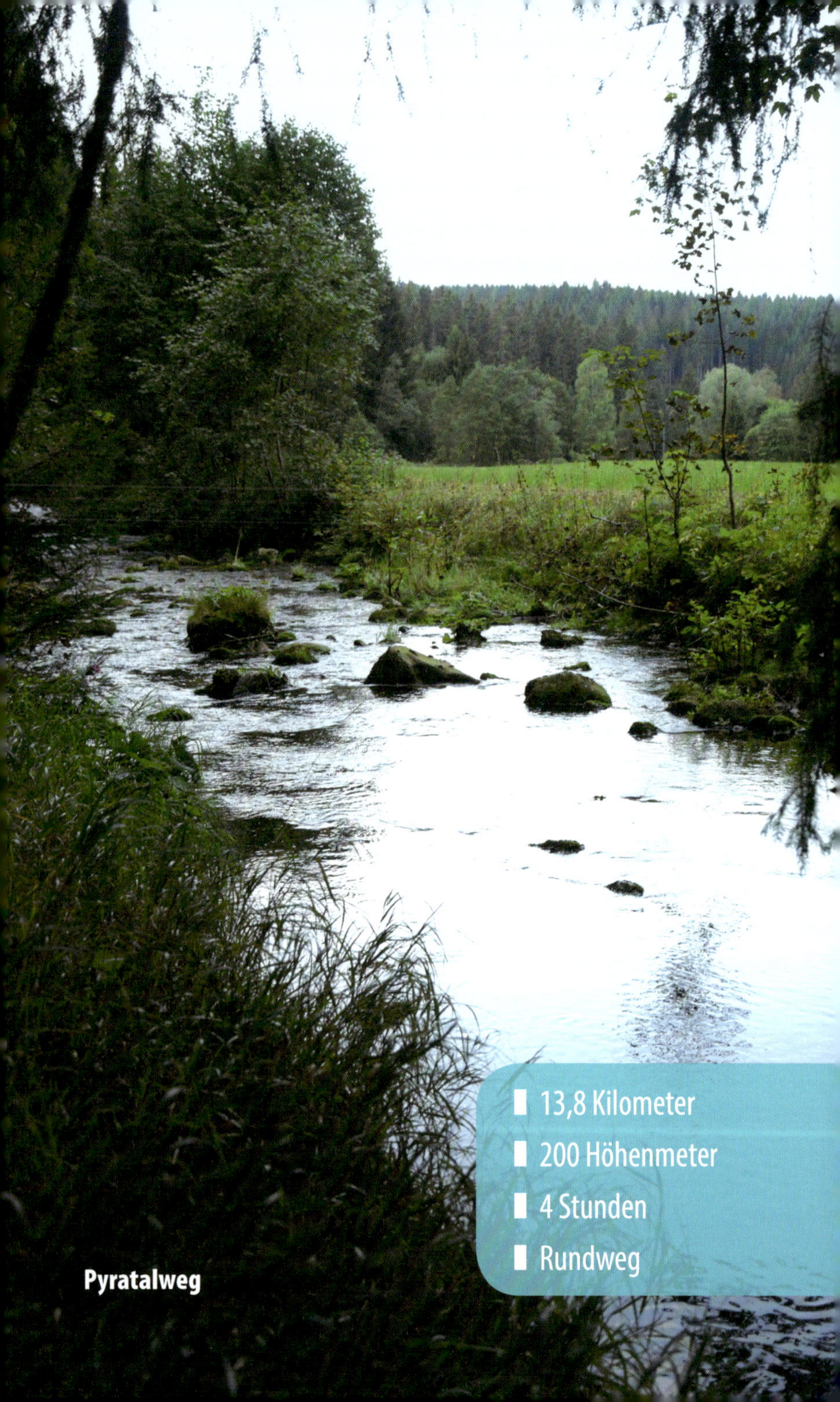

- 13,8 Kilometer
- 200 Höhenmeter
- 4 Stunden
- Rundweg

**Pyratalweg**

Die Tour beginnt am Symbol der Zukunft, dem Parkplatz bei der **Deutschen Raumfahrtausstellung,** die in der Abgeschiedenheit des Dorfes seltsam fehl am Platz erscheint – eine Einschätzung, die die unterschiedlichen Wissensstände mehr als 30 Jahre nach der Einheit zutage fördert. Wir befinden uns im Geburtsort von Sigmund Jähn. Während dies für, vor allem ältere, Ostdeutsche ein vertrauter Name ist, dürfte er bei vielen Westdeutschen nur Fragen hervorrufen. Gleich hinter der Halle lockt die **Planetenausstellung,** die die Größenverhältnisse und Abstände der Planeten maßstabsgetreu vermittelt.

Die Wanderung folgt ein Stück der Straße hinter dem Parkplatz Richtung **Wilzschhaus.** Leider können wir den bekannten Satz „to boldly go where no one has gone before" hier kaum anwenden, interessant wird es aber doch. Hinter einem lang gezogenen Weiher führt die Straße zu einem ungenutzten Gebäudekomplex, den wir links umgehen. Direkt dahinter gabelt sich der Weg, und wir nehmen den Schotterweg des **Rundwanderwegs Rautenkranz** rechts aufwärts. Er bringt uns zügig zum hinteren Ende eines Holzstapelplatzes am Dorfende. Hier biegen wir links auf einen Waldweg ab, der uns bald zu einem weiteren Waldweg führt, auf dem wir nach rechts gehen. Für eine Zeit begleitet uns das Flüsschen Zwickauer Mulde, das für reichlich kühlende Feuchtigkeit und entsprechende Vegetation sorgt. Noch im September finden sich allerlei Blüten und kleine Walderdbeeren am Wegesrand. Zwischen

*Der 1937 in Morgenröthe-Rautenkranz geborene **Sigmund Jähn** war der erste Deutsche im Weltraum. 1978 flog Jähn als Kosmonaut der Raumkapsel Sojus 31 zur Station Saljut 6. Der Flug dauerte 7 Tage, 20 Stunden, 49 Minuten und 4 Sekunden.*

# Durch die Zeiten

## Um Morgenröthe-Rautenkranz

Weg und Fluss verläuft eine eingleisige Bahnlinie, auf der der Wernesgrüner Schienenexpress als Museumsbahn verkehrt.

Immer am Fluss entlang erreichen wir die **Greizer Erzgebirgshütte des DAV** ①. Hier kreuzen wir die Bahn zweimal und umgehen einen für deren Trasse in den Fels gehauenen Durchbruch, der an eine Western-Kulisse erinnert. Als wir dort waren, wuchs Thymian neben der Hütte, der, zwischen den Fingern zerrieben, seinen würzigen Duft entfaltet.

Einige Windungen weiter gabelt sich der Weg. Links führt er über eine Brücke; wir aber halten uns rechts an einen unscheinbaren Wegweiser **Pechhüttenweg,** der uns ein Stückchen an der Wilzsch entlangführt. Sobald der Pechhüttenweg sich von dem Flüsschen entfernt, beginnt er merklich zu steigen. An seinem Ende trifft er auf einen Asphaltweg, den wir nur wenige Meter nach rechts nehmen und sofort auf eine größere Wegkreuzung stoßen. Nach links zweigt der **Tannenweg** ab, den wir gleich hinaufgehen werden. Wenige Meter hinter der Abzweigung finden wir

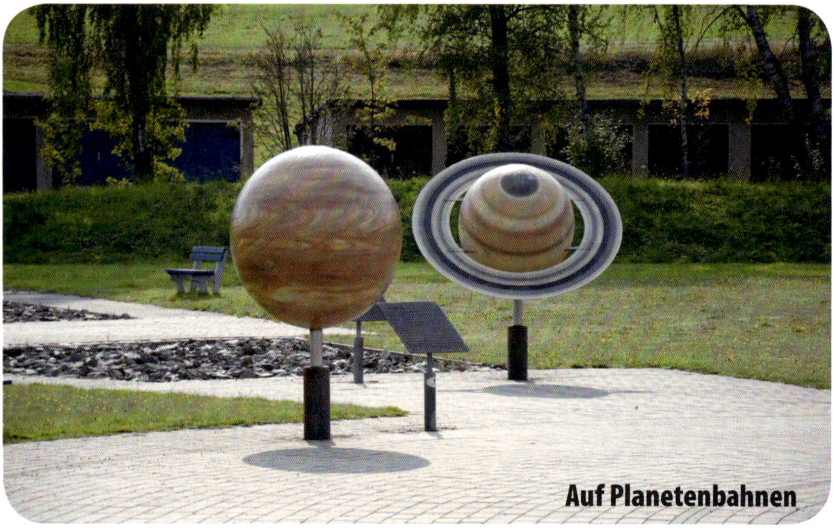

Auf Planetenbahnen

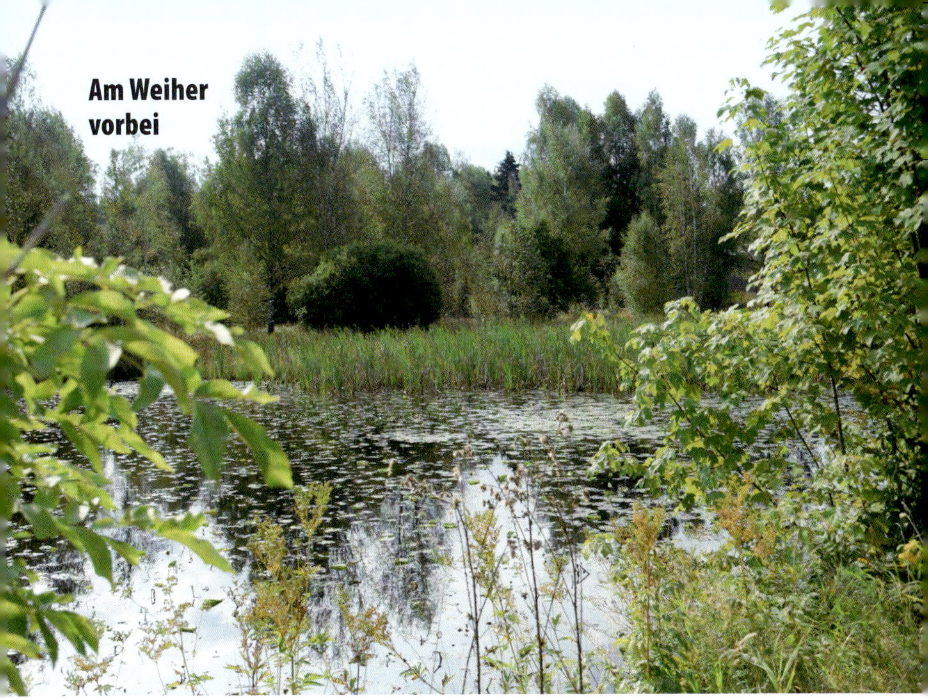

Am Weiher vorbei

das auf manchen Karten so bezeichnete **Russengrab** ② zu Ehren dreier KZ-Häftlinge, die noch im April 1945 hier erschossen wurden. Von der zukunftsträchtigen Raumfahrt sind wir sichtlich in die jüngere Geschichte geraten.

Weiter geht es auf dem – fichtenbestandenen – **Tannenweg.** Dieser schnurgerade Forstweg bringt uns in Wellen bergauf, bis wir eine Picknickbank passieren. An der Weggabelung kurz dahinter läuft der Tannenweg links weiter; wir aber biegen nach rechts Richtung **Morgenröthe** auf den **Heßmühlenflügel** ein und erfreuen uns an dem weicheren Untergrund und dem durch

## Für die Seele

In wenigen Stunden von der Zukunft in die Vergangenheit und zurück? Das alles gemächlichen Fußes? Auf dieser Tour ist das kein Widerspruch.

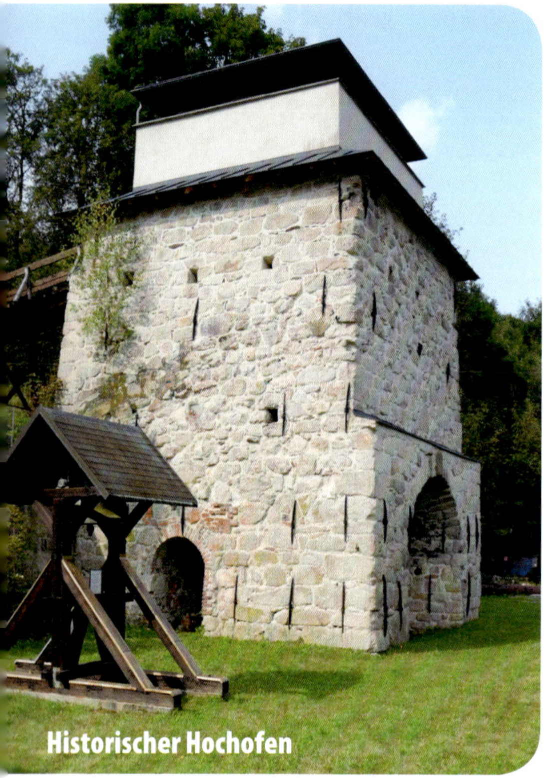
Historischer Hochofen

Buchen angenehm gebrochenen Licht. Eine Abzweigung nach rechts ignorieren wir und stoßen auf eine relativ feste Forststraße, den **Wildbahnweg** mit einem **weiß-gelb-weißen** Wanderzeichen. Diesem einfach zu gehenden Weg folgen wir nach links und wandern nun für längere Zeit oberhalb des Ortsteils Morgenröthe entlang. Wir kommen an zwei Hütten vorbei, eine aus Holz, die andere aus Mauerwerk, ignorieren zwei Abzweigungen rechts nach Morgenröthe hinab. Knappe 300 Meter nach der zweiten Abzweigung, Am Zinnberg, erreichen wir am Ende einer lang gezogenen Rechtskurve eine dritte Abzweigung (GPS 50.444085, 12.524029). Vor uns zieht sich der Weg ein Stück geradeaus und scheint weiter hinten nach links zu biegen. Der Abzweiger beschreibt ein größeres Dreieck, in dessen Mitte ein paar Bäume stehen. Diesem breiten, aber mit keinem Schild markierten Weg folgen wir nach rechts. Während wir mehr schlendern als wandern, springt uns allerlei ins Auge: treppenartige Baumpilze, dichter Moosbesatz, das unterschiedliche Grün der Bäume. Nach etwa 1,3 Kilometern erreichen wir die Ausläufer von **Morgenröthe** und gehen die **Markersbachstraße** nach rechts abwärts ins Dorf, vorbei an der **Sächsischen Forstschule.** Unten, an der Pyratalstraße, nehmen wir gleich gegenüber den **Hammerweg** über eine Brücke wieder aufwärts. Bis zurück zur Weltraum-

*Bereits 1652 wurde das Privileg zur Errichtung eines Hammerwerks an der Pyra erteilt. Der jetzige **Hochofen** wurde 1820 erbaut. Zahlreiche Infotafeln geben Auskunft über die bedeutende Glockengießerei.*

ausstellung werden wir dem **weiß-gelb-weiß** gezeichneten **Pyratalweg** folgen.

Etwa 300 Meter geht es über die Gasse durch das Dorf, dann biegt der Pyratalweg als Wiesenweg nach rechts ab. Hier entdecken wir rechts unter uns den Zugang zum **historischen Hochofen** ③. Ein gewundener Pfad führt hinunter, und wir können uns beim ausgiebigen Studieren der vielen Infotafeln etwas erholen.

Danach steigen wir wieder zum **Pyratalweg** ④ hinauf. Er leitet uns bald an ein paar älteren Garagen vorbei, an denen wir uns links halten und an deren hinterem Ende unseren schönen Wiesenweg wiederfinden, der uns fast durchgängig bis zum Schluss begleiten wird.

Bald senkt sich der Weg hinab zum Flüsschen, und wir folgen der lustig plätschernden Großen (!) Pyra. Einmal müssen wir noch eine Straße überqueren, an der wir uns zunächst rechts abwärts halten, aber nach kurzen 300 Metern, noch vor dem ersten Haus, links in den Wald geführt werden. Wie zuvor haben wir die

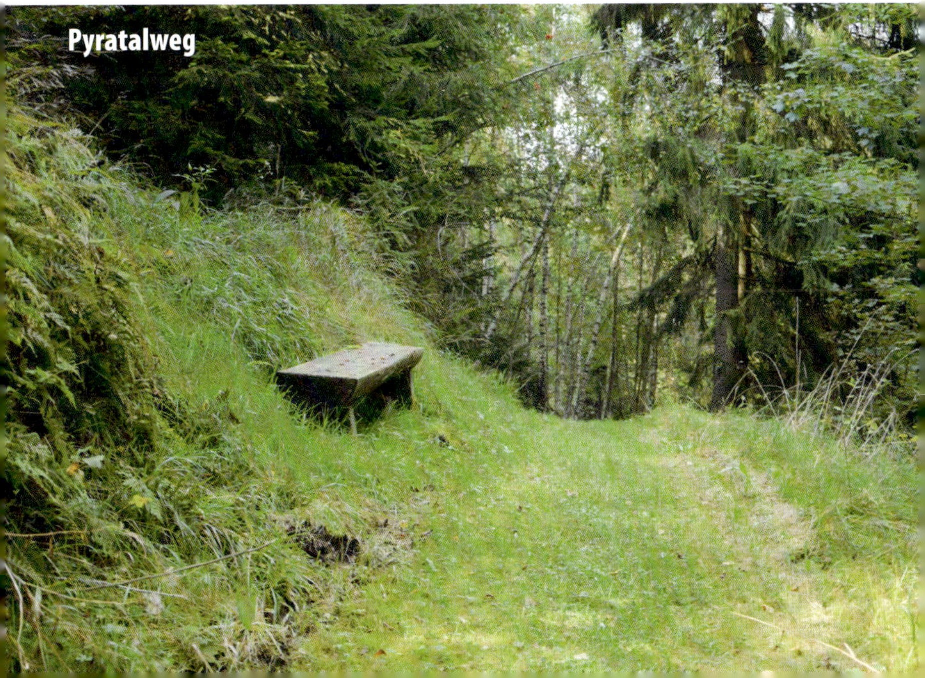

Pyratalweg

Pyra zu unserer Rechten; auf den Flussgrundstücken an ihrem rechten Ufer hätten wir als Kinder gern gespielt. Bald tauchen Zeugnisse alter Mühlenkultur auf: ein **Mühlgraben** 5 und seine Schleusentore. Der Weg führt über den Graben hinweg und verläuft nun zwischen Graben und Pyra. Wir orientieren uns so weit wie möglich am Graben und erreichen zügig das alte, über den Graben gebaute **Mühlengehöft.** Über dessen Veranda geht es weiter den Talweg entlang, stets über weichen Wald- und Wiesengrund. Feucht ist es, diesmal eher warm-feucht, und wir haben, wie so oft bei dieser Tour, Gelegenheit, uns an den Kleinoden am Wegesrand zu erfreuen: Farne, Pilze, Blumen, arrangiert zu Miniaturlandschaften.

Kurz nachdem der Talweg sich von der Pyra entfernt hat, stoßen wir auf einen breiteren Waldweg und biegen rechts ein. Wir ignorieren einen ersten, breiten nach links abzweigenden Weg und nehmen stattdessen

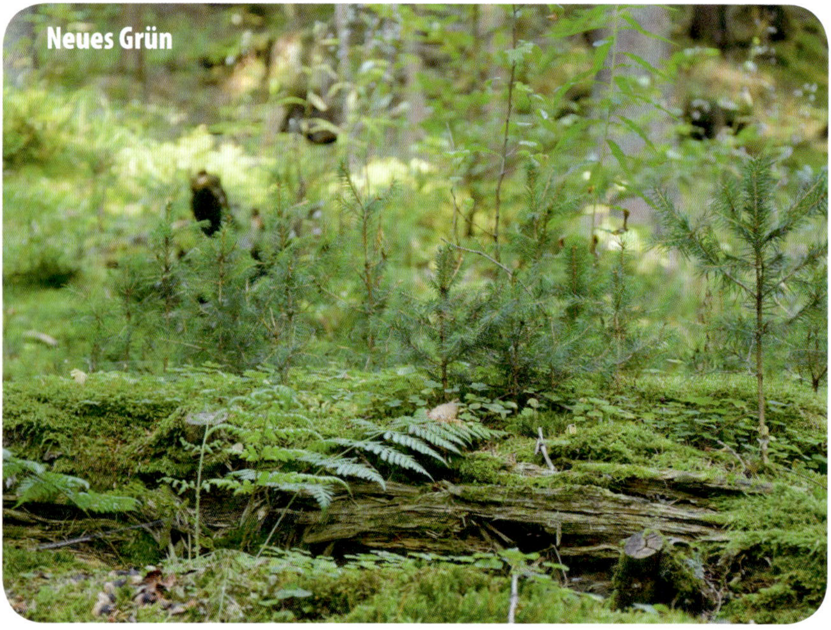
Neues Grün

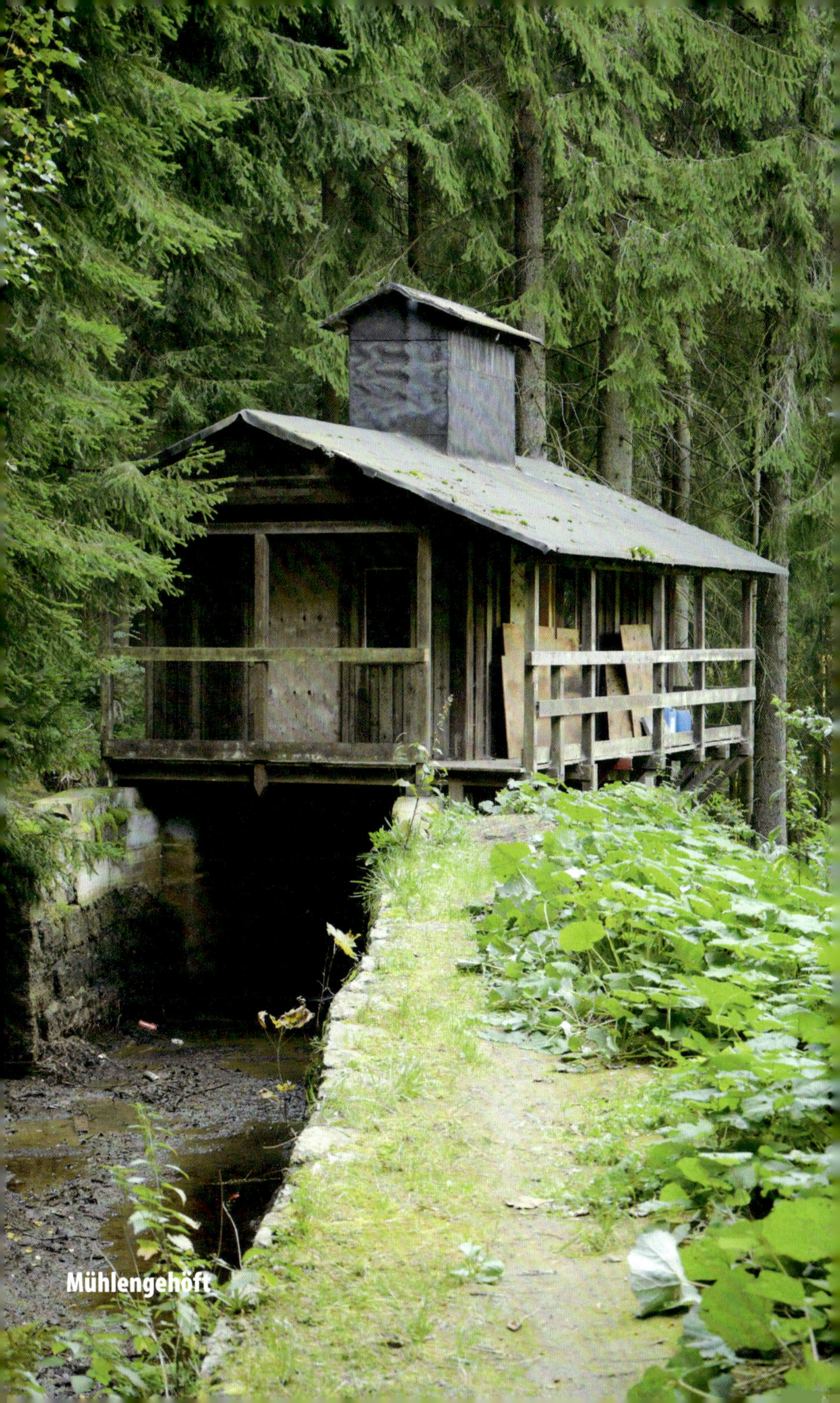

Mühlengehöft

*Neben Sigmund-Jähn-Memorabilia sind in der* ***Deutschen Raumfahrtausstellung*** *originale Stücke aus der russischen und amerikanischen Raumfahrt zu bestaunen, etwa eine Sojus-Kapsel. Am Ende bringt uns die Ausstellung in bekannte Zukunftswelten: „Lebe lang und in Frieden."*

nach wenigen Metern einen schmaleren Pfad nach links. Vorbei an einer Radiumquelle erreichen wir **Rautenkranz** und werden über eine Brücke direkt an die Bahngleise geführt. Rechts gelangen wir kurz danach zur **Morgenröther Straße,** gehen zum Kreisverkehr und nach links Richtung Weltraumausstellung. Dabei passieren wir die **Bäckerei Schürer,** die den trefflichen Namen **Space Cafe** ❻ trägt. Etwas Süßes oder Herzhaftes haben wir uns redlich verdient, während Sigmund Jähn von verschiedenen Bildern auf uns herabblickt.

Den krönenden Abschluss des Wandertags bildet die Reise zurück in die Zukunft: Wir besuchen endlich die **Deutsche Raumfahrtausstellung** ❼ selbst.

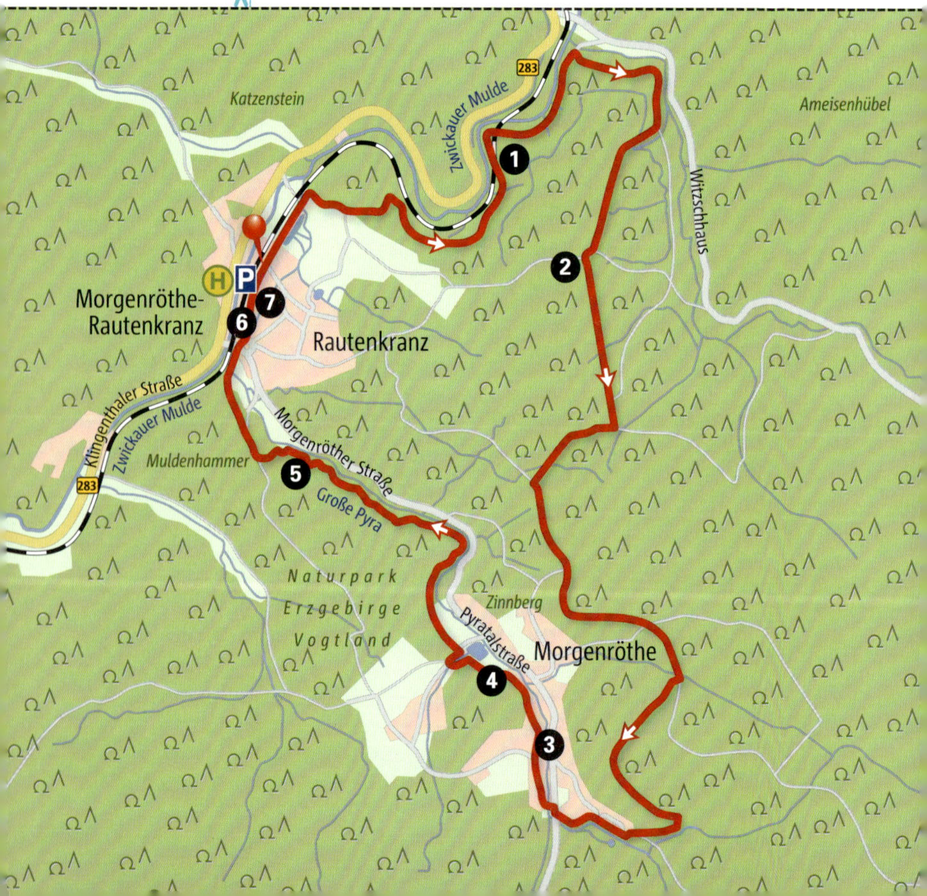

## Alles auf einen Blick

**WIE & WANN:**
**Meist Forst- und Waldwege, am Anfang und Ende kurze Stücke Straße; beste Zeit April bis Oktober**

**HIN & WEG:**
**Auto:** Parkplatz an der Deutschen Raumfahrtausstellung, Dr. Sigmund-Jähn-Straße, 08262 Morgenröthe-Rautenkranz (GPS 50.462668, 12.492344)
**ÖPNV:** Von Schöneck Bus 22 bis Rautenkranz Raumfahrtmuseum

**ESSEN & ENTSPANNEN:**
**Bäckerei Schürer – Space Cafe** ❻ Bahnhofstraße 1, 08262 Morgenröthe-Rautenkranz, Tel. (03 74 65) 68 46, www.baeckerei-schuerer.de

**ENTDECKEN & ERLEBEN:**
**Greizer Erzgebirgshütte des DAV** (Selbstversorgerhütte) ❶
**Russengrab** ❷
**Historischer Hochofen** ❸
**Pyratalweg** ❹
**Mühlgraben und Mühlengehöft** ❺
**Deutsche Raumfahrtausstellung** ❼ Dr. Sigmund-Jähn-Straße 4, 08262 Morgenröthe-Rautenkranz, Tel. (03 74 65) 25 38, www.deutsche-raumfahrtausstellung.de

Entspannung ✱✱✱✱✱
Genuss ✱✱✱✱✱
Romantik ✱✱✱✱✱

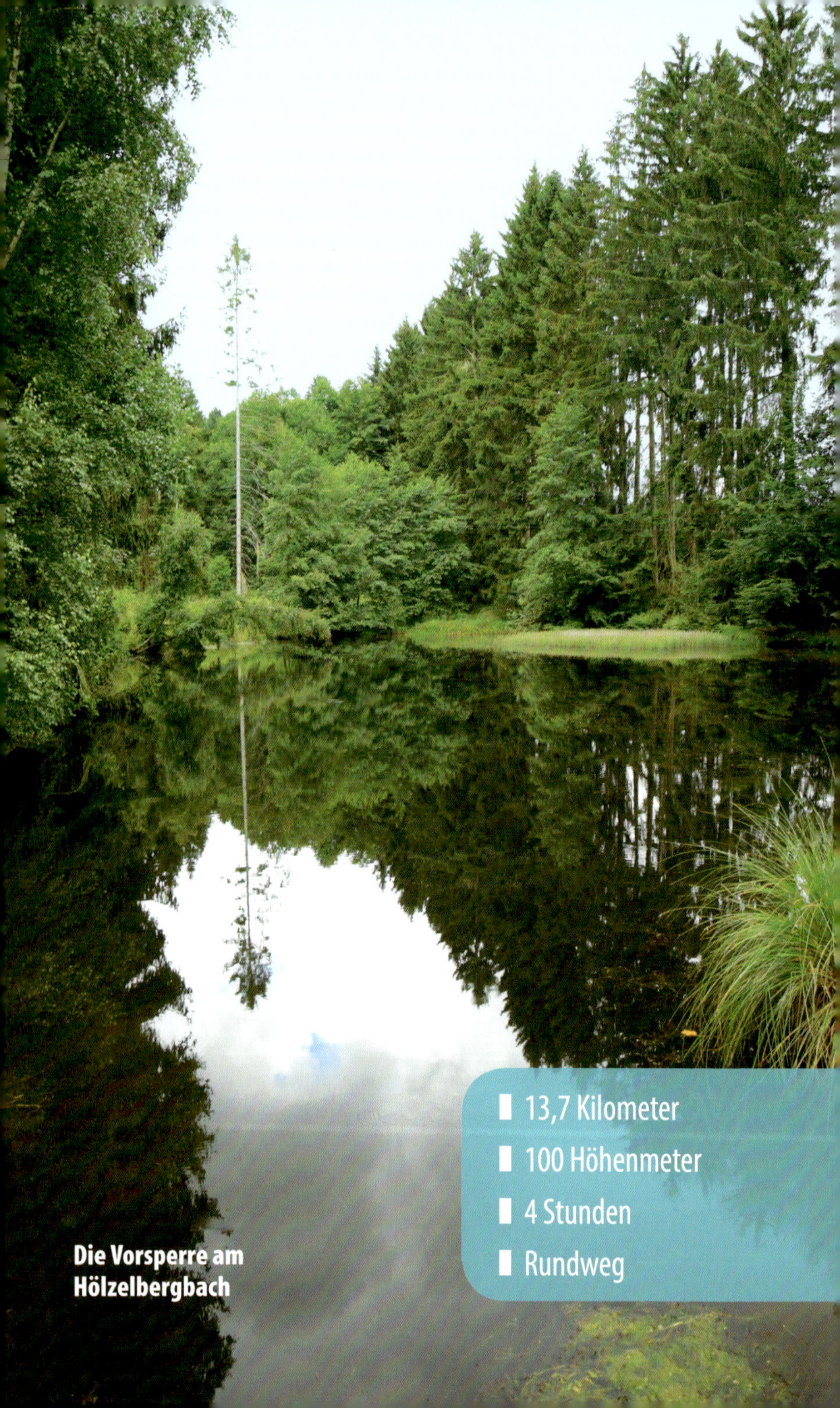


Die Vorsperre am Hölzelbergbach

Vom Parkplatz gehen wir wenige Meter an der B 101 nach rechts ins Dorf bis zu einer Ampel, queren dort die Straße und folgen dem ausgeschilderten **Talsperrenrundweg** in die Gasse **Am Mühlberg.** Es geht vorbei an den Infotafeln zur Geschichte der Dorflinde und der ehemaligen Mühlen, von denen die meisten heute in der Talsperre Saidenbach stehen würden. Wir halten uns **Am Mühlberg** immer links. Bald kommen wir aus Forchheim heraus und wandern über Wiesen auf den Waldrand zu. Die meiste Zeit werden wir heute im Wald verbringen, sodass diese Wanderung ideal für heiße Tage ist, an denen die Sonne sticht. Der Schatten der Bäume und die Nähe der Talsperre sind erfrischend – wenn wir denn das Wasser der Talsperre sehen würden: Vorerst ist dies noch ein Versprechen. Kurz nach Eintritt in den Fichtenwald erreichen wir schon mit 488 Metern die höchste Stelle der Wanderung. Wir sind auf der großen Landeinbuchtung in den Stausee. Etwa 700 Meter gehen wir in den Wald hinein, an der ersten größeren Abzweigung biegen wir nach rechts ab. Hier steht zwar ein im Grunde gut lesbares Schild, bei meiner Wanderung im Sommer 2021 war es allerdings hinter einem riesigen Holzstapel verborgen. Im Zweifelsfalle gilt es also, den mehr als mannshoch aufgeschichteten Stapel zu umrunden und dahinterzublicken.

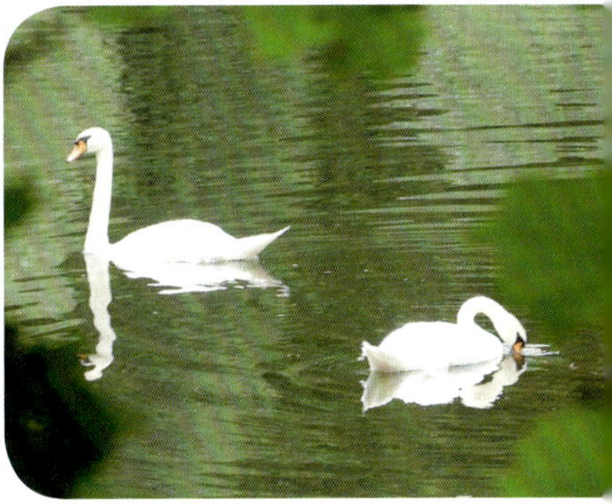

# Langschlendern

## Rund um die Talsperre Saidenbach

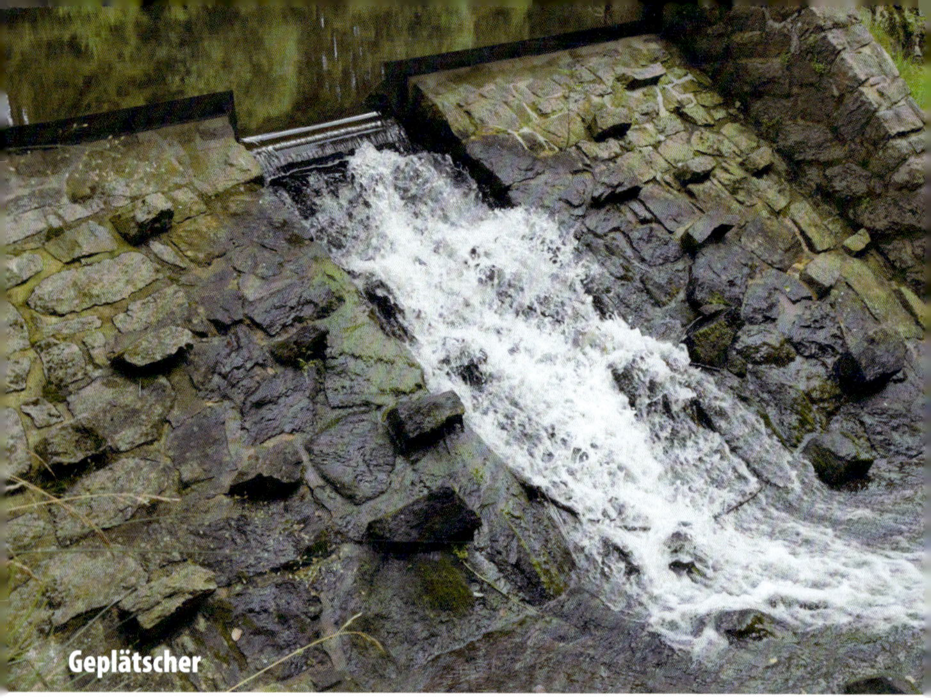

Geplätscher

An der T-Kreuzung hinter einer Linkskurve biegen wir rechts ab und nehmen den nördlichen der lang gezogenen Ausläufer des Sees in Angriff. Etwa auf der Hälfte dieses fast gerade verlaufenden Wegstücks gerät links zum ersten Mal der **Stausee 1** in den Blick. Nach einiger Zeit stoßen wir auf eine Vorsperre, an der der namensgebende Saidenbach gestaut wird, und kurz hinter der durchaus sehenswerten Vorsperre erreichen wir eine Straße. Leider führt der Weg nach links knapp 500 Meter an der – immerhin wenig befahrenen – Landstraße entlang. Hinter einem Waldstück lässt sich links der flache Hang erklimmen, sodass wir oben am Feldrand gehen können statt unten am Straßenrand. Bei dem nächsten Feldweg nach links, der am Anfang wenige Meter weit asphaltiert ist, biegen wir ab und ignorieren das gegenüber der Einbiegung stehende Schild zum Talsperrenrundweg, das uns weiter auf die Straße verweist. Durch Felder wandern wir auf den Waldrand zu, einer der wenigen offenen Wegabschnitte für heute. Mit etwas Glück lassen sich ein paar Rotmilane beobachten.

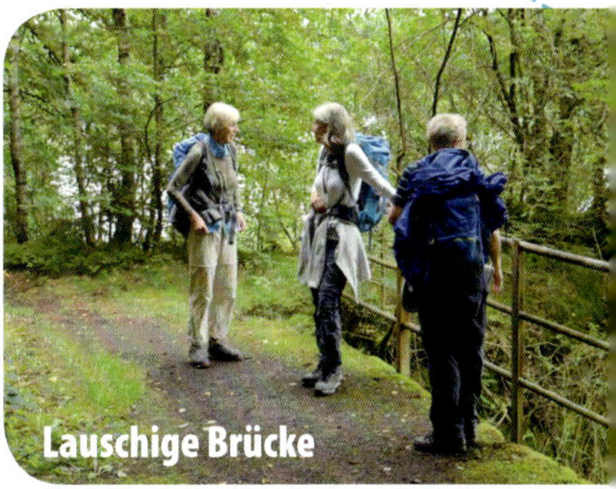
Lauschige Brücke

Wir folgen dem Weg in den Wald bis zu einer Gabelung, an der wir uns links zur Schranke wenden. Wir befinden uns nun, fast für den gesamten Rest der Wanderung, im Trinkwasserschutzgebiet. Die Talsperre dient der Trinkwasserversorgung von Chemnitz und Südsachsen. Ein Schild weist mit den üblichen amtlichen Androhungen darauf hin, dass außer dem Wandern selbst fast nichts erlaubt ist. Wir bleiben also auf dem Weg und hinterlassen – wie üblich – bei einer Rast nichts.

Gleich hinter der Schranke liegt die **Vorsperre des Lippersdorfer Bachs ②,** ein kleines Idyll, an dem ein paar Felsbrocken zum Sitzen und Träumen einladen. Gemächlich rinnt das Wasser über die Steine des Ablaufs. Im Anschluss passieren wir das zweite Vorwerk, über dessen Wehr der Bach behände mit weißer Gischt sprudelt.

Schnell kommen wir an den eigentlichen Stausee, den wir weiter gegen den Uhrzeigersinn umrunden. Der Weg verläuft stets ein paar Baumreihen vom Ufer entfernt. So können wir nur mit Unterbrechungen Blicke auf den See werfen – das schärft die Sinne für die Veränderungen auf dem Wasser und am gegenüberliegenden Ufer. Schlendergang und Sinnengenuss: Immer wieder überrascht ein neuer Blickwinkel oder ein neuer Eindruck: So ist es manchmal eine Spiegelung auf dem See, dann die Uferlinie gegenüber, mal ein

## Für die Seele

Sich Zeit lassen, am Seeufer entlangschlendern und genießen. Mal hier schauen, mal dort staunen. Diese Tour kann auch länger dauern …

Frosch im Laub, ein Schwanenpärchen oder eine kuriose Baumform.

So laufen wir alle Buchten aus und kommen an die **Vorsperre des Hölzelbergbachs ③.** Auch sie ist ein Kleinod, zu dem wir aber einen kurzen Abstecher machen müssen: Hinter einem Geländer geht es über die kleine Brücke des Hölzelbergbachs und nach rechts hinauf zum Wartungshäuschen.

Mittlerweile ist die Hälfte der Tour geschafft; Zeit also, sich nach einem Rastplatz umzusehen. Im Trinkwasserschutzgebiet gibt es natürlich keine Bänke, aber einen Baumstamm am Wegesrand wird man schon finden.

Kurz bevor die Staumauer erreicht ist, versperrt uns ein geschlossenes Tor der Talsperrenverwaltung den Weg. Ein schmaler Pfad zwängt sich oberhalb am Holzzaun entlang, etwas verwuchert, aber deutlich zu erkennen, und führt uns die rund 200 Meter am Gelände der Verwaltung entlang bis zu einer Straße. Die

**Blick von der Staumauer**

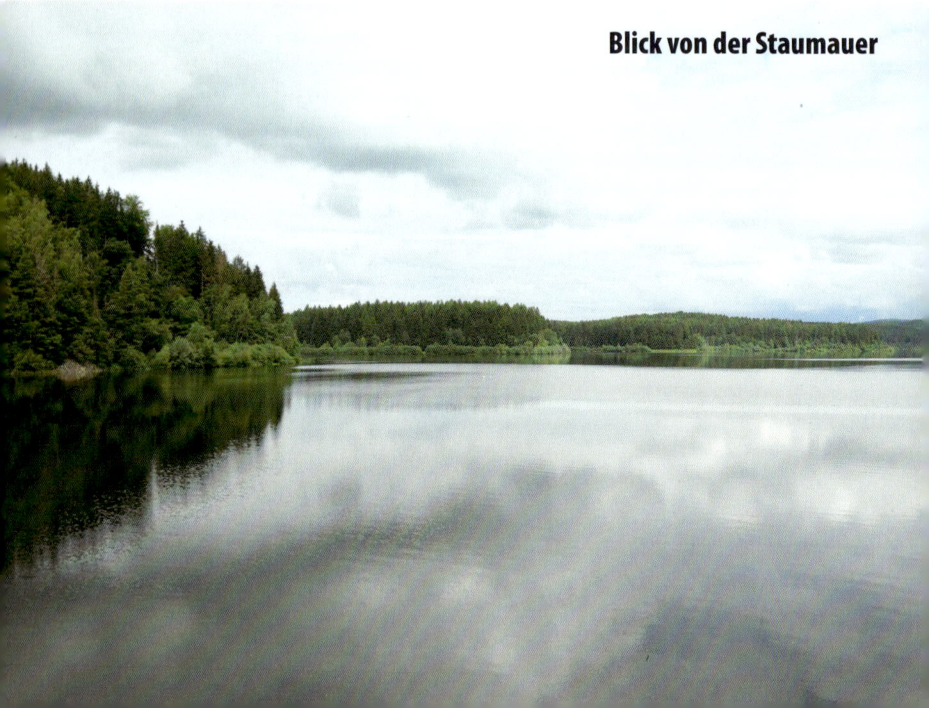

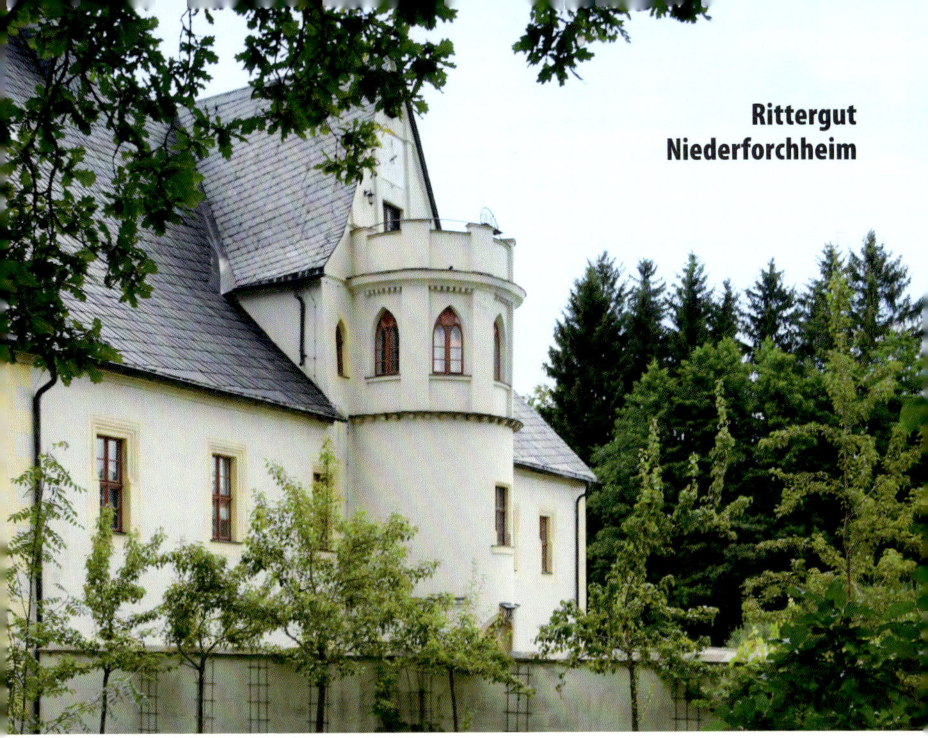

Rittergut Niederforchheim

imposante **Staumauer** ④ liegt unter uns. Nun wieder auf dem **Talsperrenrundweg,** geht es nach links hinunter zur Staumauer und hinüber auf die andere Seite. Wenn Wasser abgelassen wird, kann man sich an einem sprudelnden Wasserfall ergötzen.

Hinter der Staumauer folgen wir dem hier asphaltierten Talsperrenrundweg keine 100 Meter bis zum Ende des eingezäunten Areals und nehmen dann einen schmalen Pfad links in den Wald, der längere Zeit am Palisadenzaun entlangführt. An der hinteren Ecke des Zauns biegen auch wir nach links unten, gelangen damit wieder in Ufernähe und wandern nun auf einem **Damm** zwischen Seeufer und einem **Graben** ⑤, der vermutlich früher als Überlaufgraben diente. Der weiche Waldboden des Damms schmeichelt den Füßen; erneut können wir uns gemächlich vielen Eindrücken überlassen.

Nach einiger Zeit erreichen wir das Ende des Grabens, überqueren ihn auf einer Brücke und bemerken bald etwas oberhalb von uns den breiten Talsperren-

*Die **Talsperre Saidenbach** ist mit knapp 23 Millionen Quadratmetern die größte im Verbundsystem Mittleres Erzgebirge. Sie wurde 1929–33 mit einer Staumauer aus Bruchsteinen erbaut. Eine Tafel gemahnt an acht Todesopfer und erinnert an die Gefährlichkeit der Arbeit.*

# Erfrischungstour 19

*Wanderer denken oft, sie kennten sich in der Flora gut aus. Da gibt dieser **Naturlehrpfad** doch zu denken: Echtes Mädesüß, Sumpf-Pippau, Fuchssches Greiskraut, Ährige Teufelskralle? Der merkwürdigen Namen ist kein Ende. Aber: lehrreich!*

rundweg, der fast parallel zu unserem Weg verläuft. Am Wegesrand tauchen zunehmend Lehrtafeln zu Pflanzen und Vögeln auf. Sie gehören zu einem **Naturlehrpfad** 6, der uns bis zum Ende der Wanderung begleiten wird.

Am Ende unseres Pfades folgen wir noch einmal dem **Talsperrenrundweg,** der bald ein kurzes Stück unterhalb der B 101 entlangführt, ehe er sich in das Gelände des Mitte des 16. Jahrhunderts erbauten **Ritterguts Niederforchheim** 7 hineinzieht. Das Gut selbst ist in Privatbesitz, aber Schautafeln vermitteln seine lange und wechselvolle Geschichte. Dann treten wir durch ein Tor hinaus und befinden uns direkt gegenüber dem Parkplatz.

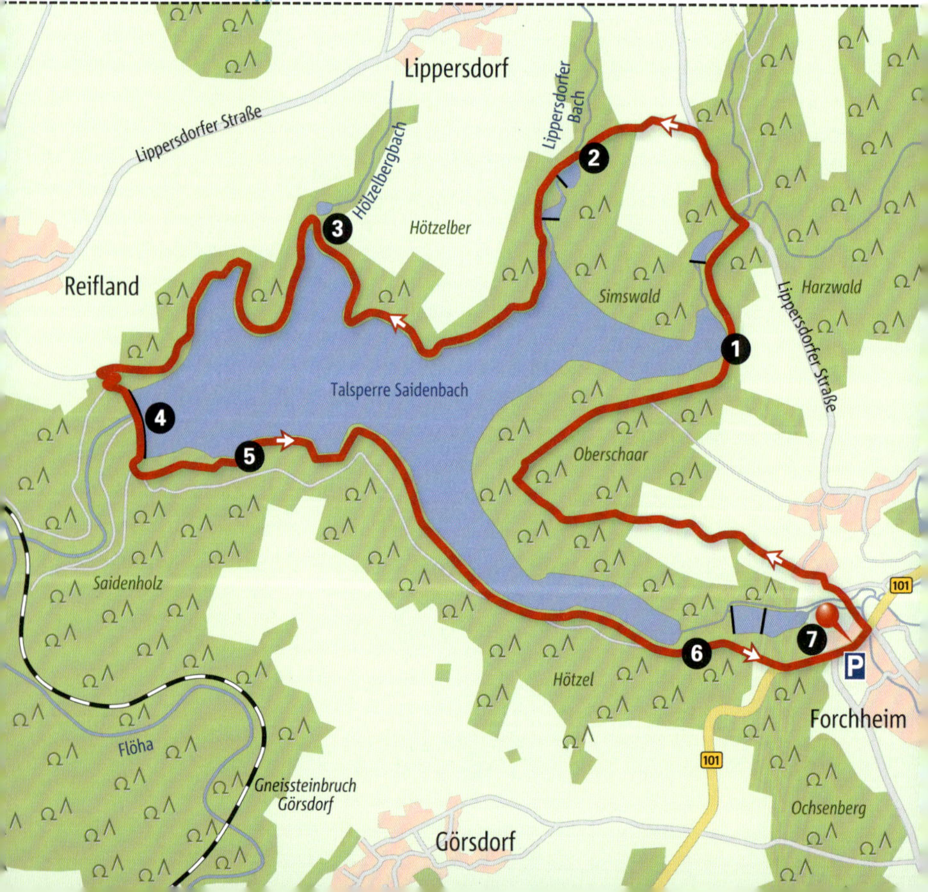

# Alles auf einen Blick

**WIE & WANN:**
**Meist weiche Waldwege, kurze Strecken Asphalt und ein Straßenstückchen; zu allen Jahreszeiten ein Genuss!**

**HIN & WEG:**
**Auto:** Wanderparkplatz Am Schloss, Ecke B 101/Wernsdorfer Straße, 09509 Forchheim (GPS 50.723697, 13.265193)
**ÖPNV:** Von Annaberg-Buchholz oder Freiberg Bus 400 bis Forchheim Am Schloss; nur bedingt empfehlenswert

**ESSEN & ENTSPANNEN:**
**Bitte an Rucksackverpflegung denken!**

**ENTDECKEN & ERLEBEN:**
**Erster Stauseeblick ❶**
**Vorsperre des Lippersdorfer Bachs ❷**
**Vorsperre des Hölzelbergbachs ❸**
**Staumauer ❹**
**Damm und Graben ❺**
**Naturlehrpfad ❻**
**Rittergut Niederforchheim ❼** Hauptstraße 2, 09509 Pockau-Lengefeld

Entspannung ✱✱✱✱✱
Genuss ✱✱✱✱✱
Romantik ✱✱✱✱✱

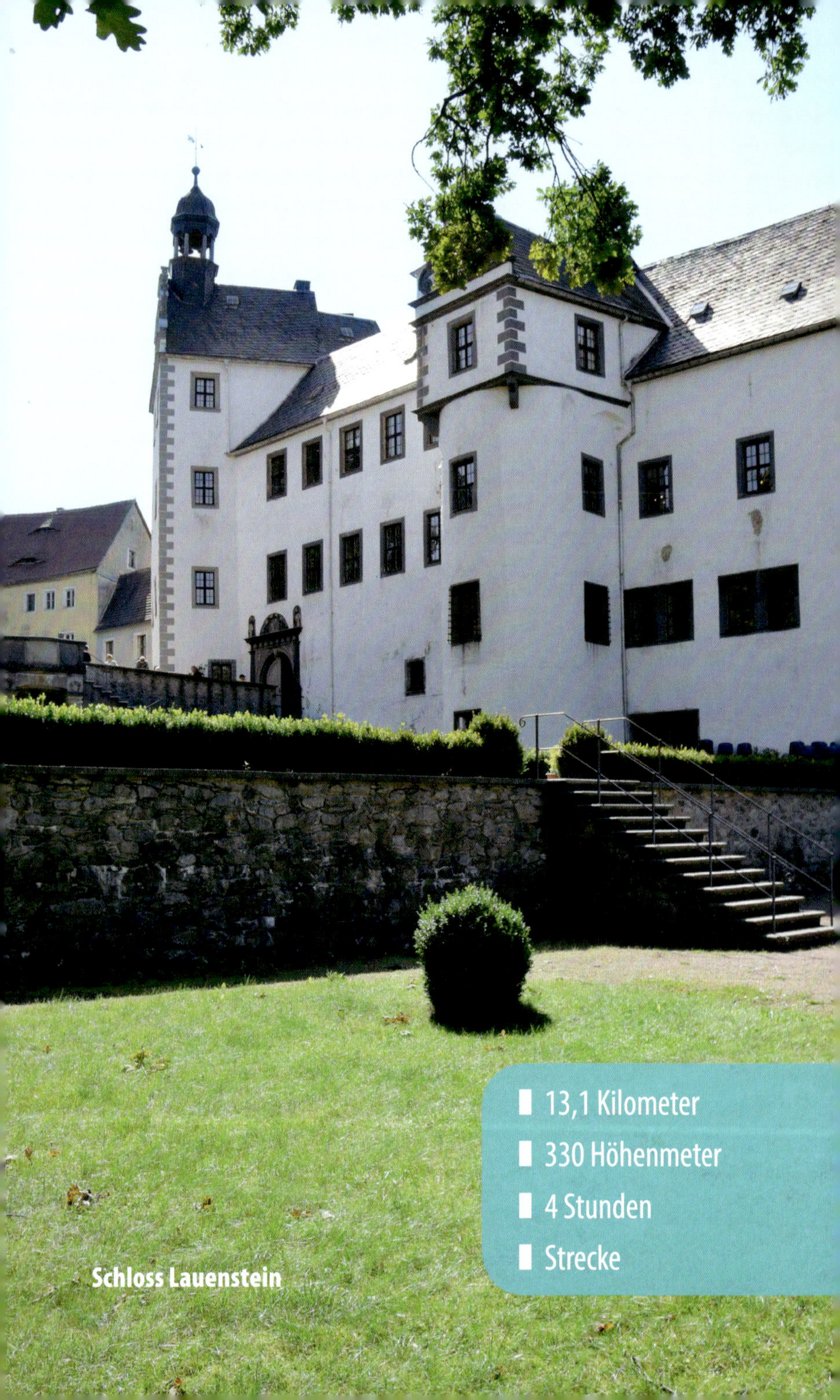

- 13,1 Kilometer
- 330 Höhenmeter
- 4 Stunden
- Strecke

**Schloss Lauenstein**

Die Tour beginnt am Parkplatz in **Oberschlottwitz,** gegenüber der Bahnstation. An der Straße, die vor einer Brücke links abbiegt, finden wir den ersten der Hinweise **Trebnitzgrund** und **Liebenau,** die uns mit **Weiß-Gelb-Weiß** den größten Teil des Weges leiten werden. Zunächst folgen wir der Straße bis zum Abzweiger nach **Neudörfel,** an dem sich ein weiterer Wanderparkplatz und eine große Hinweistafel zum Trebnitzgrund befinden. Die Rastbänke vermitteln ein wenig den Eindruck, als müsse dort eine Schulklasse vor der Tafel Platz nehmen. Ein Stück geht es noch die schmale Straße Richtung Neudörfel entlang, bis in einer Rechtskurve der Wanderweg nach links abzweigt und wir in den schöneren Teil des **Trebnitzgrundes** eintreten. Sofort umfängt uns Wald, und die Trebnitz wird zu unserem ständigen Begleiter. Sie wurde nur wenig wirtschaftlich genutzt; drei Mühlen gab es oberhalb. Ansonsten ist der Bach auf seinen 12 Kilometern Länge nahezu unverbaut und naturbelassen. Im Lauf der Zeit hat er sich tief in den Gneis eingegraben und die typischen Hänge mit ihren Bergulmen und -ahornen, Eichen und Linden geschaffen. Unser Weg führt mitten durch die ursprünglichen Auen und Wiesenflächen, von denen etliche bis heute existieren. Nass ist es hier, Moose und Farne breiten sich allerorten aus; taubenetzte Gräser und feuchte Steine bieten Fröschen, Eidechsen und Blindschleichen Deckung.

Der ganze Trebnitzgrund ist ein einziges Sinnenfest, in das man wonnig hineintaumelt, den Alltag

# Fast Arkadien

## Durch den Trebnitzgrund

eintauscht und beseelt in das Grün eintaucht. Wie viele Worte haben die Inuit – wie es heißt – für Weißtöne? Wie viele Worte gibt es für Grüntöne – fifty shades of green? Hier könnte man sie brauchen.

So ziehen wir zeitverloren am Bach entlang, mal hierhin sehend, dann dorthin horchend, oder in den Wind schnuppernd. Wir passieren eine **historische Steinbrücke** ❶ am ehemaligen Kirchweg von Neudörfel nach Liebenau, eine Picknickbank am ehemaligen Blockhaus des Försters, zwei der ehemaligen Mühlen und erreichen eine Straße. Wir wenden uns nach links, queren eine Brücke und tauchen gleich dahinter nach rechts wieder aus der Gegenwart in eine Märchenwelt hinein, in der schon zu früheren Zeiten neben der Vielzahl an Gewächsen auch Legenden und Sagen gediehen. Ungefähr hier stand einst die **Wüste Mühle** ❷, die dritte der Mühlen an der Trebnitz, die aufgrund eines Spuks aufgegeben wurde und von der nur mehr Reste des ehemaligen Mühlengrabens auffindbar sind. Anders als Fuhrwerke zu vergangenen Zeiten sind wir

*Ein vom Pfarrer verfluchter Dieb, ein Sarg, den während eines Unwetters der Teufel holt, ein spukender Wiedergänger: Das sind die Zutaten, die zum Untergang der **Wüsten Mühle** führten. Auch sonst verzeichnete man in dieser Gegend Dinge, die nicht ganz geheuer sind.*

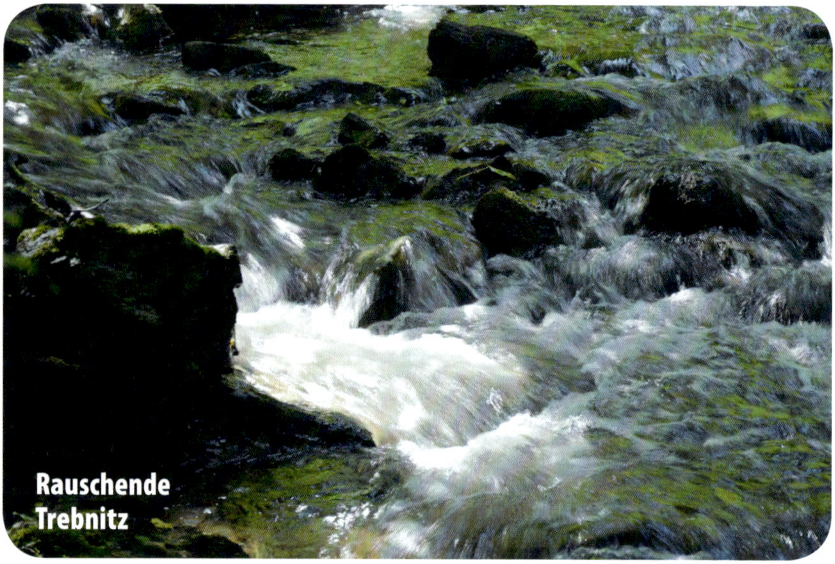

Rauschende Trebnitz

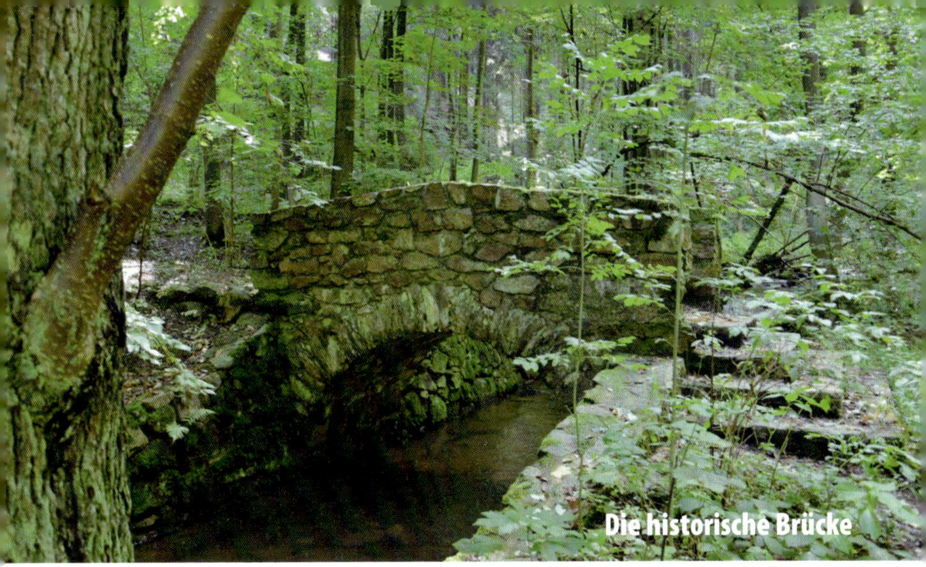

Die historische Brücke

nicht um Mitternacht unterwegs, sind also nicht vom Spuk betroffen und können wohlgemut ausschreiten.

Wie zuvor umfängt uns eine verwunschene Welt aus sprudelndem Bach, moosbedeckten Steinen, knorrigen Wurzeln und wilden Wiesen, aus denen sich manchmal dampfend Dunst erhebt.

Etwas weiter kommen wir an eine schattige **Schutzhütte.** Daneben locken Rastbänke, die aber nur an trockenen Tagen empfehlenswert sind: Alles ist feucht und schlüpfrig. Hinter der Hütte verlassen wir die hier von links an den Weg kommende Trebnitz und folgen nunmehr dem **Liebenauer Bach** und der Markierung **Weiß-Grün-Weiß.** Einige schöne kleine Wasserfälle liegen auf dem nächsten Wegstück.

Bald queren wir den Bach über eine begraste Brücke und erreichen kurz darauf eine **Rasthütte** ③,

## Für die Seele

Ein paar Schafe und einen Schäfer auf die Lichtungen gesetzt – da wär's fast schon ein Arkadien. So bleibt das Rauschen von Wind und Wasser.

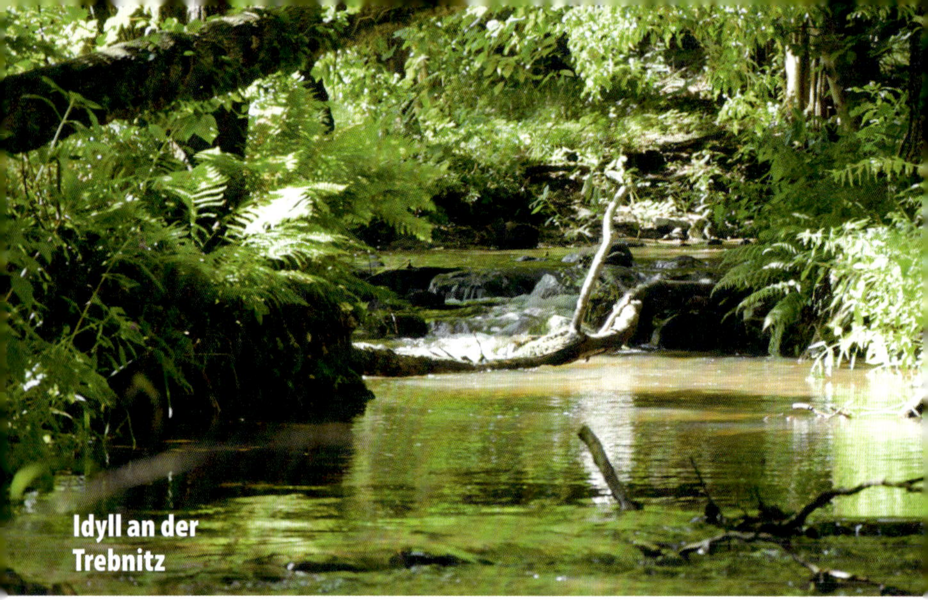

Idyll an der Trebnitz

hinter der sich der Blick auf Wiesen, Weiden und Felder öffnet. Mitten hindurch führt eine Allee, auf der wir später unseren Weg fortsetzen werden. Zunächst aber, vor allem bei wärmender Sonne, lohnt hier eine Pause. Ob man im Gras oder auf einer Bank sitzt – es bietet sich ein wohlgefälliger Blick. Bei Regen pausiert man auch in der Hütte wohlbehütet.

Wir wandern bis zum Ende der Allee und treffen erneut auf eine Straße, der wir nach links in das kleine **Liebenau** folgen. Dessen Partnerorte heißen alle ebenfalls Liebenau, wie eine Tafel am Ortseingang verkündet.

Gegenüber der Bushaltestelle am **Bauernmuseum,** das sich linker Hand befindet, führt der Weg nach rechts in den **Alten Schulweg** und schnell bergan. Wir folgen nun bis Lauenstein dem **grünen Punkt.** Zügig werden wir nach rechts in den **Erbgerichtsweg** geleitet und gehen wieder eine anmutige Allee entlang: Auf der linken Seite stehen Kastanien, Vogelbeeren, Ahornbäume, Buchen und Linden. Immer ein Baum um den anderen, wandern wir an bunter Vielfalt vorbei. Derart abgelenkt, fällt es gar nicht weiter auf, dass wir noch immer Asphalt unter den Füßen haben. Autos überraschen uns hier nicht. Der Weg ist zu schmal, nicht einmal Ausweichbuchten gibt es. Stattdessen erfreut sich das Auge an üppigen Bergwiesen; bald rückt der Kegel des **Geisingbergs in den Blick ④.** Dann wechselt der Alleebewuchs auf die rechte Wegseite, wir kreuzen den **Querweg,** passieren eine alte Wegsäule und laufen auf Schotter abwärts nach Lauenstein. Erst relativ spät, hinter der nächsten Kreuzung, über die wir geradeaus mit **Weiß-Blau-Weiß** weitermarschieren, öffnet sich der **Blick auf Lauenstein ⑤.** Auf etwas gewundenem Weg steigen wir weiter ab bis zu den ersten Häusern und einer Straße, wenden uns links und überqueren ein paar Meter weiter nach rechts die Müglitz auf einer Brücke, hin zum **Postamt.** Die **Schlossstraße** bringt uns empor zum **Markt** mit dem **Falknerbrunnen;** selten hat man einen abschüssigeren, schrägeren Platz gesehen. Lauenstein ist auch der Verwaltungssitz des **UNESCO-Welterbes Montanregion Erzgebirge/Krušnohoří,** das ehemalige Bergbaugebiete auf beiden Seiten der deutsch-tschechischen Grenze umfasst. Auf dem Marktplatz geben einige Infotafeln darüber Auskunft. Nach rechts geht es zum **Schloss Lauenstein ⑥,** wo man etwas Glück braucht, um im kleinen **Schlosscafé Falknerstübl** einen freien Platz zu ergattern.

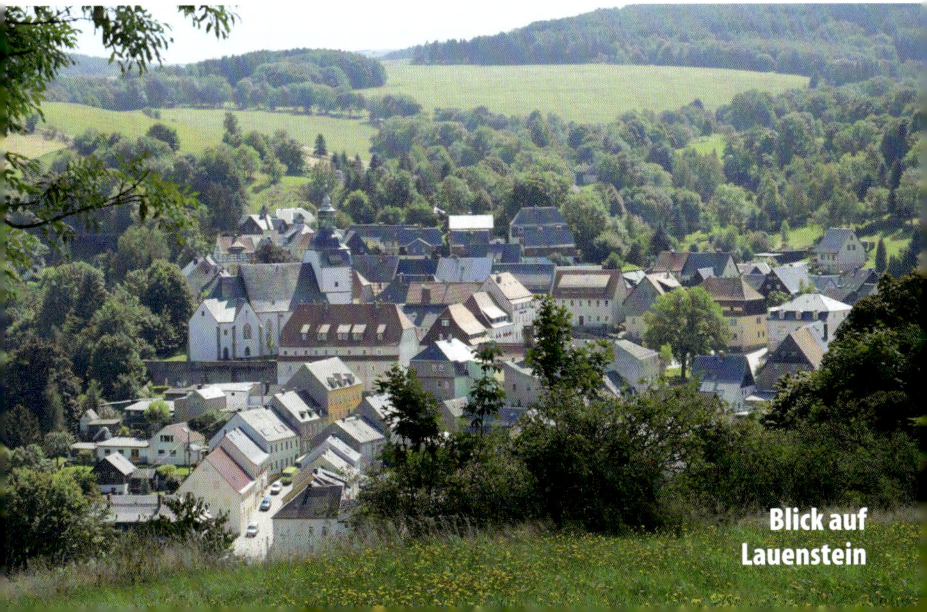

**Blick auf Lauenstein**

# Erfrischungstour 20

*Der Zweck einer ersten **Burganlage in Lauenstein** im 12. Jahrhundert ist nicht ganz geklärt. 1340 wird die Anlage bereits als Schloss bezeichnet. Die eindrucksvolle Form erhielt es erst im 16. Jahrhundert mit dem Umbau zum Wohnschloss im Renaissancestil.*

Ein Besuch im Garten versüßt eine mögliche Wartezeit. In Lauenstein lässt sich das Warten auf die nächste Bahn angenehm mit einem Besuch des Schlosses, des Cafés oder der Kirche verbinden. Vom Marktplatz bis zum Bahnhof benötigt man etwa 15 Minuten.

Vom Schloss geht es zurück zum **Markt,** dort nach rechts durch die **Bahnhofstraße,** dann noch einmal nach rechts die Bahnhofstraße weiter; eine durchgehende Kopfsteinpflasterstraße, die noch ein paar schöne Blicke auf die Südseite des Schlosses erlaubt. Unten treffen wir auf die befahrenere **Talstraße,** wenden uns nach links und finden knappe 50 Meter weiter rechts den Zugang zum **Bahnhof,** von wo uns der Regionalzug zurück nach Oberschlottwitz bringt.

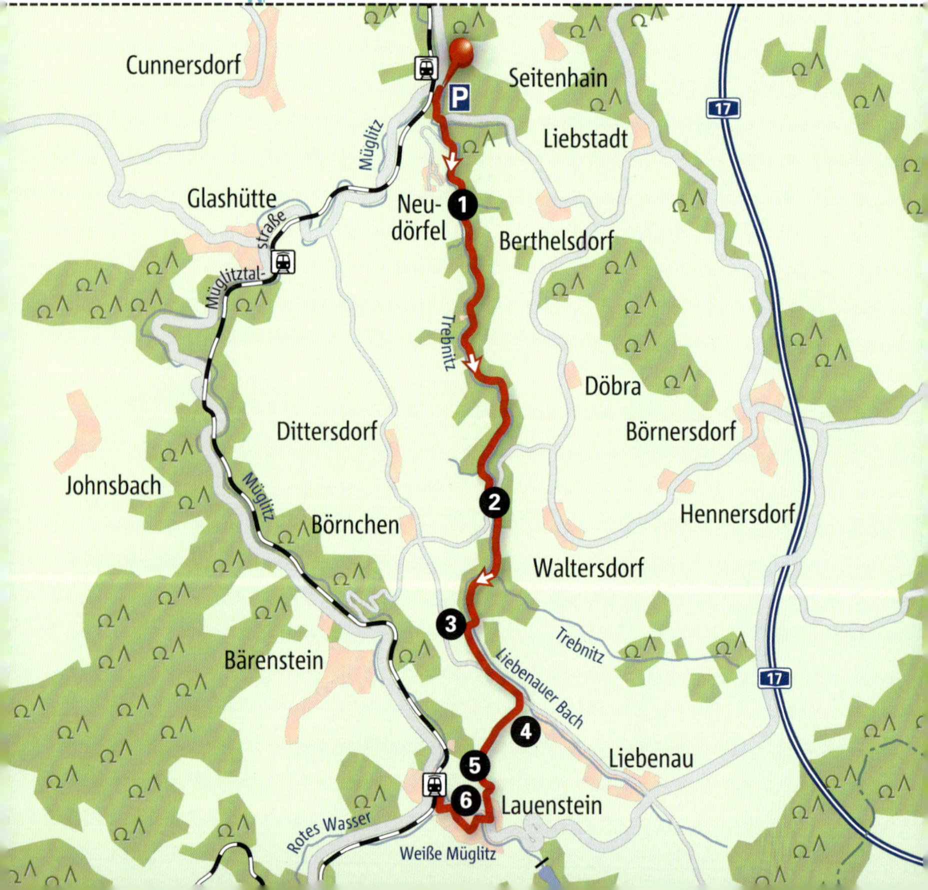

## Alles auf einen Blick

**WIE & WANN:**

**Wald- und Wiesenwege an den Flüssen, Schotter und Asphaltstrecken in den Dörfern; in der Nähe der Trebnitz und des Liebenauer Bachs sind die Wege feucht, besonders nach Regen empfehlen sich wasserdichte Schuhe; ganzjährig möglich**

**HIN & WEG:**

**Auto:** Parkplatz Müglitztalstraße, 01768 Glasshütte-Oberschlottwitz (GPS 50.870627, 13.816030)
**Rückkehr zum Ausgangspunkt:** Von Lauenstein RB 72 bis Oberschlottwitz
**ÖPNV:** RB 72 bis Oberschlottwitz (Achtung: Bedarfshaltestelle, d. h. der Haltewunsch muss durch Drücken des Halteknopfes angezeigt werden)
**Abreise ab Lauenstein** mit RB 72

**ESSEN & ENTSPANNEN:**

**Schlosscafé Falknerstübl** ❻ Meltzerstraße 6, 01778 Geising, Tel. (03 50 54) 2 51 66, www.falknerei-schloss-lauenstein.de/schlosscafe-falknerstubl

**ENTDECKEN & ERLEBEN:**

**Historische Steinbrücke** ❶
**Wüste Mühle** ❷
**Rasthütte** ❸
**Blick auf den Geisingberg** ❹
**Blick auf Lauenstein** ❺
**Schloss Lauenstein** ❻ www.schloss-lauenstein.de

Entspannung ✱✱✱✱✱
Genuss ✱✱✱✱✱
Romantik ✱✱✱✱✱

Die GPS-Daten zu jeder Tour gibt es auf
www.droste-verlag.de


**Konzeption:** Droste Verlag, Düsseldorf
**Satz:** Vollnhals Fotosatz, Neustadt a. d. Donau
**Einbandgestaltung:** Britta Rungwerth, Düsseldorf, unter Verwendung von Bildern von © Fotolia.com: Andrey Kuzmin, undrey, dabost, niroworld; © Maridav/Shutterstock
**Fotos:** Carsten Storm
**Karten:** Angelika Solibieda / cartomedia, Karlsruhe
**Druck und Bindung:** LUC GmbH, Greven

Alle Angaben in diesem Buch wurden sorgfältig recherchiert und geprüft. Für die Richtigkeit der Angaben, für etwaige Unfälle und Schäden jeglicher Art kann keine Haftung übernommen werden; die Nutzung erfolgt auf eigenes Risiko. Abweichungen, die nach Redaktionsschluss erfolgten, konnten im Buch nicht mehr berücksichtigt werden. Hinweise und Änderungen nehmen wir gern entgegen.

FSC www.fsc.org MIX Papier aus verantwortungsvollen Quellen FSC® C011279

ISBN 978-3-7700-2320-2
**www.droste-verlag.de**

*Gabriele Kalmbach*

# 111 Orte im Stuttgarter Umland, die man gesehen haben muss

111

emons:

**Bibliografische Information der Deutschen Nationalbibliothek**
Die Deutsche Nationalbibliothek verzeichnet diese Publikation in der Deutschen Nationalbibliografie; detaillierte bibliografische Daten sind im Internet über http://dnb.d-nb.de abrufbar.

MIX
Papier | Fördert gute Waldnutzung
FSC® C083411
FSC
www.fsc.org


Layout: Eva Kraskes, nach einem Konzept
von Lübbeke | Naumann | Thoben
Kartografie: altancicek.design, www.altancicek.de
Kartenbasisinformationen aus Openstreetmap,

Druck und Bindung: CPI – Clausen & Bosse, Leck
Printed in Germany 2022
Erstausgabe 2016
ISBN 978-3-7408-1651-3
Aktualisierte Neuauflage August 2022